DESCRIPTION GÉNÉRALE

DU

BOURBONNAIS

DESCRIPTION GÉNÉRALE

DU

BOURBONNAIS

EN 1569

OU

HISTOIRE DE CETTE PROVINCE

VILLES, BOURGS, CHATEAUX, FIEFS, MONASTÈRES, FAMILLES ANCIENNES, ETC.)

PAR

NICOLAS DE NICOLAY

Géographe et valet de chambre du roi Charles IX

PUBLIÉE ET ANNOTÉE PAR LES SOINS DE

M. LE C.¹ MAURICE D'IRISSON D'HÉRISSON

CHEVALIER DE LA LÉGION-D'HONNEUR

———⋘✳⋙———

MOULINS

IMPRIMERIE DE C. DESROSIERS

AVANT-PROPOS DE L'ÉDITEUR

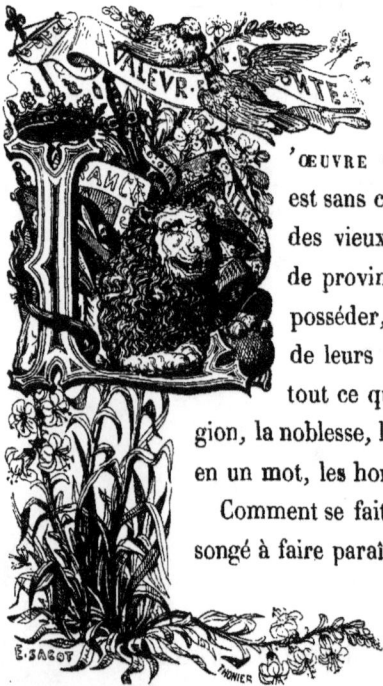

'œuvre de Nicolay que nous offrons au public
est sans contredit le plus curieux travail historique
des vieux âges concernant le Bourbonnais. Peu
de provinces, en effet, peuvent se glorifier de
posséder, à une date aussi reculée, la topographie
de leurs villes, bourgs, fiefs, châteaux ; enfin
tout ce qui, de près ou de loin, intéresse la religion, la noblesse, la bourgeoisie, la justice et la politique :
en un mot, les hommes et les choses.

Comment se fait-il que personne, jusqu'à ce jour, n'ait
songé à faire paraître un manuscrit aussi précieux ?

Constatons, en effet, que la plupart
des écrivains du Bourbonnais ont fait

d'amples moissons dans ce *livre d'or* d'un pays si intéressant. Ce fait nous a frappé. Le travail du géographe de Charles IX et d'Henri IV eut dû, par lui-même, appeler l'attention des savants et des bibliophiles ; par son importance et la beauté de son exécution, il le méritait à tous égards.

Ce manuscrit conservé, de nos jours, à la bibliothèque Mazarine, à Paris, sous le n° 506 A, consiste en un beau volume in-folio d'une écriture remarquable due à la main de Nicolay lui-même. Chacun de ses chapitres est orné de magnifiques lettres capitales peintes en pourpre et en azur, rehaussées en or et en argent. Le titre que nous reproduisons est une œuvre d'art. Il y a, dans le corps de l'ouvrage, quelques dessins sur les diverses sources thermales célèbres que l'on retrouve également dans notre réimpression. La bibliothèque nationale de la rue Richelieu possède une copie incomplète de ce manuscrit ; elle porte le n° 14,584 ; c'est un petit volume in-4° en écriture du xviii° siècle.

Nous avons été assez heureux pour retrouver, à la bibliothèque de Clermont-Ferrand, une précieuse *carte manuscrite du Bourbonnais* faite par Nicolay lui-même l'année de la composition de son ouvrage (1569). Elle est sur velin. Par quelle circonstance se trouve-t-elle dans ce dépôt public ? C'est ce qu'il est à peu près impossible de dire.

L'impression du manuscrit de Nicolay sera une bonne fortune pour les bibliophiles et les érudits. L'œuvre du géographe du roi Charles IX est écrite de main de maître et remplie de détails que l'on chercherait vainement ailleurs.

Qu'il nous soit permis d'ajouter qu'appartenant à une famille originaire d'une des plus importantes châtellenies du Bourbonnais, dont elle porte le nom, nous avons trouvé un charme particulier à entreprendre cette édition.

Nous tenons à remercier ici un de nos honorables amis, M. *Ambroise Tardieu*, membre de l'Académie de Clermont-Ferrand, l'un des érudits les plus distingués de la province d'Auvergne, bien connu par ses travaux historiques de premier ordre sur ce riche pays et qui a mis à notre disposition les notes et recherches qu'il conservait en son cabinet.

Nous n'avons eu qu'un seul but en publiant cette œuvre : l'instruction et le profit de tous.

Comte D'HÉRISSON.

NICOLAS DE NICOLAY

AUTEUR DU MANUSCRIT

ICOLAS DE NICOLAY, né, en 1517, à la Grave en Oisans (Hautes-Alpes), célèbre voyageur, fut d'abord attaché, en l'année 1551, à l'ambassade envoyée à Constantinople et parcourut l'Europe pendant seize ans, ce qui lui mérita la faveur d'être nommé géographe ordinaire et valet de chambre de plusieurs de nos rois, notamment de Charles IX et d'Henri IV. Il mourut à Paris le 25 juin 1583. Il a publié :
Discours de la guerre faite par le roi Henri II l'an 1549 pour le recouvrement de Boulogne, 1550 ; — Navigation et pérégrinations orientales, 1568 et 1576, *in-folio (très-rare)* ; — La navigation du roi d'Ecosse Jacques V autour de son royaume, 1583, *in-4°.* — *Il appartenait à une famille noble originaire du Vivarais, dont la filiation remonte au XIII° siècle et qui a fourni un maréchal de France (1775), plusieurs généraux, un pair de France, chambellan de Napoléon I*[er], *etc., et dont les armes sont :* d'azur, à la levrette d'argent courante, ayant un collier de gueules. bordé d'or, l'anneau de même.

GÉNÉRALE DESCRIPTION

DU PAÏS ET DUCHÉ

DU BOURBONNAIS

Contenant l'assiette, estendue et mesures d'icelluy ;
l'origine et antiquité du peuple, la fondation, police
et gouvernement des villes, la source et cours des
fleuves et rivières, ensemble les noms et quantité des
paroisses, feuz, chasteaux et justices, avec le nombre
des vassaux ; et de plus le revenu et charges du
domaine, eaux et foretz, l'estendue des greniers et
chambres à sel, l'imposition de la taille, augmentation
de la soulde de la gendarmerie, réparation de la ville
de Lyon, et autres impostz et subcides mises et levées
sur ledict païs et généralement toutes autres choses
dignes et mémorables, mesmement la carte géogra-
phique du mesme païs, le plan et figure au vray de
la ville, chasteaux et faulxbourg de Molins, et tout
d'une suicte les pourtraicts, descriptions et vertus des
baings chaulds et fontaines de Saint Pardoux ; et, sur
la fin, le roolle des abbayes, prieurez, églises, collegiales, cures et autres bénéfices estant situés et assis
audict Bourbonnois la plupart du revenu d'iceux à la
collation et nomination de qui ils sont et le nom de
ceux qui les possedent. Le tout faict et observé de
lieu en lieu soub l'exprès commandement de
Très-haut, Très-victorieux et Très-chrestien
Roy Charles IXe du nom, et Très-haulte
et Très-vertueuse Royne Catherine
de Médicis, sa Très-honorée
Dame et Mère.

1569

par

Nicolas de Nicolay, Daulphinois,
sieur d'Arfeville, vallet de chambre
et géographe ordinaire du Roy.

Imp. & lith. C. Desrosiers à Molins.

Au Roy Très Chrestien Charles IX^{em} du nom et a la Royne Catherine de Medicis, sa Très honorée Dame et Mère.

I le bon plaisir de vos Majestés très Chrestiennes estoient de quelque peu considérés combien l'injure du temps et incommodités des guerres qui si longuement ont travaillé ce tant noble et jadis tant florissant Royaume m'ont contrarié à la poursuitte et continuation de la charge qu'il a pleu à V. M. me bailler pour visiter et descrire generallement et particulièrement tout vostre dit Royaume non seullement excuseroient la longueur du temps que j'ay mis a faire la carte et vraye description geographicque de la province Bourbonnoise exactement faicte de lieu en lieu, avec les dimensions et mesures mais qui plus est admireroient le grand labeur estude diligence et despence que jay emploié au recueil ordre et composition des choses tant dignes et necessaires à V. M. que j'ay descript et observé en ce present volume ou général registre par lequel V. M. pourront facillement et sans grande peine veoir a l'œil et toucher au doigt soit dans leur chambres cabinet ou conseil l'assiette estendue confins et mesures dudict païs et duché de Bourbonnois l'origine et antiquité du peuple, la fondation police et gouvernement des villes, la source et cours des fleuves et rivières, comme aussy l'estendue revenu et officiers des boys et forests, les greniers et chambres a sel, avec le revenu et charge du domaine ; outre le nombre des parroisses et feuz, bourgs chasteaux et collecte et tout de suite toutes les justices Royalles et subalternes, nombre et gaiges des officiers quantité des vassaux de chacune chastellenie et generallement tout autre chose digne et mémorable estant en ladicte province ; mesmement de la vertu qualité et figure des baings chaux de Vichy, Nery, Bourbon-l'Archambaud et Bourbon Lancy, et de la fontaine Saint-Pardoux dict la fontaine vineuse ; et tout d'une suitte le roolle des abbayes, prieurez, Eglises, Collegialles, Cures et autres benefices situés et assix audict païs avec la pluspart du revenu d'Iceux, et à la collation et nomination de qui ils sont, et de quel diocése, et le nom de ceux qui les possedent, trésor certainement et digne de Vos Majestés, grandeurs et autres entreprinses que si je me vois tant favorisé que V. M. trouvent mon labeur agreable et qu'elles desirent que je continue je m'efforceray avec l'aide que j'espère de Dieu et le secours de Vos Majestés de faire œuvre que ne leur sera non seullement delectable, mais très utile et profitable pour elles et tous leurs subjects ; et ce pendant je prieray le Souverain Créateur, donner à Vos Sacrées Majestés, en parfaicte santé, l'accroissement et augmentation de toute heureuse prospérité, Du Chasteau de Molins en Bourbonnois ce troisiesme jour de Décembre 1569.

De vos très Chrestiennes et très hautes M. Le très humble et très obeissant serviteur et Geographe.

N. DE NICOLAY.

Epistre de M. F. du Boys lieutenant général de la Cherité A N. de Nicolay, Sieur d'Arfeville varlet de Chambre et géographe ordinaire du Roy.

———

Chacun ne peult avoir ce que tu as des Cieux,
Arfeville d'exprimer par escript, don des Dieux
La situation des régions loinglaines.
Les fleuves, les ruisseaux leurs mères les fontaines,
L'honneur de tous païs, et par claire faconde,
Descouvrir la grandeur de la plus part du monde.
Mais toy qui par travail desireux de louanges
Et d'un scavoir exquis, tant de peuples estranges
As voulu frequenter, tu peux entre nous seul
Faire vivre les morts les tirant de cercueil
Tu peux de nostre Roy clement et debonnaire,
Jecter dedans le Ciel pour jamais la mémoire,
Veu que par l'œuvre tien tu luy donne entendre,
Que l'office d'un Roy c'est la justice rendre
A tous esgallement, et pour veoir au surplus,
Que par un tel deffaut, on ne s'elleve plus.
Certes ces jeunes ans nourris en la vertu
Nous promecient en bref son ayneux abbattu
Et qu'il fera revoir en France ceste Astrée
Qui de nous longtemps a, c'est au Ciel retirée.
De luy nous attendons, après luy le repoz,
Mais pour tost retourner a mon premier propoz,
Tu luy fais veoir après, les villes et leur estre,
Qui en fut le fondateur, qui jadis en fut maistre.
Quelle est de Bourbonnois, l'assiette les rivières
Les forests les ruisseaux et les sources premières.
La grandeur du païs, des habitans les mœurs
Et les conditions : puis après les valleurs
De ce qui vient a luy du labeur des subjects
Quel est le revenu de ces grandes forests,

Et du domaine entier quelles les charges sont ;
Combien il a de long, de large et de profond.
En sa dimention quelle en est la justice,
Et quel les officiers, de ville et de police :
Quel est le revenu que possède l'Eglise,
Et pour riens n'oblier du bas peuple la guise,
En quoy gist son proffict, la langueur et sa peine,
Et a fin que ne soit au Roy, ton œuvre vaine,
Tu luy descriptz au vray l'office qu'un bon Prince,
Doibt exercer en Dieu sur chacune Province.
Combien donc sont heureux tous les Princes bien nez
Qui sans par les flatteurs le voir importunéz
Peuvent nourrir cheux eux et ouyr quelques fois
De tels hommes que toy, la desirable voix,
Qui leur peut enseigner non seullement les combats,
Mais qui en combattant l'homme ne gaigne pas,
Qui est de prudentement regner avec soucy,
Que le peuple ne soit de vices obscurcy,
Que la vertu partout en sa terre fleuronné,
Que l'on observe bien ce que tel Prince ordonne,
Qu'il ne change sa foy ains poursuivre la trace,
De ses fidélz ayeulx, et que Dieu par sa grace,
Le nous rende immortel tout au moings, que sa vie,
Ne soit avant cent ans de ce siecle ravie ;
Dieu en sera prié, de nous qui congnoissons,
De nostre Roy l'honneur, ses vertus, ses façons.
La grace et la grandeur de sa mère pudicque ;
Qui veut entretenir la nostre Republicque,
En paix ; dessoubs la foy de nos ayeulx suivie
Que nous donna le Ciel combien que par envie
Quelqu'autre desireux de troubler l'univers,
S'efforce de versser son desseing a l'envers.
Ils seront satisffaictz en lisant ton bel œuvre,
Qui à Leurs Majestés tant de secretz decouvre.

BOURBON · MOULINS · SOUVIGNY

DESCRIPTION GÉNÉRALE

DU

PAYS ET DUCHÉ DE BOURBONNOIS

CHAPITRE I

E païs et duché de Bourbonnois, province de la Gaule Aquitanique, est situé au millieu de la France, en climat doux et gratieux, lequel estant divercifié de riches coutaux et montaignes, plaisantes vallées et campaignes, prairies, estangs et pascaiges, est très délectable et fertil, car il abonde en quantité très grande de tous gros et menu bestail, comme bœufs, vaches et thoureaux, arnes, jumens et chevaux, et pareillement en pourceaux, moutons, brebis, chievres et anneaux, et autres espèces de bestail, duquel à cause du commerce et traficq ordinaire qu'en font les Bourbonnois, par toutes leurs foires et marchés avec les estrangers et leurs voisins, en provient richesse inestimable audict païs ; lequel d'ailleur est peuplé de grands bois et forests, plaines de sauvagine fauve et noire et tout autre gibier de chasse pour le plaisir et deduict du prince et des grands seigneurs, et quand aux vallées et prairies elles ne sont moins plaisantes à l'œil qu'abondantes en foins, pascaiges et claires fontaines, lesquelles s'escoullant par divers murmurans ruisseaux, enfin par longs traits oblicques et undoyants se rengent en divers beaux fleuves qui arrousent tout le bas pays ce qui le rend copieux en grains de froment, soigle, orge et avoyne, en pois, febves, saffran, chanvre, lin, et huille de noix, et toutes sortes d'excellens fruicts ; puis les couteaux où sont les vignobles produisent quantité merveilleuse de très bons vins clairets ou blans, dont les plus exquis et meilleurs sont ceux qui croissent autour de Molins ville capitalle du païs, comme à Seganges, qui est plan de Beaune, à Saincte Catherine, à la vigne de Monsieur le duc et à Bardon, vous avez, puis les délicieux vins de Sovigny et ceux de Besson, de Bresnay, Contigny et Verneul, et les vins de la Maugarnier, de Montphan, qui par sur tout les autres emportent le bruict, ceux du grand vignoble de Sainct Pourcain, d'Ussel, Gannat, Chantelles et Montluçon qui fournist la plus part du Limousin, et les vins frians d'Herisson, et de Saint Amand et plusieurs de divers crus desquels nous ne ferons mention ; mais quand aux vins blancs, ceux de Besson, de Bresnay, la Chaise sur Allier, Chastel de Neurre, Chazeul, et ceux des Basses Marches le long de Loyre vers Bourg-le-Conte et Haberly, entre les autres sont tenus pour bons, de manière que ceste petite province, laquelle est peuplée de plusieurs petites villes, bonnes bourgades, parroisses, chataux et maisons nobles combien qu'en plusieurs endroicts elle soit maigre et sablonneuse et non a demy cultivée par l'ignorance et vraye paresse des habitans si se peult, elle à bon droict dire entre plusieurs autres assés fecondes et abondante en ce qui est requis et necessaire pour la vie de l'homme, voire qu'oultre leurs provisions ordinaires les habitans d'icelle vendent et distribuent aux estrangers et à leurs voisins de leurs denrées par grandes sommes de deniers, et ce par le moien des foires et marchés qu'ils ont en grand nombre et pareillement du navigage de ces deux grands fleuves de Loyre et Alier.

CONFINS ET LIMITES DU BOURBONNOIS. — CHAPITRE II.

Les limites de ceste province se confinent en la manière qui s'ensuit ; de l'orient tirant au septentrion elle est séparée du Charrollois et des duchés de Bourgoigne et Nivernois par le cours du fleuve de Loyre, lequel deux lieues au-dessoubs de Nevers, appelé par Cesar Noviodunum, se renforçant du fleuve d'Alier qui la, perd son nom, s'escoulle vers la Cherité et autres villes du bas païs jusques en la mair : et du septentrion à l'occidant traversant ledict fleuve d'Alier, se joinct au duché de Berry qui est bon et fertile païs et au conté de la Marche terroir rudde et montueux, puis de l'occident au midy par forests, taillis et montaignes, est divisé de la mesme Marche, du païs de Combraille, et duchés d'Auvergne et de Montpensier ; et en fin du midy reprenant l'Orient, jusques au bord du fleuve de Loire continuant les mesmes montaignes et traverssant les grands boigs de Vendat et de Randan et les fleuves de Siole, Andalot et Allier, par autres grandes et aspres montaignes, forets, rivières et vallées se confine avec la Basse Auvergne appelée Limaigne et au païs de Lionnois et Forestz.

MESURES ET DISTANCES DUDICT PAIS. — CHAPITRE III.

La longueur plus grande du Bourbonnois, à la prendre du midy au septentrion depuis le lieu et parroisse de Puy-Guillaume qui est moictié d'Auvergne et moictié du Bourbonnois, assise entre les fleuves de Duore et Alier suivant le cours dudict Alier par les villes et bourgades de Vichy, Sainct Germain des Fossés, Varennes, la Ville neufve, Veurdre et Aspremont jusques au Bec d'Alier, contient vingt et neuf lieues ou environ, et de l'orient à l'occident depuis le bord du fleuve de Loyre vis a vis de Bourbon Lancis, traverssant à Chevaignes Bourg, maison Royalle edifiée par le grand Roy François premier du nom et beau parc pour la chasse et de là ès villes de Molins, Sovigny, Montluçon et Gouzon petite ville en la montaigne jusques a la parroisse de celle soubs ledict Gouzon limitrophe de Combraille qui est sa plus grande estendue et largeur a environ vingt et six lieues et de tout circuit.

ORIGINE ET ANTIQUITÉ DES BOURBONNOIS. — CHAPITRE IV.

Quand à l'origine première des Bourbonnois ayant prins peine de visiter et feuilleter plusieurs antiens et modernes historiens et geographes je n'en ay trouvé un seul qui en face mention que Julles César lequel au premier livre de ses commentaires chapitre unziesme des bastailles des Gaules en parle en ceste manière : Il accorda eux Boyens, ce sont ceulx de Bavière en la haulte Germanie, à la requeste de ceulx d'Autun qui les avoient congneuz gens de singulière vertu que leur demeure fust assignée en contrée et païs voisin de ceulx d'Autun, et ceulx d'Autun leur donnèrent terres a habiter, lesquelles les Boyens possederent despuis en partaige de leurs droicts à la condition de la franchise en laquelle ils estoient avant qu'ils partissent de leurs païs. Et au livre septiesme chapitre cinquiesme des mesmes batailles : quand il fut venu a Langres, il envoya aux autres légions et les assembla toutes en un lieu d'avant ce que les nouvelles de sa venue peussent venir aux auvergnois ; si toust que Vercingetorix le sceut il menna toute son armée en Berry et de la il s'en alla a Gorgobina (1) laquelle est des villes apartenantes aux Boyens (2). Ce sont les Bourbonnoys, lesquels

Boyens, peuple de Bavière en la haute Germanie.

Commentaires César. l. 7. c. 5.

Vercingetorix.

Gorgobina, ville des Boyens.

---

(1) Gergovia.
(2) Il est aujourd'hui reconnu par tous les historiens que l'antique cité de *Gergovia* était située sur un plateau que l'on aperçoit au sud de la ville de Clermont-Ferrand et dont l'empereur Napoléon III a longuement parlé dans son *Histoire de César*.

après la bataille des Helveciens, Cesar qui estoit vaincueur avoit illec mis et les avoit donné a ceux d'Autun, et proposa Vercigentorix d'assaillir la ville laquelle chose donnoit grande difficulté à Cesar de conclurre quel conseil et quelle chose il debvoit faire ; car si tout le demeurant de l'hiver il retournoit toutes ces légions en ung lieu ; et cependant la ville de Gorgobina qui estoit tributaire à ceux d'Autun estoit assiégée ; il doubtoit que toute la Gaule ne se rebellast pour raison qu'il seroit advis aux amys du peuple Romain qu'il n'y auroit plus de secours en luy. Puis en un aut endroit du mesme chapitre : Après qu'il eust sommé ceux d'Autun de luy porter vivres il envoya d'avant aucuns messaigers aux Boyens pour leur signiffier sa venue, et pour les exorter qu'ils perseverassent en leurs *faulte* et qu'ils resistassent de grand couraige l'assaut des ennemys. Et derechef en un autre passaige affin d'avoir des vivres : Il ne cessa point de solliciter les Boyens et ceux d'Autun desquels les *aucuns* pour cause qu'ils n'avoient pas grande affection devers luy ne lui aydoient que bien peu, et les autres, c'est a dire les Boyens despendirent bien toust tant qu'ils avoient de bleds, parce qu'ils n'avoient point grand puissance ; et que leur cité estoit petite et mal pourveue. Voilà de mot à mot tout ce qu'escript Julles Cesar de l'origine des Bourbonnois qu'il dict estre descendus des Boyens, haults Germains, lesquels s'estants par succession de temps grandement multipliés et accreus non contens d'un si petit territoire a eulx assigné par ledit Cesar et ceux d'Autun estendirent peu a peu si bien leurs limittes sur leurs voisins, qu'enfin ils se rendirent pocesseurs et maistres de plus de terres et seigneuries qu'ils ne possèdent pour le jourdhuy. Car du commencement de leur grandeur et avant que leur païs ne fut erigé en duché, le Bourbonnois estoit une riche baronnie dont les barons estoient communément appelés Archimbauds et estoient grands terriens prochains parens des Roys de France qui tenoient partie des païs de Bourgoigne et de Champaigne et des lors y avoit en ladicte maison de Bourbon une coustume inv'eterée telle qu'en plusieurs autres maisons de ce royaulme par laquelle fille ne succedoit a icelle Baronnie tant qu'il y eust masle du nom ou parent plus loingtain en degré que la fille : et advint que par ce laps de temps n'y avoit lieu en ladicte maison aucun masle mais seullement une fille unicque et seulle heritiere nommé Beatrix, laquelle fut conjoincte par mariage avec Robert, comte de Clermont, cinquiesme fils du Roy Sainct Loys, duquel mariage descendit Loys premier du nom surnommé le grand Prince tres saige et vertueux qui espousa madame Marie d'Hainaud, et de son temps qui fut du regne du Roy Philippe de Vallois fut ladite Baronnie erigée en duché pour augmentation et accroissement de laquelle y fut unie et annexée inséparablement le conte de la Marche pour icelle estre tenue avec le duché au mesme foy et hommaige. Telle a esté l'origine et accroissement de ladite maison de Bourbon de laquelle sont descendus les maisons de Vendosme, de Montpencier et La Rochesurion comme se voirra plus amplement par la généalogie que j'en ay cy après dressée.

DE LA NOBLESSE. — CHAPITRE V.

Or, combien que ceste province soit de petite estenduc si ne laisse elle d'estre peuplée de très-grande noblesse, laquelle est honneste et fort vaillante aux armes, prompte et fidelle au service du Roy esy trouve quantité de bonnes maisons anciennes et bien remarquables tant par les vertus de leurs ancestres que par celles des successeurs. Car si des bonnes graines viennent les bonnes herbes et des bonnes plantes les bons fruicts; ainsy des hommes vertueux s'engendrent ceulx qui viennent à la noblesse, je dis quand la vertu est exercée par armes ou par les bonnes lectres qui font vivres l'homme éternellement. Platon, ce divin philosophe a escript quatre sortes de noblesse dont la premyere sont ceulx qui sont yssus de gens de bien et bien renommés : la seconde de ceulx desquels les parents ont estés princes et puissants; la troisiesme de ceulx desquelz les majeurs ont estés anoblis par quelque gloire et acte magnanime par eux faicte en la guerre ou en leurs païs; et la quatriesme de ceulx qui par hautesse et noblesse d'esprit se sont exaltés et se sont appuyés sur leur vertu et ceux là sont les vrais nobles. Aristote, precepteur du grand Alexandre y en adjouste une cinquiesme a scavoir de ceux qui ont esté excellentz et quelque science (et a bon droit) car non seullement ceux cy annoblissent eux et leur famille mais aussy les villes et les provinces esquelles ilz sont nez. Telle deffinition nous on faict les anciens Grecz et Romains de la vraie noblesse, contraire à l'oppinion de plusieurs de la noblesse d'aujourd'huy et nommement de ce païs laquelle tant s'en fault quelle ensuive ou favorise les lectres que au contraire elle les a en mespris; voire que aucuns d'icelle extiment chose indigne d'ung gentilhomme de scavoir livre et escripre et moings de laisser estudier leurs enfens se reppaissent de *comme* dire qu'ils sont gentilshommes d'ancienne race ; et de bonne part vray est que Cicéron en ces topiques dict qu'anciennement estoit prisée la noblesse qui venoit de la générosité du sang, ce qui est vray, mais aussy ne peut il nyer que les vertus de nos majeurs ne servent que d'exemple, et de mirouer pour entreprendre choses hautes, et nous rendre plus vertueux. Et sur ce faict recit Plutarque d'un vitueux et ignorant qui se ventoit à tous propos de l'antiquité de sa noblesse auquel fut enfin respondu que sa noblesse n'estoit seullement antique mais si caduque qu'elle sen alloit défaillir en luy. Pour revenir a nostre noblesse Bourbonnoyse les maisons plus anciennes et plus mémorables sont celle de la Palisse tant illustrée par les haultz faicts de ce grand mareschal de Chabannes; celle Bressolles qui se dict première Baronnye du païs : les Baronnies de Chasteau Moran, Listenois et les Barrois et pareillement les maisons d'Abret, Vendat et Rocheffort apartenans a messire Jehan d'Escars seigneur de la Vauguyon, mareschal et séneschal de Bourbonnoys, capitaine de cinquante hommes d'armes et chevallier de l'ordre du Roy; Sainct Germain des Fossés, Chastellus, Ysserpent, Rollat; la maison de Salligny, les seigneurs de laquelle sont aussy barons de La Motte, Sainct Jehan en Bourgoigne sont communement appelés Lourdins; plusieurs desquels ont estés grands

Grande noblesse en Bourbonnois.

Source et origine de la vraye noblesse.

Quatre sortes de noblesse selon Platon.

La vraie noblesse vient de la vertu.

Aristote precepteur d'Alexandre

Deffinition de la vraye noblesse selon les anciens

Noblesse moderne fort differente a l'antienne.

Plutarque.

Anciennes et notables maisons nobles du Bourbonnois.

Lourdin est le nom propre et commun des sieurs de Salligny.

2

Seigneurs, car l'un d'iceulx comme j'ay veu par un ancien tittre de l'an mil trois ceus vingt et quatre fut premier chamberland et garde du scel secret du Roy Charles quatriesme surnommé le Bel. Une autre ainsy que recite Hesiguerrant de Monstrellet fut faict connestable des royaumes de Naples et de Secille par Messire Pierre de Bourbon conte de la Marche, lors de son mariage avec la Royne Jehanne sœur du Roy. Lancelot et héritière desdits Royaumes et celluy qui est pour le jourd'hui qui est gentilhomme de bonnes lectres est chevallier de l'ordre du Roy. Il y a pareillement l'ancienne maison de Belle Nave, celle de Montare apartenant à Messire Jehans Marconnay, chevallier de l'ordre du Roy, capitaine de cinquante hommes d'armes, des ordonnances et gouverneur dudict Bourbonnois : Montcolquier, Fourchaulx, Les Noix, La Souche, De Moret, Chat Maigre, Molin Neuf, les Hartz en Verneul, Les Forges, Sainct Hillaire et la Brosse et les anciennes et notables maisons d'Orval, Montbud, Sainct Armand et Espincul appartenans à Madame la duchesse de Nivernois, et le somptueux et magnifique chasteau de Meillau qui appartient au sire de Barbezieux et plusieurs autres desquels en autre part je feray mention (1).

(marginal note: Henguerran de Monstrelet.*)*

DE L'ÉGLISE. — CHAPITRE VI.

En tout le Bourbonnoys ny a arcevesché ny evesché (2) ains sont les habitans de cinq diocèses, savoir est de l'arcevesché et diocèse de Bourges, primat d'Aquitaine et des eveschés et diocèses de Lymoges, Clermont, Autun et Nevers. Audit païs y a trois abbayes d'hommes, Noirlac sur Cher en la Chastellenie d'Aynay; le Chastel au diocèse de Bourges; Sainct Gilbert sur Andalot en la Chastellenie de Billy, diocèse de Clermont, et l'abbaye de Septfonts sur Besbre au diocèse d'Autun et Chastellenie de Molins; et deux abbayes de femmes, Sainct Menoux en la Chastellenie de Bourbon-l'Archambault et Charenton en la Chastellenye d'Aynay le Chartel et toutes deux au diocèse de Bourges; et sy y a plusieurs prieurés, comanderies, hospitaux et maladeries; oultre un grand nombre de cures et sept esglises collegiales le tout bien fondé et de bon revenu, mais très-mal desservy et entretenu, car en lieu d'y avoir des bons pasteurs pleins de bonnes mœurs et saincte vie et bien instruictz aux sainctes lectres pour bien prescher et administrer leurs pauvres brebis esgarées l'on ne voit pour la plus grande part pourveu en l'ordre ecclesiastique que gens indignes de telz estatz plains d'ignorance et avarice lesquels n'aient rien moins en recommandation que le service de Dieu et la charité des pauvres qui tant leur est recommandée ne font résidence ne visitation en leurs bénéfices sinon quand il est temps d'en prendre la despouille qui

(marginal notes:
Le Bourbonnais est de cinq diocèses : Bourges, Limoges, Clermont, Autun, Nevers.
Trois abbayes d'hommes.
Deux abbayes femmes.
L'evesque et pasteur de l'eglise doit estre sobre, prudent, chaste, servant, charitable et modeste. Paul I. Tim. 3.*)*

---

(1) M. le comte de Soultrait a publié, en 1857, sous le titre d'*Armorial du Bourbonnais*, un excellent volume in-8° qui donne la nomenclature et les armoiries de toutes les familles nobles de cette province.

(2) En 1789, l'abbé des Gallois de la Tour fut nommé premier évêque de Moulins; mais sa consécration ne put avoir lieu. Moulins ne redevint siége épiscopal qu'en 1823. Trois prélats se sont succédé depuis cette dernière époque.

est cause que les temples et monastaires, les maisons et metheries a faulte de repa- La reformation des vues et abuz des gens d'Eglise plus que necessaire en ce Royaume.
ration tumbent de jour en jour en desertion et totalle ruine; je ne parleray des
traficques marchandises, ventes, achaptz et maquignonages qui se font journellement
desdicts benefices en toute liberté, sans reprehencion, en mespris de l'honneur de
Dieu et de sa saincte Eglise par ce que chascun le voit assez, et nul ne s'en cache, ne
chastie, dont se fault esmerveiller si entre la malice des hommes nous voyons croistre
et pululer si grande diversité de sectes et hérésies et tant de malheureuses guerres
civiles, qui est suffisant tesmoignage que ce grand Dieu immortel et invisible a desploié
ses fleaux de vengence contre nous pour nous chastier en son *Ire* pour nos demerites
et qui pis est pour tout cela nul ne retourne a meilleure vie.

DE LA JUSTICE. — CHAPITRE VII.

Le dict païs et duché de Bourbonnois est composé de dix-sept chastellenies et juri- Le Bourbonnois composé en dix-sept chastellenies et jurisdictions royalles.
dictions Royalles ressortissans par devant le seneschal du païs ou son lieutenant à
Molins, et chascune desquelles a diverses justices vassalles appartenant à plusieurs
seigneurs et gentilshommes. Les dix sept chastellenies sont Molins (qui est le siége
capital), Becay et Bord le Conté qui ne soulloit estre qu'un siège lequel fut reduict en
trois suivant l'édict du Roy en l'an mil cinq cens quarente ung; Souvigny, Belleperche,
Bourbon, Aynay, La Bruiere, l'Aubespin, Hérisson, Montluçon, Murat, Verneul,
Chantelle, Ussel, Gannat, Vichy, Billy, Chaveroche et Germigny, mais les deux dernières sont aliénées. Que dirons-nous maintenant de l'administration de la justice,
est-elle meilleure en Bourbonnois ques autres Provinces de la France? Je croy que non; Non seulement en Bourbonnois mais par toute la France les procès sont immortelz.
mais plus toust pire, sans rien vouloir offencer les bons, d'autant que oultre que les
procès y sont immortelz, il n'y regne qu'ignorance, corruption et avarice ce qui donne
plus grande liberté de mal faire aux iniques et meschans veu mesmement le peu de La ou justice n'est exercée tous vices et maux abondent.
punition que l'on y faict des crimes pour grands ou détestables quilz soient et croy
qu'à juste cause le pauvre peuple pourroit dire avec le rustique des rivages du Danube Complainete du Rustique des rivages du Danube contre les juges, tirans et iniques de son temps.
ce qu'il disoit aux sénateurs de Rome se complaignant des tirannies que faisoient les
Romains en sa terre: Vos juges, disoit-il, prennent tout ce que l'on leur donne en
public tirent et accumulent le plus qu'ils peuvent en secret, chastient grievement
les pauvres dissimulent les coulpes des riches, consentent plusieurs maux pour avoir
occasion de faire plus grand larcins; estans pour mitiguer les escandalles eux-mèmes
sont scandalleux. Bref celluy qui n'a beaucoup de biens ou d'argent pour neant leur Marc Aurelle, li. 3 de l'Eloge des Princes, ch. 4.
demande justice, et ce bon Empereur M. Aurelle en sa lectre qu'il escrit contre les
juges iniques et cruelz: O quantz juges y a il aujourdhuy en Rome disoit il qui ont Le mesme M. Aurelle au mesme li. chap. 8 contre les juges iniques.
faict pendre plusieurs ne regardent qu'au premier larrecin et neantmoings demeurent
eux-mesmes libres aiant derrobé tout le peuple. O siecle plus que miserable ou est Dieu veille que cecy ne se puisse dire de la plus grand' par des juges de ce royaume.
donc celle belle justice que les anciens, (ainsy qu'escript Crisipe) faisoient peindre en
forme de vierge ayant visaige espouventable, combien que le marcher fut bening et Crisipe philosophe.
gratieux et les yeux ne tropt humbles ne trop superbes tenant de l'une des mains une

Description de justice
selon les anciens.

espée et de l'autre unes balances ayant sous ses pieds l'avarice à la quelle d'un cousté favenr et de l'autre rigueur avoient les dos tournés tout ainsy que sy elles eussent esté dechassées, denotant par ceste figure qu'auprès de justice ne doibt aprocher rigueur ne faveur, mais doibt estre grave, prudente et incorruptible soit par adulation ou argent. Il ne fault donc plus chercher ceste chaste justice entre les humains de la terre car par l'impiété et malice des hommes elle en a esté dechassée et c'est depuis l'aage

Depuis quel temps justice
a abandonné
les humains de la terre
et s'en est vollée au ciel.

dore passé auquel estoient les hommes plains de piété, patiens, véritables, honnestes, amyables et liberaulx, entre lesquels ceste vierge soulloit résider, mais voyant l'ini-quité du monde accroistre sur la terre et ne trouvant plus homme capable de sa

Egie Figule afferme
justice estre colloquée
entre les signes du Lyon
et de la Balance.

privauté ne qui fist son debvoir de la recepvoir selon sa dignité s'enleva et s'envola au ciel ou ainsy qu'afirme Egie Figule ce tant grand philosophe elle est colloquée dans le zodiaque entre les signes du Lyon et de la Balance.

DE LA POLITIQUE. – CHAPITRE VIII.

De la religion vient la
justice, et de la justice
la politique.

Ayant cy davant parlé de la religion et de la justice nous viendrons maintenant à la politique, d'autant que l'une ne peult rien sans l'autre tant sont vives et connexes ensemble, car de la religion dépend de la justice est créé la politique et la ou ces trois sont bien administrées, il n'y a doulte que tous biens paix ou tranquilité n'abunde,

La religion et la justice
qui sont deux sœurs
ne peuvent faillir ny errer
d'elles mesmes, mais
bien les administrateurs
d'icelles.

et au contraire ou il n'y a bonne religion n'y peut avoir bonne justice, et la ou deffault, la justice, la police ne peult estre bonne. Jacoit que la religion et la justice qui sont deux sœurs ne peuvent faillir ny estre mauvaises ne la politique car la différence qu'il y a d'estre bonnes et mauvaises ne vient d'elles mesmes qui de nature sont parfaictes

Faulte
de bonne administration
en la religion, justice
et politique a causé en
ce Royaume
toute licence desbourdée,
aux hommes de mal
faire.

mais des gouverneurs et administrateurs d'icelles parce qu'estant mal administrée, il n'y a de double que le Royaume on Province ou cela advient ne scauroit longuement durer sans tumber en captivité, misère et ruyne, comme ja nous en voyons les exemples que Dieu ne veuille qu'ils continuent ce qui est à craindre par le grand nombre et enormitez de nos péchés que nous y condamnent, d'autant qu'on ne voit pour le jourd'huy si familier entre les hommes non seulement de ce petit païs mais de tout ce désolé Royaume qu'une mesconnoissance et mespris du nom et de la grandeur de Dieu, et de sa justice, un evident abuz en tous les Estatz, une pululation de diverses sectes et heresies desobeissance de magistrat, licence desbordée de tous maux blasphemes, meurtres, assassinemens, lareins, pilleries injustice, chiquancrie, con-voitise du bien d'autruy, fraude, deception, volupté, luxure et avarice, faux poix, faulces mesures et faulces monnoyes et tous autres espèces de vices ce qui a tellement enflambée l'ire de Dieu contre nous que sy nous ne retournons bien tost a luy par un amendement de vie, en implorant sa saincte miséricorde. Il y aura danger que bien

Advertissement salutaire
pour appaiser l'ire
de Dieu.

toust il nous face sentir et esprouver avec notre perte et damnation le fléau de sa juste vengeance. Bref, venant la vraye religion a faillir la justice et la police, il n'y a doubte que par nécessité ny defaille l'obéissance, laquelle défaillant l'union est divisée et par concéquent estant la force et la défence diminuée comme elle est, tout viendra sy Dieu ny mect la main a defaillir etumber en evidente ruyne.

Il ne sera hors de propos d'incerer en ce lieu une belle et saincte ordonnance que feit le bon Roy Sainct Loys sur le faict et réglement de la justice et politique de son Royaume afin d'hoster les grands abuz qui sy commectoient laquelle si elle estoit aussy bien observée en ce dict Royaume comme au contraire l'on verroit Dieu crainct et reveré de son peuple, la charité envers le prochain resucitée, le Roy bien obey de ses vassaulx et subjects, la justice et politique bien administrée, et qui plus est la fureur de Dieu qu'il a de si longtemps déploié contre nous pour nos péchés totallement appaisée.

ORDONNANCE DU ROY SAINT LOUIS SUR LE FAICT ET RÉGLEMENT DE LA JUSTICE ET POLICE DE SON ROYAUME. — CHAPITRE IX.

· « Nous Loys, par la grâce de Dieu, Roy de France, establissons que tous nos baillifs, prevosts, Maires, Juges, Recepveurs, et autres en quelques offices qu'ils soient, que chascun d'eulx doresnavant faira serment, que tant qu'ils seront exercan lesdicts offices, ils feront droict et justice a un chascun sans avoir aucune acception de personnes tant à pauvres comme à riches et à l'estranger comme au privé et garderont les uz, stilz et coustumes qui sont bonnes et approuvées, et sy par aucun d'eulx est faict au contraire de leur serment, nous voulons et expressement enjoingnons qu'ilz en soient puniz en biens et en corps selon l'exigence des cas la punition desquelz nos baillifz, prevosts, juges et autres officiers nous reservons a nous et a notre cognoissance et à eux de leurs inférieurs et subjets, nos tresoriers, recepveurs, prevosts et auditeurs des comptes et autres officiers et entremecteurs de nos finances jureront que bien et lauyaulement ilz garderont nos rentes et domaines avec tous et chascuns nos droitz libertez et préeminances sans laisser, ne souffrir en estre rien soubstraicts osté ne diminué et avec ce qu'ilz ne prendront ne lairront prendre eulx ne leurs gens et commis aucuns dons ne présens qu'on leur veulle faire à eulx ne à leurs femmes et enfens n'autres pour et en leur faveur, et si aucun don en est receu, qu'ils le feront incontinent et sans délay rendre et restituer et semblablement qu'ils ne feront faire aucuns dons ne presens a aucunes personnes dont ils seront subjects pour quelque faveur ou support; et avec ce jureront que là ou il sauront et cognoistront aucuns officiers, sergens ou autres qui soient rapineurs, abuseurs en leurs offices parquoy ils doivent perdre leurs dits offices et nostre service qu'ilz ne les soustiendront ne celleront par faveur, promesse n'autrement ains qu'ils les pugniront et corrigeront selon que le cas le requerra en bonne foy et equité et sans aucune hayne ny rancune. Et voulons, jacoit ce que lesdits sermens soient prins devant nous, que ce nonobstant ils soient publics devant les clercs, chevalliers, seigneurs et toute autres gens de commune afin qne mieux et plus fermement ils soient gardés et qu'ils aient craincte d'encourir le vice de parjure non pas seullement pour la craincte et punition de nos

Tel doit être l'office du vray juge.

Mal aisément s'accordera cest article pour la longue pocession en laquelle ils sont de prendre.

mains et de la honte du monde, mais aussy de la peur et pugnition de Dieu. Et après nous prohibons et defendons a tous nos dicts baillifs, prevosts, maires, juges et autres nos officiers qu'ils ne jurent ne dient aucune parolle de Dieu, de sa digne Mère et Benoist saincts et sainctes de paradis et au semblable qu'ilz ne soient joueurz de detz, ne frequentant les tavernes et bourdeaux sur peine de privation d'office et de punition telle que au cas appartiendra : nous voulons aussy que toutes les folles femmes de leurs corps et communes soient mises hors des maisons, privées et séparées d'avec les autres personnes et qu'on ne leur louera, n'affermera aucunes maisons et habitations pour faire et entretenir leur vice et péché de luxure. Apres et nous prohibons et

defendons que nul de nos Baillifs, Prevostz, Juges et autres officiers et administrateurs de justice ne soient tant hardis d'acquérir, d'achapter par eulx ne par autres aucunes terres ne possessions es lieu dont ils auront la justice en main sans nostre congé, licence et permission, et que soions premièrement *assertenés* de la chose, et sy au contraire le font, nous voulons et entendons lesdites terres et pocessions estre confisquées en notre main et au semblable ne voulons que nos dessus dicts officiers superieurs, tant qu'ils seront en nostre service, marient aucuns de leurs filz, filles, n'autres parens qu'ilz ayent en leurs baillages et ressorts sans notre congé especial et tout ce desdicts mariages et acquets défendons, n'entendons point avoir lieu entre les autres juges et officiers inférieurs n'entre autres mineurs d'offices. Nous deffendons aussy que Baillifs, Prevots n'aucun autre ne tienne trop grand nombre de sergens ne de bedeaux en façon que le commung peuple ne soit grevé. Nous défendons pareillement que nul de nos subjectz ne soient prins au corps, n'emprisonnes pour leurs debtes personnelles fors pour les nostres, et qu'il ne soit levé aucune amende sur nos dicts subjects pour sa debtte. Avec ce nous establissons que ceulx qui tiendrons nos Prevostés, Vicontes et autres nos offices qu'ilz ne les puissent vendre ne transporter a autre personne sans nostre congé et quand plusieurs seront compaignons en un office nous voulons que l'un l'exerce pour tous. Nous defendons aussy qu'ils ne desaisissent homme de saisine qu'il tienne sans congnoissance de cause ou sans nostre especial commandement et ne voulons qu'il soit levé aucunes exactions, pilleries, tailles ne coustumes, nouvelles. Aussy nous voulons que nos Baillifs, Prevotz, Maires, Vicontés et autres noz officiers qui par aucuns cas seront mis hors de leurs offices et de nostre service, qu'ils soient après ce qu'ilz seront ainsi depposez par quarante jours resident au païs desdictes offices en leurs personnes ou par Procureur espécial afin qu'ilz respondent a ceulx qui viendront nouvellement audictz offices à ce qu'ilz leur voudront demander de leurs meffaicts et de leurs plainctes. »

DESCRIPTION DES FLEUVES DE LA PROVINCE BOURBONNOISE. — CHAPITRE X.

Loyre. — Loyre que Cesar appelle *Ligeris*, est fleuve très renommé de la France tant par la longueur de son navigaige que à cause qu'il divise la Gaule Celtique de l'Aquitaine (1). Il prend sa source et origine des montaignes de Velay d'une grande fontaine appelée Loyre à six lieues au dessus de la cité du Puis, laquelle découlant le long du Velay entre montaignes et rochers se jecte au conté de Forestz de là a Roanne ou elle commance a porter bateaux et de la prenant son cours entre les sequanois et Boyens qui sont les Bourgoignons et les Bourbonnoys, a deux lieues au dessoubz de Nevers se renforce du fleuve d'Allier qui la pert son nom; puis dessendant le long des villes de la Cherité, Cosne, Bony, Briare, Giens, Orléans, Bogency, Bloys, Amboise, Tours et Saumeur au dessoubs de la cité de Nantes en Bretaigne se va desgorger dans la mer.

Le dict fleuve de Loyre rapporte merveilleuse utilité et grand proffit à touttes les Provinces villes et bourgades de son estendue a cause de la quantité merveilleuse des bleds, vin, scel et toute autre espèce de marchandise qui par son long navigaige par grands et moiens bateaux se conduisent en divers lieux et païs voire jusques en la grande mer Occeane, mais aussy quand il se desborde, ce qu'il faict souvent en temps de grandes pluyes et à la primevere quand les neiges fondent aux montaignes, il faict un dommaige inestimable par les campaignes par ou il passe, ravageant et emmenant tout ce qu'il rencontre. Il est abondant en saumous, lamproyes, alouzes, plies, carreletz, truites, brochez, carpes, barbeaux, bresmes, mulets et autres infinis poissons d'eau doulce.

Quelle utilité porte ledict fleuve es païs et provinces par ou il passe.

Quel dommaige porte ledict fleuve quand il se desborde.

Alier. — Alier (2) est ung autre grand fleuve portant bateaux qui traverse en longueur tout le Bourbonnois et n'est guères moindre que celluy de Loyre. Il prend sa naissance aux montaignes d'Auvergne près la ville d'Issoire et s'escoule le long de la Lymaigne d'Auvergne passe soubs Gondole fort chasteau, au Pont du Chasteau, ou il commence à porter bateaux, au port Saint Avantin, à Jose, à La Veine, prieuré de femmes, à Mosillac et à Puys-Guillaume, auquel fleuve s'estant deja renforcé des fleuves de Jore, Artier, Litro, Bedat et Eubene, recoit encores le fleuve de Duore qui vient devers Courpière et de Thiers, ville d'Auvergne; de Puys-Guillaume, il descend a Limoux, a Sainct Priet, a Marion, a Sanctjoure; soubs la parroisse et chastel d'Abret, et soubz le pont de Vichy, et de la suivant son cours passe à Sainct Germain des Fossés près Billy, Varennes, Chastel de Neurre, Beccay, soubs le pont de Molins auquel lieu il a grand apport a cause des marchandises qui là arrivent d'Auvergne et autres endroicts, descend entre la ville Neufve et Belleperche soubz le bourg d'Aucurdre, Neufvy sur Alier et Aspremont, et soubz le chasteau de Cussy qui est de Nivernois en un lieu appelé Bec d'Alier, se jecte dans le fleuve de Loyre et là perd son nom : ledit fleuve d'Alier est abondant en toutes sortes de poissons d'eau doulce ainsy que le fleuve de Loyre.

Origine et cours du fleuve d'Alier.

Le bec d'Alier.

Seron. — Seron est un petit fleuve ou ruisseau qui prend sa source de quelques

---

(1) Il s'agit de *la Loire*, fleuve qui prend sa source dans le Vivarais et se perd dans l'Océan.

(2) *L'Allier*, en latin *claver*, rivière qui se jette dans la Loire et a donné son nom au département.

estang soubz le bourg Sainct Martin près Chasteaumorand limitroffe du conté de Forestz, passe à Sac parroisse dudict Forestz, à Durbize et a Seron ou elle prend son nom et suivant sa trace au droict de Bord le conte, il entre dans le fleuve de Loyre.

Besbre. — Besbre est fleuve ravissant et très dangereux quand il se desborde. Il prend son origine des montagnes de Bourbonnoys tirant en Forestz et Auvergne en la parroisse de la Prugne, en la prevosté de Cusset ; passe a Sainct Clement des Montaignes, au Breullz, a Sainct Priet, a Chastelledon, puis descend à la Palice, petite ville et fort beau chasteau, a Vosmes, a Sainct Pourcain sur Besbre, a Dompierre, près l'abbaye de Septfons, a une licue au dessoubz de Baulon, il entre dans Loyre.

Laval. — Laval n'est qu'un ruisseau qui neantmoings se renforce souvent en temps de pluye, il vient de certains estangs en la parroisse Daude, passe en la vallée Droicturier vray lieu de brigandage et demye licue soubz Sainct Priet s'escoule dans Besbre.

Tesche. — Tesche est un autre petit fleuve sortant d'un estang du seigneur de Piccor en la parroisse de Varenne sur Tesche, passe par le moulin de la Grange qui est une ancienne tour carrée de la parroisse de Treczil et entre ledict Treczil et Chauveroche, il entre dans Besbre.

Vauzance. — Vauzance (1) est petit fleuve qui provient de la parroisse de Luneau, passe en la parroisse de Molinet et au chasteau du Peage et a demy licue plus bas que La Mothe Sainct Jehan qui est du cousté de Bourgoigne il entre dans Loyre.

Lodde. — Lodde n'est proprement qu'un ruisseau qui prend sa source vers le Donjon, passe en la parroisse de Mounestay à la maison seigneurialle de Chantemerle et entre Collange et Pierreficte, il se jecte dans Loyre.

Collin. — Colin prend son origine en la parroisse de Thiel, passe au pied du parc et maison royalle de Chevaigne et au dessoubz de Bourg descend à la Chapelle aux Chatz, a Luceva les Haiz, à Cossa et Auril et au dessoubs du port de Thiute il se desgorge dans Loyre.

Roddon. — Roddon (2) est petit *flumisseau* qui descend devers le Donjon, passe a Saligny parroisse et fort beau chasteau et demy quart de lieue au dessoubs de Diou il se jecte dans Loyre.

Abron. — Abron prend sa naissance d'un estang de la parroisse de Genestines, passe en ladite parroisse, à Sainct Ennemond, à Thoury sur Abron, à Lurcy près la maison seigneurialle de Beauvoir en la parroisse Sainct Germain, à Sainct Loup et auprès d'Auril entre dans Loyre.

Siole. — Siole (3) est asses beau fleuve non portant bateaux ; il prend son origine en la montaigne près la parroisse de Sainct Pardoux descend entre montaignes a Jozeran et a la ville d'Esbreculle, puis par vallées obscures passe au pied de Sainct

----

(1) La Vouzance.
(2) La Roudon.

(3) *La Sioule*, belle rivière qui prend sa source dans le département du Puy-de-Dôme.

Bounot de Rochefort, justice vassalle de Bourbon l'Archimbaud, passe a Teuzat ou il y a port, et là faict une isle, suit son cours soubz Maict d'Escolle, a Escolle et Percena, a Baiet et Martilly, soubz le pont de Sainct Pourcain ville d'Auvergne enclavée dans le Bourbonnoys, a Contigny et une lieue plus bas en un lieu appelé la Chaise où croissent les bons vins blancs se jecte dans le fleuve d'Alier et la perd son nom : ce dict fleuve est abondant en telle quantité et sorte de poissons que Loyre et Alier.

Bouble. — Bouble est un petit fleuve ravissant qui prend sa naissance d'une fontaine en la montaigne de la parroisse de Sainct Heloy pres Montaigu Les Combrailles, descend en la parroisse Durmignac a Botevyn maison noble, à Louroux de Bouble, à Chirat l'Esgglise, a Baimassat, a Chantelle la Vielle duquel lieu par grande circulation a mode de serpent passe entre rochers soubz le fort de Chantelle la Neufve ou elle fait tourner plusieurs moulins a bleds et a tanneurs et de la par belle plaine au dessoubz de Martilly se jecte dans Siole ou il perd son nom.

Douzenan. — Douzenan est petit fleuve provenant du villaige des Bordes et de l'Escuet à deux grandes lieues de Verneul soubz lequel il passe et de la le long de la vallée suivant son cours par la maison des Garennes et de la commanderie de la Racherie en la parroisse de Contigny, il entre dans Siole.

Doullaine. — Doullaine est petit ruisseau plustoust que fleuve qui vient du villaige de Doullains ou il prend son nom, passe soubz Fleuriet et au villaige de Blouzat se jecte dans Bouble.

Sarcet. — Sarcet est un autre ruisseau lequel descend de Boys de Chevillac et passe entre les parroisses de Scissel et Fleuriet et un peu au dessoubz de Blouzat entre dans Doulaine puis un peu plus bas tous deux descendent dans Bouble.

Lymo. — Lymo est un petit fleuve qui provient de l'estang de la Salle en la parroisse de la Feline, descend en la parroisse de Branssat entre montaignes et rochers et la passe soubz un bel arc de pont faict de pierre, et suivant par valées oblicques soubz Montfan au pied de la ville de Saint Pourcain à main senestre se jecte dans Siole.

Soucy. — Soucy est petit fleuve ou ruisseau qui vient d'une belle fontaine par tiltres anciens appelé des Sercignes laquelle au dessus de Sanceaux parroisse de Trevol a sept ou huict belles sources, ledict ruisseau descend au bourg dudict Trevol et a deux lieues au dessoubs de Molins apres s'estre renforcé d'un autre ruisseau qui vient des Molins de Chastellain de Demoret, et celuy du Rys se va desgorger dans Alier.

Queusne. — La Queusne est ung petit fleuve ravissant qui prend sa source de certains estangs soubz la parroisse de Tronget, descend entre montaignes et baricaves au dessoubs de l'esglise parrochialle de Chastillon et soubz Noient va passer à travers l'estang de Messarges et jongnant les murailles de Souvigny soubs le pont de Coulandon soubz Montgarnaud et entre Molins et Thory apres avoir faict mouldre grand nombre de moulins se jecte dans Alier.

Cher. — Cher (1) est ung fleuve notable qui descend des montaignes près la

(1) Le Cher.

3

parroisse de Sainct Pardoux près Combraille vient dessendre a la Neufville Saincte Therence et la Val, Saincte Anne soubz le pont de Montluçon à Sainct Victor, à Thison, Nassignet, Vallon, Urset, Aynay le Viol entre Orval Montrond près Sainct Amand soubz l'abbaye de Noirlac à Bruiere sur Cher, et de la entrant dans le Berry passe à Chasteau Neuf, a Viezon et a Meneston et au pont de Sauldre près Sainct Aygnan se jecte dans Loyre. Ledict fleuve est très dangereux et impetueux quand il se desborde et beaucoup plus que Loyre et Alier, dautant qui change souvent de cours et est par fois si violent qu'un fort ne peult resister à son cours. Il abonde en lamproyes, alouzes, saulmonts, brochets et autres excellens poissons.

Tarre. — Tarre est ung ruisseau qui passe par Chambon, Combraille et de la vient par baricaves et vallées soubz Saincte Therence près laquelle il entre dans le Cher.

Œil. — Œil prend sa naissance aux montaignes de Combraille a quatre lieues par de la Montegu d'une fontaine appellée œil en la parroisse de Quartier : il descend à Colombier, à Malicorne, à Commentry parroisse de Bourbonnois entre les maisons nobles de Bord et du Bouchat, passe à Deneville, à Jonzay, à Sauveny le Contat et soubz le pont de Cosne et de la soubz Venax et soubz le pont de la ville d'Herisson à la Roche Authon au Creu et ung quart de lieue au dessoubz de Meaulne elle entre dans Cher.

Amaron. — Amaron est ung petit flumisseau provenant de l'estang de Malenterie en la parroisse de Durdat chastellenye de Montluçon, passe a Chamblet et le travers du faulxbourg de Montluçon appelé les Forges et un peu au dessoubz entre dans Cher.

Connaure. — Connaure est ung petit ruisseau qui vient des Bains chaulx de Neris et dessendant entre les montaignes tortueuses descend à la chappelle Saincte Agathe et à un quart de lieue près Montluçon entre dans Cher.

Mogieuvre. — Mogieuvre que aucuns appellent Queusve est ung petit fleuve provenant des estangs de Baray parroisse Sainct Desiré près la chapelle Saincte Agathe, descend par une estroitte vallée à Bruxiere les Nonnains et au bourg d'Espineul et demye lieue au dessoubz il se rend dans Cher.

Aumance. — Aumance est un petit fleuve qui prend sa source à l'estang de Saincte Anne en la parroisse de Chavenon, passe au pied du chasteau de Murat et en chastel de la Brosse Racquin qui estan pont de la Varenne près le bourg de Cosne au moulin Monnet près le pont de Beaune auprès duquel avec le fleuve de Banday se jecte dans Œil.

Bande. — Bande prend sa naissance au dela de Francesches soubs Tronget passe à Malles Tavernes près le chateau de la Contamine au pont de Barrache sur le grand chemyn de Molins a Montluçon au pied du chastel de la Salle parroisse de Vieure a Moulin Monnet dict Langieres auquel lieu estant assemblé avec Aumence tous deux entrent dans le fleuve d'Œil.

Venant. — Venant qui n'est qu'un ruisseau vient d'audessus de Deuxchaises passe entre les parroisses de Voulsat et Sainct Marcel et divise les chastellenies de Chantelles de Murat et a demye lieue de Target du coste de midy soubz le villaige de Boussat il entre dans Bouble.

Agonges. — Agonges petit ruisseau qui n'est en la parroisse de Sarzeret a demye lieue de Montmeraud et descend a Sainct Marcel et demye lieue plus bas se jecte avec Venant.

Treville. — Treville est un autre ruisseau qui vient de l'estang de Batilly en la parroisse de Sainct Bonnet et soubz les parroisses de Rongière et de Jouzay et au dessoubz de Cosne s'assemble avec Œil.

Chaulne. — Chaulne est petit fleuve qui prend sa naissance de l'estang de Chaune, parroisse de Deuxchaises passe soubz le bourg de Chappes a Montcenoux près Villefranche à la Brosse Racquin et près de Cosne il entre dans Œil.

Jolam. — Jolam est un fleuve qui descend des montaignes a deux grandes lieues au dessus de Cusset et prent sa source de l'estang de Chappes parroisse de Nizerolles, passe a dextre de la ville de Cusset et un peu au dessoubz après avoir faict mouldre plusieurs molins se jecte dans Allier.

Chison. — Chison prend son origine d'une fontaine sur la parroisse de Ferrières en la montaigne au milieu des grands bois passe au dict Ferrières a Aronne en la ville de Cusset, la moictié qui y entre par canaux de bois qui traversent les fosses et après avoir nectoié les immondices de ladicte ville se vient rejoindre a l'autre demy bras qui passe le long des murailles du costé de Vichy et au dessoubz avec le fleuve de Jolam se vont rendre au fleuve d'Alier.

Morgon. — Morgon petit fleuve prend sa naissance en la parroisse de Vic a deux lieues de Billy et prend son cours en la parroisse de Maignet et au pied des chasteaux de la Mothe Morgon de Sarezat et au dessoubz demy lieue de Sainct Germain des Fossés il entre dans Allier.

Andalot. — Andalot petit fleuve notable a cause des lieux ou il passe, prend sa source de l'estang de Giat en la montaigne, deux lieues au dessoubz de Gannat descend en la chappelle d'Andalot ou il prend son nom et a Sainct Priet et de la entre deux montaignes vient en la plaine de Gannat, entrant partie dans la ville et l'autre partie dans les fossés, tant de la ville que du chastel, et s'estant renforcé de deux ruisseaux, l'un desquels vient de la Fauconnière et l'autre de la Font Viallet près la parroisse de Mazeret descend à Montignet soubz lequel il reçoit la Tollenne qui la perd son nom et suivant ledict Andalot son cours passe soubz la ville d'Escurolles entre Brou et Viginaire et a Sainct Didier, a l'abbaye Sainct Gilbert, a Paray soubs Briaille et un peu audessoubz de Cordebœuf se jecte dans Alier.

Tollenne. — Tollaine prend son origine des estangs de la Rougière et Villemont, passe à Sainct Genest, parroisse d'Auvergne et Poissat et joignant le chastel de Montluisant soubz Pontrattier prieuré de dames et soubz la parroisse de Montignet entre dans Andalot.

VILLE ET CHATELLENIE DE MOULINS

DE LA VILLE ET CHASTEAU DE MOLINS — CHAPITRE XI.

L A ville de Molins est située en lieu plaisant et delectable assès près du fleuve d'Alier et depuis sa première fondation fut extimée capitalle du pais et duché de Bourbonnois, au dedans de laquelle au lieu plus eminant est le chasteau des ducs de Bourbon de belle grandeur et structure que peu sen treuve de plus capables et accomodes pour y loger Roys et Princes, estant décoré de l'une des belles et superbe fontaine de ce Royaume ; puis au dessoubz d'iceluy du costé d'Orient sont les grands jardins beaux et spacieux bien entretenus et cultivés, lesquels sont largement peuplés d'orangiers, citronniers, mirtres, lauriers, pins, de chesnes commungs et verdz et tout autres espèces d'arbres portant divercité d'excellentz fruiàt et ne sont les parterres moings fournis selon les saisons de toutes sortes de melons, concombres, courges, citrouilles, cardes, artichaux et pommes d'amours, herbes potagieres et diverses fleurs. Outre le plaisir des grandes allées du beau et industrieux laberinthe du grand pavillon et le petit fort des connilz verdz : et sont lesdicts jardins separés du chasteau par deux larges et proffonds fossés plains d'eau entre lesquelz sont les longues Lisses a courir la bague et a picquer chevaux ; et à l'un des boutz d'icelles lisses est la maison et jardin de l'oysellerie ; et à l'autre bout du cousté des champs vers le septentrion sont les belles escuyries pour les grandz et petitz chevaux et s'y a encores un autre jardin hault, en forme de terrasse au dedans duquel passe le tuyau de la grande fonteine qui descoulle quand on veult dans un vaisseau de pierre tout rond en façon de puys et de la ramplist deux grandes et profondes cuves de forme longue et quarrée de pierre de taille bien cymentées et par divers canaux ladicte eaue sortant desdictes cuves que l'autheur du present livre a faict faire a ses despens, arrouse tout ledict jardin. Ladicte ville est de petit circuit estant enceinte de hautes murailles et de fossés sceqe, ayant quatre grandes portes communes, a scavoir la porte de Paris, la porte de Bourgoigne, celle des Carmes et celle d'Allier ; et combien qu'elle soit petite si est elle riche et bien peuplée ; et environnée de cinq grandz fauxbourgs oppulentz et bien peuplés dont le premier et celluy de Paris, celluy de Bapaulme, celluy de Bourgoigne et des Carmes,

Le laberinthe.
Le grand pavillon.
Le fort des connilz verdz.
Les lisses.
Loysellerie.

Les escuyeries.
Le jardin haut.

et le plus grand et plus riche de tous est celuy d'Alier soit en quantité de beaux edifices de marchans et bons artisans ; et sont lesdicts faubourgs décorés de plusieurs et solubres sources, de claires fontaines et beaux jardins (1).

Les habitans de ladicte ville sont de la paroisse d'Iseure ou de celle de Sainct Bonnet, chacune desquelles n'est située qu'à un quart de lieue hors ladicte ville : toutefois pour survenir aux nécessités des habitans pour l'administration des sacremens a esté construict un temple de Sainct Pierre des Menestraulx pour ayder à ceulx qui sont de la paroisse d'Iseure, et pour le regard de celle de Sainct Bonnet est tenu le curé en cas de nécessité, faire administrer les sacrementz de son eglise en l'hospital Sainct Jehan-les-Molins, lequel hospital avoit autrefois esté fondé pour y recepvoir les pauvres habitans de la ville. Toutefois despuis l'hospitalier qui s'en dict titulaire soubz une colation obtenue de l'evesque d'Autun au lieu d'entretenir la fondation, a faict servir ledict hospital par *assensseurs* qui ny ont receu que vagabonds et mendians valides payant leur escot audict hospital comme en une taverne. Quoy entendu par le chastellain de Molins, après avoir du tout informé, et prins sur ce l'advis des officiers du Roy pour lors duc de Bourbonnoys, ordonna que ledict hospital recepvroit les pauvres qui luy seroient envoyés par les gouverneurs de l'hospital Saint Gilles les Molins, à la charge seullement de les loger et servir sans qu'il fust tenu de les nourrir ; avec deffence de n'y plus recepvoir lesdicts vacabons et mendians valides sans exprès commandement desdicts Gouverneurs.

L'eglise S. Pierre des Menestraulx de Molins aide de la parroisse d'Iseure.

L'hospital S. Jehan lez Molins aide de la parroisse S. Bonnet.

DE L'HOSPITAL SAINCT GILLES. — CHAPITRE XII.

En l'an 1539.

L'hospital Sainct Gilles est situé entre le fauxbourg d'Alier et celuy des Carmes asses commodement basti pour la reception des pauvres, mais en lieu fort incommode tant pour l'incommodité du chemyn que aussy près d'icelluy sont les maisons du bourdeau public : toutesfois despuis l'an mil cinq cens trente neuf a esté pourveu à la police dudict hospital et pour icelle exercer, on a commis quatre gouverneurs qui reschangent d'an en an, scavoir est un du barreau pour la conduitte des procès et autres affaires ; un marchand de la ville qui est chargé de la recepte de deniers, et rendre compte ; un chanoyne de l'eglise collegialle de Nostre Dame, lequel avec un autre bourgeois eslu du faulxbourg d'Alier est chargé de visiter ledict hospital et pourvoir à l'economie d'icelluy, et parce que les deniers de la dotation dudict hospital ne sont suffisantz pour l'entretiennement d'icelluy les bourgeoises de ladicte ville chacun jour de dimanche et autres festes sur sepmaine font quester es eglises parrochiales et les deniers provenans dicelles delivrent audict tresorier des pauvres lequel

---

(1) Il existe un curieux dessin de la ville de Moulins, en 1440, d'après l'*Armorial du Bourbonnais* de Guillaume Revel. L'*Ancien Bourbonnais* l'a reproduit. Une autre vue de la ville de Moulins, qui est très-rare, a été gravée, vers 1740, à Paris, par Jacques Chereau. M. Ambroise Tardieu possède un exemplaire de cette dernière gravure qu'il serait utile de reproduire.

en faict estat et compte. Or pour venir à la fondation dudit hospital, Loys second du nom et troisième duc du Bourbonnoys avoit fondé et faict edifier l'hostel Sainct Nicolas assix au faulxbourg d'Alier pour y loger les anciens pauvres serviteurs de sa maison qui par aage, utillation de membres ou autres accident ne pouvoient plus faire service et voulut qu'ils fussent logés, nourris et entretenus audict lieu jusques au nombre de neuf, et par ce docta ledict hospital de quatre muictz froment, un muictz deux septiers, deux boisseaux soigle, deux septiers febvres. un septier pois blancs, dix sept tonneaux de vin, cent livres d'huile de noix, et deux centz dix sept livres dix solz en deniers, de laquelle fondation pour lors n'ent fut passé aucun titre mais depuis le dixiesme juin mil cinq cens et dix madame Anne de France duchesse de Bourbonnoys et d'Auvergne confirmant ladicte fondation pour le regard des bledz, vins, huille, poix et febvres, sus declairés augmenta la somme des deniers jusques à la somme de trois cens livres declairant par le menu sa volonté pour employer ledict argent chacun an pour la norriture et vestemens desdicts rendus, leur gouverneur et gouvernantes, serviteurs, chambrières : et vicaires proposés pour faire le divin service, et par lesdictes lectres est prescripte par le menu toute l'economye de ladicte maison, laquelle despuis du vivant de ladicte Anne de France a esté transférée en l'hospital Sainct Jullien dans la ville de Molins joignant la porte d'Alier, auquel lieu soulloit estre l'hostel Dieu des pauvres qui par elle fut transféré a l'hospital Sainct Gilles qu'elle a faict edifier hors ladicte ville et audict hostel Sainct Nicolas situé comme dict est en la rue d'Alier a esté faict un couvent de Jacobins.

Loys 2e du nom et 3e duc de Bourbonnois fondateur de l'hostel S. Nicolas.

Confirmation de ladicte fondation en l'an 1510 par Madame Anne de France duchesse de Bourbonnois et d'Auvergne avec augmentation du revenu.

L'hostel S. Nicolas transferé en l'hostel S. Julien dans Molins.
L'hospital S. Gilles edifié par ladicte Anne de France.
De l'hostel S. Nicolas a esté faict le couvent des Jacobins.

DE L'EGLISE COLLEGIALE DUDICT MOLINS. — CHAPITRE XIII.

En ladicte ville de Molins en l'eglise Notre Dame y a fondation faicte par le susdict bon duc Loys d'un collège de douze chanoynes et un doyen, quatre clercs coriaulx et un secretain ou marguillier docte, de très bonnes et grandes rentes en assiette, de terre, selon la coustume de Bourbonnois, lequel a un official pour la congnoissance de leurs causes, les appellations duquel ressortissent a Lyon par devant le metropolitain ; et ne doibt demeurer soubz silence, ce qui se trouve en leur tresor qui est une fondation faicte par messire Pierre de Belleperche lorsqu'il vivoit evesque d'Auxerre ce grand docteur es droictz duquel les Bourgoignons se sont voullu glorifier, par lequel titre de fondation il appert qu'il estoit de la noble famille des Breschardz seigneurs de Confex près Belleperche et qu'a ceste cause, les Bourbonnois le peuvent vendiquer comme a eux appartenant.

Le bon duc Loys fondateur de l'eglise collegialle de Molins.

M. Pierre de Belleperche ce grand docteur es droicts issu de Bourbonnois de la noble famille de Breschards Srs de Confes.

DIVERSITÉ DE JURIDICTIONS ET OFFICIERS EN LA VILLE DE MOLINS. — CHAPITRE XIV.

En ladicte ville ne soulloit anciennement avoir qu'un chastellain, juge ordinaire du lieu, son lieutenant et procureur du seigneur, lesquelz avoient congnoissance de toutes

Nombre des officiers anciennement erigez en la ville de Molins.

les causes de ladicte chastellenie tant civilles que criminelles en première instance, les appellations duquel ressortissoient par devant le seneschal qui avoit en ladicte ville son lieutenant general et particulier avec l'advocat et procureur du seigneur. Outre lesquelz y avoit un lieutenant et procureur du domaine, lequel lieutenant siegeoit le vendredy au matin et congnoissoit de toutes causes conservant le domaine dudict seigneur ; y avoit aussy en ladicte ville troys esleus pour la congnoissance des droictz des tailles et aydes, et un grenetier et contrerolleur pour la cognoissance des droictz de la gabelle du scel ; un tresorier du dommaine de Bourbonnois et un recepveur des tailles ; outre lesquelz ledict seigneur entretenoit un president et six auditeurs des comptes de leurs receptes des païs de Bourbonnois, Auvergne, Forestz, Beaujollois, principaulté de Dombes, Carlat, Murat, Conté de Gien, de Chastelheraud, de toutes lesquelles seigneuries, les comptes se rendoient en ladicte ville de Molins ;

et encore y estoient jugées en dernier ressort les appellations ressortissans de ladicte principaulté de Dombes. Mais despuis l'an cinq cens vingt et trois que les choses estoient en l'estat que dessus le nombre des officiers a esté accru, car le Roy a despuis erigé deux enquesteurs en ladicte seneschaulcée, six conseillers et un president pour juger en dernier ressort des causes attribuées aux juges presidiaux lesquelz siègent en ladicte ville le jeudi et sahmedy au matin ; et encores à créé un estat de contrerolleur en l'élection autre estat de contrerolleur au dommaine et un lieutenant criminel en ladicte seneschaucée qui siége en ladicte ville le jour de sabmedy a dix heures du matin, et trois esleuz, un recepveur des tailles et un recepveur du taillon, lesquelz esleuz siegent les jours de lundy et vendredy à l'après disnée

POLICE ET GOUVERNEMENT DE LA VILLE DE MOLINS. — CHAPITRE XV.

Pour le faict du gouvernement de la ville de deux en deux ans se faict election d'un maire et quatre eschevins lequel maire ne peult venir audict estat que au prealable il naoyt esté eschevin et on a de coustume de choisir un eschevin du corps de la ville et trois autres des habitans des faulbourgs lesquelz maires et eschevins selon leurs lectres de maireries avec soixante des habitans de la ville peuvent ordonner en chambre de ville de tous affaires concernant leur république ; et encore en congnoissance par concurrance avec le chastellain de Molins sur le faict de la police, lequel chastellain tient son siege les jours de lundy et mardy du matin et les jours de lundy, vendredy et sabmedy a l'après disnée, affin de donner audience tant a ceux de la ville qu'a ceux des champs, car ladicte chastellenie est de longue estendue et avoit de coustume de

tenir son siege tant en la ville de Molins qu'es parroisses de Toullon, Genestines, Chevaignes, Chappeau, Chaigy, Bourg le conte, Seron, Diou, Lespine, Beeay, Piedrogier, Thiel, Chevilly et Louve, tous lesquelz sieges pour les causes contenues en l'edict du Roy du moys d'octobre cinq cens quarante un ont esté réunis en trois sièges, scavoir est Molins, Becay, et Bourg-le-Conte ; à la charge toutes fois de sieger esdictz sieges, toutesfois et quantes qu'il en sera necessaire pour la confirmation des limittes de la jurisdiction en chacun desquels sièges de Molins, Becay et Bourg le Conte, le Roy establist un lieutenant dudict chastellain et procureur de Monsieur le Duc, mais pour le regard des sièges de Louve et Chevilly, parce qu'il y a seigneurs vassaulx qui y ont justice concurrante avec mondict seigneur le duc, n'a esté aucune union faicte desdictz sieges, par quoy la justice s'y exerce encores ordinairement par ledict chastellain ou son lieutenant.

CHASTEAUX, MAISONS SEIGNEURIALLES ET JUSTICES VASSALLES DU CHASTEL ET CHASTELLENIES DE MOLINS. — CHAPITRE XVI.

Je me suis trouvé fort empesché a recueillir les noms et nombre des chasteaux maisons seigneurialles et justices vassalles mouvantes et tenues en foy et hommaiges de monseigneur le Duc de Bourbonnoys à cause de son chastel de Molins n'en ayant oncq sceu rien apprendre des officiers dudict Molins, soit en ma vertu de ma commission par prières ou autrement s'excusant tous qu'ilz n'en tiennent estat ne registre d'autant qu'il ne leur en vient aucun proffict a ceste cause n'ayant peu recouvrer qu'un extrait tout confuz de ceulx qui sont appellés au riereban, si j'en ay voulu scavoir chose plus certaine m'a convenu retourner moy mesmes sur les lieux avec grandz fraiz longtemps et labeur et par ce mectray icy par ordre ce qu'en ay peu recueillir au vray supliant très humblement V. M. vouloir excuser les faultes, sy aucune en y a comme plustoust venant des officiers de la justice que non pas de moy. Le chasteau, terre, baronnie et justice de *Bressolles* première baronnie de Bourbonnois. Le chasteau fort, terre et justice de *Saligny*. La ville, chasteau, terre et justice de *Jaligny sur Besbre*. Le chasteau fort, terre et justice de *Thory sur Alier*. La terre Bourg-Chasteau-Ruine et justice *du Donjon*. La terre et justice de *Louve*. Le chasteau fort, terre et justice de *Dorne* qui est partie en Bourbonnois et partie et Nyvernois. Le chasteau fort, terre et justice d'*Esbreulle* en la paroisse de Lezigny. La seigneurie, terre et justice de *Baulon* appartenant par moictié au seigneur de Tourcy et l'autre au sieur du Deffend Allias Montaillot. La maison noble, terre et justice de *Chantemerle*. La maison, terre et justice *des Pontez*, paroisse de Lodde. La seigneurie, terre et justice de *Secqe*. La maison, terre et justice des *Milletz*. La maison noble, terre et justice de *Montormentier*, paroisse Monestay. La maison, terre et justice de *Sainct Didier*. La seigneurie, terre et justice de *Bouteresse*. La maison, terre et justice de *Boslz*. La Mothe, terre et justice du *Thouyn*, paroisse Genestines. Le fief *du Peschin*, paroisse Genestines. Le chasteau, prieuré, terre et justice de *Montaupuis*, parroisse Neufville. Le chasteau fort, terre et justice de *Fleury* sur Loyre. La terre, bourg et justice de *Vosma* sur Besbre. La seigneurie, terre et justice de *Recye*. Le chasteau fort, terre et justice de la *Varenne*, paroisse Saligny. Le chasteau fort, terre et justice d'*Estrée* en Molins, parroisse Molinet. Le chasteau fort, terre, commanderie et justice de *Reugnis*. La maison noble, terre et justice de *Bouchault*. La terre, prioré et justice *du Puis Sainct Ambreul*, paroisse Sainct Lians. La terre, bourg, chasteau et justice de *Pierre-*

ficte. La maison seigneurialle de *Beaumont*, paroisse de Saligny. Le chasteau fort et seigneurie de la *Berlière*, paroisse Vosma. Le chasteau fort, terre et seigneurie des *Fougis*, paroisse Thionne. La maison seigneurialle de *la Rouzière*, paroisse Bourg le Conte. La maison noble de *Mignance*, paroisse du Pin en Molins. La maison noble de *Chambonnet* près Vosma, paroisse Dampierre. La maison seigneurialle de *Vernassault*, paroisse Dampierre. La maison noble de *Memorin*, parroisse de Lesiny. La maison noble de *Monnet*, parroisse Treteaux. La maison noble *Deschalette*, parroisse Monttoldre. La maison noble de *Marcellange*, parroisse Sainct Bonnet-lez-Molins. Le chasteau fort et seigneurie de *Plaisance*, parroisse Sainct Bonnet. La maison noble de *la Brosse*. Les chasteau fort, terre et seigneurie de *Thory* sur Besbre. Le chasteau fort et seigneurie d'*Aurely*, parroisse Ourouer. Le chasteau fort, terre et seigneurie de *Beauvoir la Nocle*, paroisse Sainct Pourcain sur Besbre. La maison noble de *Sarrée*, parroisse Parray le Frayry. Le chasteau fort, terre et seigneurie de *Mortillon*, parroisse Collanges. La maison seigneurialle de *Vesures Gondras*, parroisse Collanges. La maison et seigneurie de *Martray*, parroisse de Baulon. La maison et seigneurie de *Villards*, parroisse Baulon. La maison seigneurialle de *Meuble*, parroisse Baulon. La maison et seigneurie de *Liangle*, paroisse Baulon. La maison noble *du Meage,* parroisse Baulon. La maison noble *du Putay*, parroisse Gilly en Bourgoigne. La maison noble de *Rangon* en Molins, parroisse Toulon. La maison noble de *Montchenin*, parroisse Toulon. Le chasteau et seigneurie de*Balaure*, parroisse Trizy de la Foyre. Le chasteau et seigneurie de *Coulons*, parroisse Sainct Lians. La terre, maison et seigneurie de *Purcy* appartenant a messire Lourdin de Saligny, chevallier de l'ordre du Roy. La maison noble de *Corgenet*, parroisse Neufvy près Molins. La terre et seigneurie de *Lucena* en Lavalet. La maison seigneurialle *Dorvallet*, parroisse sainct Pourcain de Malechere. La maison noble de *la Tour en Chappeau*. Le chasteau fort et seigneurie de *la Forestz* en Viry, parroisse Lignerolles. La maison noble de *La Grange en Bolz*. La seigneurie des *Angières* appartenant au sieur de la Nocle. La maison seigneurialle *Du Peag*, paroisse Digoin, combien que le dict Du Peag soit en Bourbonnois. La maison noble *des Plantes*, parroisse Sainct Didier des Bruyères es Basses Marches. La seigneurie de *Vesse*, parroisse Treteaux. Le chasteau et seigneurie de *Moret*, paroisse Trevol. La maison noble de *Pouzeux*, paroisse d'Iseure. Le chasteau fort et seigneurie de *Foullet*, parroisse d'Iseure. La maison noble de *La Mothe Bureul*. La maison seigneurialle *des Forges*. La maison noble de *la Mothe Ferreschal*. La maison noble de *la Mothe Chesy*. Le chasteau et seigneurie d'*Horigny*. La maison seigneurialle des *Essardz*. La maison seigneurialle de *la Mothe* Annelaud. Le chasteau fort de *Chaulmont aux Mailletz* près Nevers. Et plusieurs autres petits fiefs et rière fiefs qui ne méritent cy faire mention.

Le Chastel, ville et chastellenie de Molins sont en partie assix et sistuées au diocèse d'Autun et les autres parties en diocèse de Nevers et de Clermont, ainsy que s'ensuit.

PARROISSES DE LA CHASTELLENNIE DE MOLINS AU DIOCÈSE D'AUTUN. CHAPITRE XVII.

Yseure, parroisse de la ville de Molins de laquelle elle est distante d'un quart de lieue et en icelle y a un pricuré de dames de l'ordre sainct Benoist deppendant de l'abbaye Sainct Menoux et en icelle parroisse est la maison et parc de Beauvoir et les maisons nobles de Pouzeux et de Foullet et contient ladicte parroisse. iijᶜxix feuz.

Sainct Bonnet, autre parroisse de ladicte ville et faulxbourgs de Molins en laquelle sont situées et assix le chasteau fort de Plaisance en la maison noble de Marcellanges et conciste en . . . . xxx feuz.

Averine, parroisse près Alier, a demye lieue de Molins tendant à la ville neufve contient . . . . lxxbj feuz.

Trevol, parroisse et pricuré a simple tonsure et en icelle est assise la maison seigneurialle de Demoret, et conciste ladicte parroisse en. . . . . iiijˣˣ feuz.

Genestines, parroisse en laquelle dans les boys est la terre, justice et maison noble du Thonyn et contient. xxxbij feuz.

Lucena en Avallet, parroisse qui contient. . . . . lj feuz.

Chaigny, parroisse conciste en . . . . xxx feuz.

Lesigny, parroisse en laquelle est le chasteau fort d'Esbreulle et la maison noble de Montmorin et conciste ladicte parroisse . . . . xlvij feuz.

Chevaignes, bourg, parroisse et prieuré joignant, lequel sur le fleuve Collin est le beau parc et maison royalle pour le deduict de la chasse edifié par le grand roy François, contient la parroisse. . . . . liiij feuz.

Sainct Pourcain de Mallechère, parroisse contenant. . . . . vij feuz.

Montbeugny, parroisse qui conciste en. . . . . xiij feuz.

Thiel, parroisse en laquelle est la maison seigneurialle de la Creuse, contenant . . . . iiijˣˣix feuz.

Sainct Pourcain sur Besbre, parroisse. . . . . xxij feuz.

Baulon, parroisse de Bourbonnois et de Nivernois contenant . . . . lx feuz.

Les habitants de *Contractz* distraictz de Baulon . . . . vj feuz.

Dampierre, parroisse en partie . . . . xiij feuz.

Garna, parroisse partie de Bourbonnois et partie de Nivernois, contenant. ix feuz.

Le Pin en Molins, colecte, contenant . . . . l feuz.

Sainct Martin des Laiz, parroisse . . . . xbiij feuz.

Paray le Fréry, terre et seigneurie contenant . . . . xlv feuz.

Ganna, parroisse de Bourbonnois et de Nivernois par moictié contient. xb feuz.

Victry, en partie oultre Loyre qui est de la colecte de Nivernoys . . .

Lesme, parroisse oultre Loyre en partie de Bourbonnois. . . . . . v feuz.

Trizy, parroisse de la collecte de Nivernois . . . .

Neully, parroisse vers le Donjon. . . . . lxx feuz.

Malleray, parroisse . . . . xxxiij feuz.

Sainct Didier, parroisse. . . . . liiij feuz.

Sainct Ligier de Bruyeres, parroisse . . . . lj feuz.

Les Bouchaulx, colecte . . . . xxx feuz.

Molinet, parroisse . . . . xxvj feuz.

Collanges, parroisse en Molins et Chaveroche. . . . . lxv feuz.

Pierrefcte, bour : chasteau justice et parroisse . . . . cix feuz.

Partie de la paroisse de *Gilly*. . . . . viij feuz.

Diou, bourg et parroisse sur Loyre. . . . . xxxiiij feuz.

Partie de la parroisse de *Digoins* deça Loyre contenant . . . . . . xx feuz.

Saligny, bourg parroisse et fort chasteau . . . . c feuz.

Monestay, parroisse. . . . . xxxbij feuz.

Contratz, colecte contenant . . . . bj feuz.

Bord le Conte, bourg parroisse et justice despendant de la chastellenie de Becay.
. . . . biij×bj feuz.

Bourg de *Bourbon*, colecte. . . . . iiij feuz.

La terre de *Chassenax* et Digoin . . . . xx feuz.

Seron, bourg et parroisse, contenant . . . . cv feuz.

La terre de *Javardon*, en la parroisse de Seron . . . . xxbiij feuz.

Chassenax, parroisse en Bourbonnois et Charrolles, contenant pour le Bourbonnois.
. . . .

PARROISSES DU DIOCÈSE DE NEVERS. — CHAPITRE XVIII.

Imphis et *les Charnais*, parroisse outre Loyre partie en Bourbonnois et partie en Nivernois contenant . . . . lxbij feuz.

Sermoyse, parroisse pres Nevers partie en Bourbonnois et Nivernoys et contient.
. . . . xxxiiij feuz.

Fleury sur Loyre, parroisse chasteau , justice contenant pour le Bourbonnois
. . . . xxbii feuz.

Partie de la parroisse de *Lothenay* qui est de la colecte de Nivernois . .

Partie de la parroisse de *Lurcy sur Abron*. . . . . xb feuz.

Partie de la parroisse de *Thory sur Abron*. . . . . xiij feuz.

Partie de la parroisse de S* *Germain en Viry* . . . . ij feuz.

Sainct Parise en Viry, parroisse . . . . xxix feuz.

Partie de la parroisse de *Dorne* qui est de la colecte de Nivernois . . .

La parroisse de *Cossa* en partie . . . . iiij feuz.

La chappelle aux *Chatz*, parroisse et prieuré. . . . . xix feuz.

Sainct Simphorien, parroisse et prieuré, et le bourg Sainct Ennemond. . lvj feuz.

Vaultmain, parroisse contenant pour le Bourbonnois . . . . . . bj feuz.

PARROISSES AU DIOCÈSE DE CLERMONT. — CHAPITRE XIX

Neufvy, parroisse près Molins outre Alier en laquelle est le chasteau fort de Thory et les maisons nobles de Courgenestz, Horigny, Bercy, La Neufville et Montgarnaud et contient ladicte parroisse. . . . . iiij××× feuz.

Partie de la parroisse de *Collandon* laquelle est de la collecte de Sauvigny.

Bressolles, parroisse, chasteau, baronnye et justice. . . . . lxxv feuz.

Chemilly, parroisse en laquelle sont les chasteaux et seigneuries de la Jolivette des Foucaux et de Biraigue et contient . . . . iiij×× feuz.

Souspeze, parroisse et le chasteau de Rouys . . . . xxj feuz.

Thoulton, parroisse en laquelle est la maison seigneurialle de Rango et celle de Beaunay . . . . l feuz.

Sauvigny le Thion, parroisse . . . . xxbj feuz.

Longprès, parroisse . . . . x feuz.

Saint Vervir, parroisse et les habitans du Puis-Rogier distraicts de Sainct Vervir, et en icelle sont les maisons nobles de Monestier, de Marc et de Seigneuret et contient ladicte parroisse . . . . xlviij feuz.

Treteaux, parroisse et les maisons nobles de Vesses et de Monnet . . . xl feuz.

Jaligny, ville et beau chasteau sur Besbre contenant toute la parroisse tant en la ville franchise que hors la franchise . . . . lxxbiij feuz.

Marseigne, parroisse contenant . . . . xxbiij feuz.

Thionne, parroisse contenant. . . . . xlix feuz.

Chastel le Perron, parroisse et la justice de Monestier . . . . xlbiij feuz.

Sainct Lians, parroisse et le prieuré du Puis Sainct Ambreul. . . . xlvij feuz.

Montperoux, parroisse petite en ce qui est en Molins . . . . iiij feuz.

Huvers, parroisse en la justice de Molins et de la collecte de Chaveroche.

Liverolles, parroisse en Molins . . . . lvj feuz.

Vosma, gros bourg et parroisse sur Besbre auquel sont les maisons seigneurialles de Breul, de Precor et de la Brelière contient . . . . cbij feuz.

Sainct Reverian, parroisse . . . . xx feuz.

Marcy, parroisse et maison noble . . . . xxxbiij feuz.

Chappeaux, parroisse en laquelle sont les maisons nobles de La Mothe, d'Eschinaux et de la Vallée . . . . l feuz.

Mathefray, parroisse petite . . . . biij feuz.

Toise, parroisse en laquelle sont les maisons nobles de l'Espine, de Beauvoir, de Laugière, de Punngy, de Brosse, de Pontiaux, de Lucassin, de Franvie et des Peaitz et conciste ladicte parroisse en. . . . . xxxii feuz.

Montoudre, parroisse . . . . lx feuz.

Huillaux, parroisse . . . . xbij feuz.

Le Nax, parroisse . . . . lxix feuz.

Becay, bourg, parroisse, poste assise et chastelleine , ... lx feuz.

Hauterice, parroisse sur Alier. . . . . bj feuz.

Sainct Didier, parroisse. . . . . liij feuz.

Aurilly, colecte . . . . ij feuz.

La terre de *Baudesquin Mesquin* . . . . biij feuz.

Fol et *Salonne*. xj feuz.

Tressaignes. . . . . xix feuz.

Somme toutalle pour ladicte chastellenie de Molins :

Parroisses. . . . . lxxvij.

Villaiges et colectes. . . . . x.

Feuz . . . . iij^{m}v^{c}iiij^{xx}vj.

FOIRES ET MARCHÉS DE MOLINS. — CHAPITRE XX.

En la ville de Molins chacun jour de Jeudy et Sabmedy y a marchés de bled auquel aciste un clerc juré de la ville qui tient registre de la valleur de chacune espèce de bled qui se vend audict marché, et en faict rapport par escript au chastellain de Molins et contient ledict rapport les trois pris, scavoir est le plus hault, le moien et le plus bas et est pourveu au faict de la police du pain par ledict chastellain et les maires et eschevins selon le susdict moiens rapport ; outre lesquelz marchés, y en a chacun an en ladicte ville quatre autres qu'on appelle les grands marchés parcequ'ilz ne sont moindres qu'aucunes des foyres et s'y vend grande quantité de gros et menuz bestail : le premier est la veille des Roys, le secon par les rogations, le troisiesme la veille de la feste Dieu, et le quatriesme la veille de la Pentecoste. Il y a aussy chacun an en ladicte ville six foyres, scavoir est le lendemain des Brandons, lendemain du dimanche de la Passion appelée la foyre du Concille, landemain de Sainct Barnabé, le jour Sainct Jehan d'aoust, lendemain Sainct Michel, et lendemain de Sainct Martin d'hiver.

La ville et franchise de Molins dure et s'estend en long et en large ainsy comme elle a esté bornée d'ancienneté par croix de pierre en esgard et mis d'une croix à l'autre.

DEBVOIRS DEUZ PAR LES BOURGEOIS DE MOLINS A MONSEIGNEUR LE DUC. — CHAPITRE XXI.

Droicts de bourgeoisie.

Les bourgeois manans et habitans de la ville et franchise de Molins doyvent a monseigneur le duc chacun an pour raison de bourgeoisie environ la Sainct Martin d'hiver qu'ils la doyvent *asserir* les gens de comptes, le chastellain de Molins appelles les quatre consulz de ladicte ville chacun feu six solz tournois jusques a deux solz et doibt paier les six solz tournois qui les peult paier.

Charroy.

Lesdicts bourgeois manans et habitans de ladicte ville doibvent à mondict seigneur le duc chacun an au terme Sainct Martin d'hiver pour raison du charroy la somme de cens solz tournois ainsy qu'il est amplement déclairé dans les privilèges de ladicte ville.

Lesdictz bourgeois manans et habitans doyvent en oultre à mondict seigneur le duc es quatre cas toutesfois qu'ilz adviendront, c'est a scavoir quand il est chevallier nouvel, quand il marie sa fille et si mondict seigneur est prins par faict de guerre ou faict le voyage doultre mer pour aider à supporter les fraiz et paier sa rencon. Debvoirs es quatre cas.

Outre plus doyvent lesditz bourgeois manans et habitans de ladicte ville a mondict seigneur toutesfois qu'il chevauche en armes une charette et trois chevaux doyvent estre prises par les gens de mondict seigneur et donner lectres du pris et les doibt rendre mondict seigneur esdictz bourgeois quand il est retourné de sa chevauchée en icelluy pris ou pour iceulx le pris quils auront estés prises. Une charrette et trois chevaux

REVENU ET CHARGES DU DOMAINE DE LA CHASTELLENIE DE MOLINS. — CHAPITRE XXII.

Le revenu du domaine de la chastellenie de Molins tant ailleurs que non *alienne* et des Aydes *assenée* a Jacques de la Croix fermier dudict domaine par bail a luy faict par feu maistre Jehan Fouille commissaire en ceste partie en l'an mil cinq cens soixante six pour six années suivantes et consecutives pour la somme de trois mil six cens soixante livres tournois chacun an par ce . . . . iii^m vj^c lx L. tour.

Outre laquelle somme est tenu ledict fermier de paier au nom du tresorier ordinaire de Bourbonnois les charges ordinaires assignées sur ladicte recepte qui s'ensuivent. . . . .

Plus de Me *Pierre Bard*, fermier du revenu du Greffe de la seneschaussée de Bourbonnois tant civil que criminel. . . . . ij^m v^c L.

En argent. — A l'abbaye de Saincte Claire de Moulins. . . . . . . vj^xx L.

Au vicaire de Grillet . . . . vj L.

Au vicaire de Sainct Jehan-Les-Molin . . . . liij S. iiij D.

Au chapitre Notre Dame de Molins . . . . vj^xx xiij L. xij S.

Au doien dudict chapitre . . . . x L.

Au commandeur de Bardon . . . . c. S.

A l'abbé de Sept-Fons . . . . xl S.

A la prieuse d'Iseure . . . . xx S.

Au baron de Bressolles. . . . . bij.

A la damoizelle Bertrande. . . . . lij S. bj D.

Au maistre de lhospital Sainct Jullien de Molins. . . . . xiij L.

Pour huille de la lampe Saincte Claire de Molins . . . . . bj L. biij S.

A l'aumosne de la chandelleur . . . . c L. bij S. bj D.

Au tresorier pour le don de Sicille Girard. . . . . l L.

Au chastellain de Moulins. . . . . xl L. tour.

Au concierge de la chambre des comptes. . . . . vj L.

Au vicaire du parc . . . . vj L. x S.

Au curé d'Iseure . . . . xij L.

Aux officiers de la chastellenie pour l'impost de la bourgeoisie. . . . lxx S.

Plus pour l'ipocras et bougies deubz aux officiers à la Sainct Martin d'hiver par

ce . . . . xiiij L. x L.

Somme en argent : iiij^{c}liij L. iiij D. tournois.

En grains. — Froment . . . . iij quartes.

Soigle . . . . bj septiers.

Avoyne . . . . i muitz.

Gaiges d'officiers ordinaires payez par le trésorier du Bourbonnois. — Au sieur de
la Vaulxguyon seneschal et mareschal de Bourbon . . . . v^c L. tourn.

Au lieutenant general dudict seneschal . . . . ij^c L.

A l'advocat du Roy . . . . ij^c L.

Au lieutenant du domaine . . . . c L.

Au conterolleur dudict dommaine . . . . c L.

Au maistre des caves et forestz dudict païs . . . . iiij L.

Au chastellain de Molins . . . . l L.

Au lieutenant dudict chastellain . . . . c L.

A tresorier dudict païs pour ses gaiges ordinaires . . . . iiij^c L.

Somme : ij^{m}l L.

Gaiges a vie des officiers de la Chambre des comptes. — Au greffier du dommaine.

. . . . xlvj L. x S.

A l'huissier de la chambre appellé la chambre des comptes. . . . vj L. x S.

Somme : liij L. tournois.

**Gaiges des consierges des chasteaux et jardins de Molins, parc de Beauvoir et de
Chevaignes.** — A messire *Pierre de Bourdie,* sieur de Villeneufve, capitaine concierge
du chasteau de Molins . . . . iiij^{c}iiij^{xx} L.

A *Gilbert Richaudeau,* portier dudict chasteau de Molins . . . . . . c L.

A *Jehan Marie Vicouars,* ayant la charge des jardins de Molins . . . . . vj^{xx} L.

A *Jehan Garnaud,* concierge et garde des maison et jardins de l'oisellerie. c L.

A *Agathe Dimanche,* vefve du feu jardinier . . . . lx L.

A *Claude de Thouy,* capitaine et concierge des maison et parc de Beauvoir les
Molins . . . . ij^{c}xl L.

Au sieur *de Sommery,* capitaine des maison et parc de Chevaignes. ij^{c}xlj L. xiij. S. iiij D.

Somme : mil iiij^{c}xlj L. xiij S. iiij D.

Fraiz ordinaires. — A Messieurs du siege presidial pour les menues necessités de
la Chambre, par ce . . . . c L.

Aux officiers de la chambre du dommaine pour semblable . . . . . . xl L.

A eux au lieux des droictz accoustumez pour le faict des lotz et ventes. . c L.

Au greffier du dommaine pour le bois, plumes et encre . . . . x L.

Au trompette de la ville pour les proclamations. . . . . lx L.

Aux vingt quatre sergens de Molins pour assister aux expedictions ordinaires. xxiiij L.

A *Jehan Bennot*, sergent pour l'expedition du dommaine . . . . bij L. x S.

Au tresorier du païs pour taxations accoustumées. . . . . xxb L.

Audict tresorier pour dreser les caiers des choses a luy baillées par extimation. . . . . xxb L.

A luy pour fournir des bougies pour les baulx et reparations données au rabais. . . . . xb L.

A *Jehan Givonnet*, pour fermer et ouvrir les halles. .. . . xl S.

Somme : iij^clj L. x S. tournois.

Gaiges des officiers des Forestz. — A *Gilbert* et *Jehan de Fougières*, verdiers. bj^{xx} L.

A *Gilbert de Villardz*, premier garde des foretz de Troussaye, Dreulle, Grosbois, Messarges et Buissons. . . . . iiij^{xx} L.

A *Guillaume de Fougières*, garde esdictes forestz . . . . xl L.

A *Gilbert Bonnefont*, autre garde esdictes forestz. . . . . xl L.

Pour les gaiges de vingt deux sergens esdictes forestz a seize livres chacun tous les ans par ce . . . . iij^clji L.

Pour les gaiges de neuf autres sergens esdictes forestz a dix livres chacun par an par ce. . . . . iiij^{xx}x L.

Pour quatre sergens desdictes forestz à six livres de gaiges chacun par an par ce . . . . xxiiij L.

Plus y a cinq autres sergens esdictes forests qui nont nulz gaiges, par ce. néant.

A *Pierre Guillemyn*, arpenteur des dictes somme pour les gaiges desdicts officiers. . . . . vij^clxxiij L. x S. t.

Le domaine de Munetz. — Du revenu du domaine de Munetz, néant parce que la majesté de la Royne estant a Molins ayant preferé et baillé ledict dommaine a *Nicolay* Geographe du Roy, autheur du present œuvre, pour l'acommoder pour le tems et terme de neuf années suivantes et consequutives pour le plus hault pris qu'il avoit aupa-ravant este baillé qui estoit de dix sept à dix huict livres tournois chacun au feu maistre *Jehan Foulle* soy disant grand reformateur soubz couleur de bon mesnaige et den trouver dadvantaige comme il disoit pour favoriser une damoizelle qui tout embrasse, laquelle auparavant en joissoit, n'interdict seullement la joissance dudict dommaine audict *Nicolay* mais aussy ne voulust permectre que personne quelconque fut receu aux mises et estrousses, combien quasses s'en presentast et par ce en est demourée la joissance à ladicte damoizelle, pour neant, par ce. . . . . néant.

Ledict Munetz conciste en un Mothe noble située dans les Boys de Munetz sur laquelle y a maison basse en forme de metherie accompaignée de quelques terres maigres a soigles, trois estangs un grand et deuz petits, et deuz prez, estant le tout en la parroisse de Genestines distant de Molins deux licues ou environ.

Revenu du domaine de Bourg le Conte. — Le revenu du dommaine de Bord le Conte

5

tant alienné que non alienné et des aides assencé a *Jehan Piccard* comme dessus pour la somme oultre les charges ordinaires cy dessoubz mises et soixante cinq livres tournois par ce. . . . . lxb L.

Charges ordinaires sur ledict Domaine. — Au chapitre Nostre Dame de Molins. . . . . lx L.

Au recepveur dudict domaine . . . . c S.

REVENU ET CHARGES DU DOMAINE DE LA CHASTELLENIE DE BECAY. — CHAPITRE XXIII.

Le revenu du domaine de la chastellenie de Becay tant alienné que non alienné et des aydes baillé a ferme a *Jehan Boucrot* pour six années comme dessus pour le pris et somme de deux mil livres tournois par chacun an oultre les charges ordinaires cy dessoubz mises par ce. . . . . ij^m L.

Charges ordinaires que doit payer ledict fermier oultre la susdite somme au nom du trésorier de Bourbonnois. — *En deniers.* — Aux vénérables de Notre Dame de Molins. . . . . xiij L.

Aux jacobins de Clermont. c S.

Aux cordelliers de Sainct Pourcain. . . . . c S.

Au prieur de Moladier . . . . xx S.

Aux jacobins de Mascon . . . . c S.

Au maistre de l'hostel Dieu de Becay . . . . lxx S.

Au prieur de Sovigny . . . . lx S.

Au bovatier de Becay . . . . lx S.

Au recepveur du faict commun de la ville de Molins . . . . xx S.

Au curé de Becay . . . . xj L. x S.

Au chastellain de Becay . . . . xbj L. iiij S. iij D.

Somme : lxvij L. iij. S. iiij D.

En froment. — Au prieur de Moladier . . . . ij septiers.

Aux sœurs de Saincte Claire de Molins conduict au couvent. . . . lij septiers.

Soigle. — Au curé de Becay . . . . ij septiers.

A la charité de Thiel . . . . i septier.

Aux chanoynes de Molins. i muitz.

A maistre *Jehan de la Goutte* . . . . v quartes.

Autre revenu provenant des forestz. — Quant au revenu provenant des ventes des Boys, ecrou, amendes, cire, fermes des glandz, pessons, et herbaiges des forestz cella va selon les années, une plus et l'autre moings. Toutesfois ledict revenu se monta en l'an mil v^e soixante et sept, la somme de. . . . . . vj^{m}cxxviii L. xbij S. xj D.

FORETZ, BOIS, BUISSONS, ESTANGS, ET TAILLIZ APPARTENANS A
MONSEIGNEUR LE DUC ESTANS EN LA CHASTELLENIE DE MOLINS
LES RIVIÈRES DE LOIRE ET D'ALIER SOUBZ LA CHARGE DU
S^r DE SOMERY. — CHAPITRE XXIIII.

En ladicte chastellenie de Molins sont situées et assises les forestz buissons et estangs qui s'ensuivent :

Le parc de Beauvoir situé en la parroisse d'Iseure a demye lieue de Molins qui contient de circuit de murailles environ demy lieue duquel est cappitaine de garde le sieur de Thounyn.

Le bois Estellin situé en la parroisse d'Averme près de Seganges.

Un autre boys appellé les feuillées de Vaulcolmam en la parroisse de Trevol.

Les bois de Munetz qui sont de grande estandue dans lesquelz est la Mothe et maisterie noble de Munetz, trois estangs, un grand et deux petitz, prez et terre labourables.

Un autre estang duquel joist le sieur de Thounyn a cause du parc estant sur le chemyn tendant de Molins a Chevaignes.

Chevaignes. — En la chastellenie de Chevaignes sont les forests et buissons qui s'ensuivent, gardées par trois sergens aux gaiges de six livres tournois par an et lesquelz ont aussy la garde des boys et buissons cy dessus nommes excepté du parc. La grand garenne de Chevaignes, joignant le chasteau dudict Chevaignes laquelle n'est baillé a ferme parcequ'on a accoustume de la reserver pour le plaisir de monseigneur le duc, aussy que le cappitaine dudict Chevaignes en prenoit le proffict de la pesson et pannage, et encores de deux estangs qui sont en ladicte garenne. Lheronniers dudict chavaignes qui est en haulte futaie près le chasteau. Le buisson des allées ou sont les baings anciens. Un autre boys appelé le Bois au Maistre. Le boys de Sainct Georges en la parroisse de Chevaignes. Le boys de Gros Bostz en ladicte parroisse. Le boys de Pallesanges en la parroisse de Sainct Ennemond. Le Brosses de Diou, situées au lieu de Diou que les habitans pretendent en commung sauf le droit que Monseigneur le Duc y prend de revenu annuel. Un autre boys appelé de Plambostz. La grand et petite garenne du vivier de l'estang.

En la chastellenie de Becay. — En la chastellenie de Becay sont les forestz et buissons qui s'ensuivent, en la garde deu deux sergenz aux gaiges, l'un de dix livres et l'autre de six. La forestz de Vernaque située en la parroisse de Goise près et adjoignant la grand forestz de Royer, apartenant la dicte forestz de Royer à Madame de la Palisse. Un autre boys appellé Boys pellé, en la parroisse de Souvigny le Thion. La forestz de Laide située en la parroisse de. . . . . Un autre bois appellé l'heronnière de Thiel près Chappeaux. La forestz de Molaise les bruères de Loyre. Un autre bois appellé Chaucroin. Un autre bois appellé Mauguenin. Le bois de Charnais. Le grand et petit Changlier. Un autre bois appellé de Bord en la parroisse de Souvigny le Thion. Un estang appellé l'estang de Puis Rogier en la parroisse de Sainct Vevir duquel jouist maistre Jacques Troucet de Molins.

Il y a grande quantité d'autres bois esdictes chastellenies apartenans a divers gentilshommes et autres particuliers desquelz ne feray icy mention.

CHATELLENIES

DE SOUVIGNY, BELLE PERCHE, CHAVEROCHE & BILLY

DESCRIPTION DE LA VILLE ET CHASTELLENNIE DE SOUVIGNY. — CHAPITRE XXV.

Selon Cesar umbra vallis.

La rivière de Queusne.

SOUVIGNY qui est la place ancienne ville de Bourbonnois et l'une des dix-sept chastellenies est située au pied d'un coustaud de vignoble sur la belle et fertille vallée par Cesar appellée umbra vallis, le long de laquelle et soubz la dicte ville decoule un petit fleuve appellé Queusne estant Souvigny de forme quarrée et de grandeur mediocre enceincte dhaultes et vieilles murailles hors deschelles fondées sur arcades et environnées de fosses secqs, et sy y a sept portes trois desquelles qui sont la porte de Bourbon, la porte de Nevers et celle de Richeviville sont de longtemps ruinées et les autres quatre qui en temps de pais sont coustumierement ouvertes sont les portes de Queusne, de La Barre, de Sainct Menoux et celle de Molins, et si est laditte ville fort vague et mal peuplée combien qu'en elle se treuvent plusieurs grandes et anciennes tours quarrées faictes en forteresse les unes encores entières et les autres ruinées et plusieurz aultres vielz edifices à lancienne gothique qui bien demonstrent sa grande antiquité et de ces tours

Tours antiques desquelles sont sorties les plus anciennes maisons des gentilshommes du Bourbonnois.

ont prins leurs noms les plus anciennes maisons de gentilshommes de Bourbonnois et se nomment encores pour le jourd'huy ainsy que s'ensuit, la tour de Bressoles de laquelle est sortie la maison terre et justice de Bressolles première baronnie du pais ; la tour de Naux ; la tour de Foulet, de Cadier, de Riz, de Bourg, et la tour de David,

La tour des douze, alias des senateurs.

puis la grosse tour du Prieur qui est belle et forte a merveilles ; la tour aux douze, autrement des senateurs laquelle est ruinée jusques au fondemen et la tour d'Agouges

La rue des Juifs.

qui est fondée dessus un arc joignant la rue aux Juifs derrière l'hostel de Chery et

La rue et maison de la monnoye.

l'ancienne rue et maison ou se faisoit la monnoye des seigneurs et barons de Bourbon mais a present tout y est ruiné.

Les anciens habitans de la ville tiennent et disent pour chose asseurée qu'en icelle souloit avoir trois cens francs et nobles bourgeois, lesquelz ne voulant permettre a leur baron d'estendre les murs de son chasteau jusques aux murs de la ville pour y faire une petite porte afin de sortir dehors aux champs ou y entrer sans leur sceu quand il luy plairoit ledict Baron despit indigné d'une telle injure se retira a Molins sur Alier qui n'estoit qu'un bourg et la feist bastir une grosse et haulte tour quarrée pour sa demeure laquelle pour le jourdhuy est encores entière dans le chasteau dudict Molins et l'une des belles de France et la meist le principal siège de la justice et de sa demeure et succecutivement ses successeurs qui trouvèrent le lieu et l'assiette plus belle et plus commode tant pour le grand passaige de Lyon a Paris que pour la rivière qui la porte plusieurs grands batteaux et faict mouldre plusieurs moulins le firent clorre en ville laquelle c'est depuis tousjours augmenté et ledict Souvigny diminué en sorte que pour le jourdhuy ne contient la ville et franchise que deux cens et trente feuz *en astre* et y a tant de places, jardins et vignes qu'il croist par commune années dans l'enclos d'icelle de quatre a cinq cens poinssons de bon vin-oultre que la situation est en pais gras et très fertil soit en grande quantité d'excellens vins qu'en fruictz legumes soille et froments et en la vallée le long de la rivière sont les grandes prairies l'herbaige desquelles est fort grassif pour la nourriture du bestail et es environs y a force forestz, boys, estangs et buissons. La parroisse dudict Souvigny hors la ville et franchise qui s'estend es vallées d'Aurant, des Amenevis, d'Issardz, du Benay, de Couheres et la vallée de Bourg contient cent et septante feuz.

DU PRIEURÉ DE SOUVIGNY. — CHAPITRE XXVI.

Dans la ville de Souvigny y a ung beau et riche prieuré et monastère de l'ordre Sainct Benoist deppendent de l'abbaye de Cluny et à la collation de l'abbé dudict Cluny quand vacation y eschet, et a le prieur dudict Souvigny en sa colation unze prieurés, cinquante six cures, cinq vicairies trois chappelles et deux prebandes l'une en l'eglise collegialle de Verneul, et encores doibt le clochier nostre Dame de Molins la somme de cent solz chacun an audict prieur et les chanoynes et doyen dicelle eglise le recongnoissent pour supperieur et luy font entrée dans l'esglise ou dict prieuré qui est belle et grande et edifiée puis cinq cens ans par un prieur nommé Chollet; y a deux belles chappelles ou sont les sepultures des ducs de Bourbonnoys magnifiquement enlevées avec les figures au naturel en fin marbre, dont l'une d'icelle et la plus ancienne fut fondée par le bon duc Loys deuxiesme du nom et troisiesme duc de Bourbon lequel y est inhumé avec Anne comtesse de Forest sa famme et le corps de Marie, daulphine d'Auvergne fille au duc de Berry et femme de Jehan premier du nom et quatriesme duc de Bourbon, lequel estant prisonnier en Angleterre mourut à Londres ou son corps gist en l'eglise des Carmes et son cueur fut apporté en la susdicte chappelle. L'autre chappelle fut fondée par Charles peremier du nom et cinquiesme duc, filz du susdit Jehan lequel y est euterré en sepulture de marbre haulte eslevée et avec luy Jean sixiesme duc et Jehanne de France sa femme, fille aynée du Roy Charles septiesme et le corps de Pierre deuxiesme du nom et septiesme duc de Bourbon et d'Anne de France sa femme fille au Roy Lois unziesme, et le corps de Suzanne de Bourbon leur fille femme de Charles de Montpencier deuxiesme du nom et huictiesme duc de Bourbonnoys qui fut tué à l'assault de Romme en l'an mil cinq cens vingt et sept. L'eglise dudict prieuré fut premierement dediée à Sainct Pierre toutesfois l'on y revère grandement Sainct Maieul et Sainct Odille qui tous deux furent abbés de Cluny et prieurs dudict prieuré, et sont enterrés dans la grande eglise au devant du cueur en sepulture de pierre eslevée soubz laquelle se treuve une cave provenant de fontaine qui donne a boire aux pellerins qui la affluent en grande multitude et les chefs et ossementz desdictz sainctz y sont richement enchassés en orfevrerie. Sur le derrière de la grande esglise est l'ancienne eglise et vieux cloistre dudict prieuré qui n'est de beaucoup si supperbe que la moderne, ny que les cloistres qui sont faictz de belle structure et decorés d'une belle et grande fonctaine a present tairie et ruinée au dessus de laquelle est la librairie mal fournie de livres et mal entretenue dautant quelle n'est guière visité ny par le prieur ny des moynes. Ledict prieuré est de grande estendue soit en eglise, cloistres, dourtouer, maison pricuralle, qui est très belle et bien logeable, cours, prés, jardins, celliers, greniers, et pescheries et autres maisons des reguliers le tout en grande desertion et ruine à faulte d'entretennement de couverture. La fondation dudict prieuré estoit de quarante religieux prebtres et novices, mais pour le jourdhuy ne sont que vingt et trois ou vingt et quatre, deux desquelz sont aux estudes et les autres estudient au jeu de paulme et a la cuisine comme vrays moynes. Ilz ont certains biens en cens, rentes, fermes et estangs pour les habiller et vestir, et entre eux ont officiers reguliers a scavoir *en fermier*, chambrier, aulmosnier, chantre, sacrestain et hostellier, hors ledict prieuré y a une petite chappelle ou est la cure et fons baptismaux de ladicte ville mais parcequelle est trop petite le prieure permect dire la messe parrochialle dans la nef de sa grande eglise et sy y a sur le hault de la ville une autre petite eglise de Sainct Eloy et tout auprès l'hostel Dieu des pauvres (1).

DE LA JUSTICE DUDICT PRIEUR ET PRIEURÉ. — CHAPITRE XXVII.

Le prieur de Souvigny est seigneur justicier des habitans de la ville et parce à juge, procureur fiscal et greffier qui exercent sa dicte justice laquelle se tient au dedans du prieuré, mais iceulx officiers ne peuvent juger a mort aucuns habitans sans appeler les officiers du Roy et de Monseigneur le duc tous lesquelz officiers font et parfont ensemble le procès ou il doibt avoir condannation de mort pour le regard des habitans

Marginal notes

Charles de Montpensier, 8e duc de Bourbonnois fut tué à l'assaut de Rome en l'an 1527.

S. Mayol et S. Odilles abbéz de Cluny grandement reveréz à Souvigny.

Belle et grande fontaine ruynée et presque tarie. Librairie mal fournie de livres et peu visitée.

Cloistre, dourtouer, maison prieuralle, eglise, maison des reguliers, celliers, greniers, pescheries et autres lieux tous ruynés a faute de réparations et d'entretennement de couverture.

Le prieur de Souvigny a toute justice sur tous les habitans de la ville.

(1) Il existe, à la bibliothèque nationale à Paris, un manuscrit historique sur le prieuré de Souvigny datant du XVIIIe siècle. Il a pour auteur un moine du prieuré et porte le n° 11503 de cette vaste collection de manuscrits. On y trouve des faits très-intéressants.

seullement. Oultre ce les religieux, prieur et couvent dudict Souvigny ont de toute ancienneté une commission par laquelle leur est permis de poursuivre tous leurs censiviers et redebvables de cens audict lieu de Souvigny par devant un lieutenant du seneschal de Bourbonnois commis audict lieu pour congnoistre des causes desdictz religieux, les appellations duquel commis vont directement resortir en la court de Parlement à Paris et est exercé ledict estat par le lieutenant de la chastellenie dudict Souvigny.

Un autre siège du lieutenant commis du seneschal pour les causes dudict prieur, couvent et religieux

JUSTICE DE LADICTE CHASTELLENNIE APPARTENANT AU ROY ET A MONSEIGNEUR DE BOURBONNOIS. — CHAPITRE XXVIII.

En la ville de Souvigny le Roy et Monseigneur le duc ont toute justice commune pour l'estendue de la chastellenie laquelle s'exerce au deddans de la ville dans le chasteau auquel y a un auditoire dont les officiers sont le sire de *Montare* capitaine et chastellain de ladicte chastellenie aux gaiges tous les ans de. . . . . . . xx L.

Justice du Roy et de Monseigneur le Duc.

Le sire de Montare cappitaine et chastellain de Souvigny.

Maistre *Jehan Faure*, lieutenant de robbe longue susdict chastellain aux gaiges de . . . . xxiij L.

Maistre *Philippe Aujounet*, procureur sans gaiges . . . .

Et ont lesdicts officiers congnoissance sur tous les habitans de la parroisse de Souvigny demourans hors la ville qui sont comme jay cy devant dict cent soixante dix feuz en nombre.

Diversité d'officiers à Souvigny.

Il y a bien d'autres officiers comme le commis des esleuz et le commis des eaux et forestz mais ce ne sont officiers royaulx ny de monseigneur le duc ains son proveuz et deleguez par les esleuz et maistre des eaux et forez de Bourbonnois lequel maistre des eaux et forez a d'anciennete accoustumé de venir chacun an tenir ses assises et faire les estrousses des glands et paissons de toutes les forez de sa charge au dict Souvigny.

ESTENDUE DE LADICTE CHASTELLENIE. — CHAPITRE XXIX.

La chastellenie dudict Souvigny n'est de grand'estendue et s'estend seulement sur les parroisses qui s'ensuivent, à scavoir sur tous les habitans de la parroisse de Souvigny tant du dedans que dehors la ville laquelle contient, selon l'imposition de la taille en nombre de . . . . iijᶜiiijˣˣxiij feuz.

Besson. — La parroisse et bourg de Besson distante deux bonnes lieues de Souvigny et trois petites lieues de Molins sistuée en bon pais de vignoble prairies et terres à froments et noiers : les prairies qui sont en la vallée sont arrousées d'un petit ruisseau lequel prend sa source a l'estang de la Guierche parroisse de Cressanges, passe au pied du susdict bourg et entre Souppeze et La Jolivette il entre dans Alier.

Les officiers de Souvigny siège capital de la chastellenie vont de quinze en quinze jours sieger audict bourg pour expedier les causes des habitans et parrochiens de ladicte parroisse.

En ladicte parroisse est la terre et maison seigneurialle de Riz appartenant à Charles de Troussebois, escuier lequel a justice vassalle de ladicte chastellenie commune avec le sieur de Chatmaigre concistant en trente et quatre feuz qui se tient audict lieu par leurs officiers de vingt et cinq en vingt et cinq jours les appellations de laquelle vont directement par devant messieurs du siege presidial de Molins. Il y a pareillement en ladicte parroisse la maison seigneurialle de Rocheffort appartenant a Maistre Jean Feideau chastellain de Molins. La terre et chasteau fort et Fourchaulx apartenant a dame Claude Mareschal, femme de messire Anthoine de Pungsat, chevallier de l'ordre du Roy et capitaine de cinquante hommes d'armes des ordonnances. La maison noble de Bostz ; maison Basse apartenant au sieur de Chevillac ; et le fort chasteau de Givry près Fourchaulx apartenant au sieur des Fouges.

La parroisse de Besson contient environ . . . . ij^c feuz.

Noyent. — La parroisse de Noyent sur Queusne nest du tout de la chastellenie de Souvigny car elle est une partie de celle de Verneul à cause du villaige de Beauvoir qui contient vingt et quatre feuz. En ladicte parroisse est la maison seigneurialle de Noyent concistant en une grosse et forte tour quarrée non fossoiée appartenant a Blaise de la Souche escuier, lequel n'a aucune justice, contient ladicte parroisse, en ce qui est de Souvigny selon la susdite imposition de la taille. . . . iiij^xx vj feuz.

Plus le villaige de la Potherie en la parroisse de Coulandon qui respond en ladicte chastellenie contient . . . . xxx feuz.

Somme pour ladicte chastellenie : vij^c ix feuz.

FIEFZ TENUZ ET MOUVANS DE MONSEIGNEUR LE DUC DE BOURBONNOIS A CAUSE DE SON CHASTEL ET CHASTELLENIE DE SOUVIGNY. — CHAPITRE XXX.

Les religieux prieur et couvent et justice du prieuré de Souvigny. La terre, justice et chasteau fort de *Montarc*, laquelle conciste en vingt feuz et est vassalle de Souvigny. La seigneurie et maison forte de *Chatmaigre sur Souvigny*. La seigneurie et maison forte de *Noient sur Queune*. La terre, chasteau et justice de *Riz* en la parroisse de Besson. La maison noble du sieur *de Sainct Rondin*, parroisse dudict Besson. La maison seigneurialle et forte de *Givry*, parroisse dudict Besson. La maison noble *Du Bos*, mesme parroisse. La seigneurie et fort chasteau de *Fourchaulx*, en ladicte parroisse de Besson. Le chasteau fort et seigneurie de la *Salle de Milliers*, parroisse dudict Milliers. Le chasteau fort et seigneurie d'*Issards*, parroisse d'Aultrie, appartenant a Archimbaud de Murat escuier. Le chasteau seigneurial de la *Trulliere*, parroisse d'Autrie, apartenant a *René de la Trollière* escuier. Le chasteau fort et seigneurie des *Focaulx*, appartenant au cappitaine Montcolquier, en la parroisse de Chemilly. Le chasteau fort et seigneurie de *Chery*, apartenant à Jehan de Bigue escuier panetier de

Madame la duchesse de Scavoy. La maison seigneuriallc de *la Vicarre*, apartenant a Jehan de Bigue escuier homme d'arme de la compaignie de Monseigneur le prince Daulphin. La maison seigneurialle de la *Tour*, apartenant à..........

ANTIQUITEZ DE SOUVIGNY. — CHAPITRE XXXI.

Aucuns affirment Souvigny estre l'antique ville des Boiens qui sont les Bourbonnois et s'appeloit lors que Cesar subjuga les Gaules à tout le moins la vallée sur laquelle elle est assise umbra vallis. Toutesfois ne se treuve rien de sa fondation mais bien selon le commun dire des anciens lequel est venu de père à filz combien que je n'en aye rien veu par escript la cause pourquoy ell'a changé de nom et à present s'appelle Souvigny est ainsy que s'ensuit.

En l'an de nostre Sauveur quatre cens que les Huns peuple cruel et barbare sortirent de Scithie et vindrent en Europe pillant et saccageant la Thrace, Misie et Illirie, vindrent en Italie et en ce temps pres Adra estoit un peuple appelé Venissiens lesquelz espouventés de la cruaulté des Huns et de la prinse d'Agar ou Aquilegie partie d'iceulx, et les plus riches avec leurs femmes et enfans s'enfuyrent et s'arresterent avec les Boyens, peuple belliqueux qui deliberoient de deffendre leur pais contre les Huns pour autant qu'il estoit presque inaccessible pour raison des grandes forests et buissons. Les Venissiens qui estoient oppullentz en richesses leurs aydèrent a fortiffier leur pais et sur tout leur ville d'umbra vallis, ordonnèrent leur police et marierent leurs filles les uns aux autres et après y avoir demeuré quelqne trente ou quarante ans que lesditz Huns et leur roy Attille qui se faisoit surnommer le fléau de Dieu et la terreur des hommes ayant saccagé l'Italie se fut retiré en Hongrie, la pluspart desditz Venissiens s'en retournèrent en leur patrie ou trouvant leurs villes bruslées, bastirent en des isles au bout de la mer Adriatique ou s'estoient retirés durant lesdictes guerres grand' quantité de peuple et de peu a peu y ediffièrent ceste grand' somptueuse et riche cité de Venise tant regnommée par tout le monde. Continuant toutesfois les Venissiens ceste amitié avec les Boiens leurs alliez et parens auroient tousjours maintenu intelligence les ungs aux autres et se prestant tout ayde et faveur, et a ceste cause fut appellée ceste ville d'Umbra Vallis par les circonvoisins soubz Venise et despuis par un mot abregé et corrompu elle s'est appellée Souvigny s'estant longuement gouvernée en partie selon les loix des Venissiens ayans des senateurs pour le gouvernement de leur seigneurie et un baron sur iceulx mais despuis par laps de temps elle a esté assubjectie par la puissance des Roys de France qui ont prins la souveraineté de tout le Royaume et par leurs barons qui s'usurpèrent la seigneurie de tout le pais de Bourbonnoys, lequel despuis par le mariage de Rober filz du Roy Sainct Lois avec Beatrix de Bourbon unicque heritière dudict pais en l'an mil trois cens dix neuf, du temps de Loys, premier du nom filz desdits Robert et Beatrix fut erigé en duché toutesfois pour toutes ces choses et mutations la ville de Souvigny n'a laissé a retenir quelques observations de la mode des Venissiens, mesmement le jour

Antiquité de Souvigny.

En l'an de Jesus Christ 400.

Adra, cité.

Agar alias Aquilegia prinse par les Huns.

Les Venissiens peuple d'Italie pour éviter la fureur des Huns se retirent vers les Boyens. Ce sont les Bourbonnoys.

Attilla, Roy des Huns, surnommé le fleau de Dieu et la terreur des hommes.

Première ediffication de Venise. Souvigny, alias soubz Venise.

A l'ancien gouvernement de la Republique et seigneurie de Souvigny y avoir douze senateurs et un baron.

1319.

Le Bourbonnois erigé en duché.

6

et feste de Sainct Marc evangeliste que les Venissiens tiennent comme leur patron l'ont en si grande reverence que ledict jour a Venise portent avec grande solennité et pompe le sacrement à la procession par leur ville et cité de Venise ainsy ceux de Souvigny à pareille jour font procession en leur ville avec toutes telles solemnités et ceremonies.

En la ville de Souvigny y a sept foires chacun an, dont la première est le premier jour de l'an ; la deuxiesme le jour Sainct Vincent ; la troisiesme la veille de Pasques flories ; la quatriesme qui la principale est le unziesme jour de may, jour et feste de Sainct Mayeul, et en icelle qui est l'une des meilleures foires de Bourbonnois aborde très grande quantité de gros et menu bestail et y viennent marchans de divers pais en grande affluence ; la cinquiesme foyre se tient le jour de Sainct Pierre en juin ; la sixiesme le jour Sainct Pierre aoust, et la septiesme le mardy d'après Sainct Luc l'evangeliste et s'appelle la foyre des mesles ou mesples a cause de la grande quantité de ce fruict qui la se vend.

En ladicte ville y a aussy marché tous les sabmedis de l'année.

REVENU DU DOMAINE DE LADICTE CHASTELLENIE. — CHAPITRE XXXII.

Le revenu du domaine de ladicte chastellenie de Souvigny tant alienne que non alienné et des aydes fut estroussé en l'an mil cinq cens soixante six par feu maistre Jehan Foule, conseiller du Roy commissaire en ceste partie pour six années et six despouilles à Anthoine Philippard fermier dudict domaine pour la somme de mille quatre vingt cinq livres, oultre les charges ordinaires assignées sur ladicte recepte, par ce. . . . . m. iiij^{xx}v L. tournois.

Charges ordinaires sur le fermier de ladicte Recepte oultre la susdite somme.

Argent. — Au vicaire de saincte Catherine du Chasteau	viij S.
Au chambrier du prieuré dudict Souvigny	viij S.
Au grenetier dudict prieuré	xbj D.
Audict grenetier pour le vergier et pressouer près la port Sainct Menoux.	iij S. ix D.
Au prieur de Souvigny par fondation	l L.
Au pitancier dudict prieuré par fondation.	iiij L. xiij S. iiij D.
A treize pauvres la Vigille Sainct Pierre en juin pour aulmosne. .	lxviij S. vij D.
Au prieur dudict Souvigny pour mille sommes de boys	xx L. t.
A leufermier pour cinq cens sommes de boys	xiij L. t.
Au capitaine et chastellain de Souvigny	xv L. t.
Au concierge et bovatier	xvj L. t.
Au lieutenant general de la Chastellenie	xxiij L. t.
Au portier.	xl S.
Au recepveur de la chastellenie.	xxv L.
Aux religieux de Chamesgre	bj L.

En froment. — Aux religieux de Chamesgre . . . . i muictz.

Au vicaire de la chappelle du chasteau. . . . . i septier.

Au recepveur des aulmosnes. . . . . ij quartes.

En soigle. — Aux religieux de Chamesgre. . . . . . . ix septiers ij quartes.

Au vicaire du chasteau. . . . : . . . . vij septiers.

Au portier et garde des prisons . . . . vj septiers.

Au bovatier . . . . iij septiers.

Au prevost de la Fay . . . . ij septiers.

En cire. — Pour l'entretennement de la chappelle Saincte Catherine du Chasteau.

. . . . vi L.

FORESTZ, BOIS ET BUISSONS DE LADICTE CHASTELLENNIE APPARTENANT A MONSEIGNEUR LE DUC. — CHAPITRE XXXIII.

La forest de Messarges dans laquelle y a un prieuré intitulé Sainct Jehan, presque tout ruiné qui a son usage en ladicte forest en laquelle y a belles pierres de taille.

Le boys de Bosplam de petite estendue et mal garet comme sont tous les autres.

Le boys et buisson de Mouladier dans lequel y a un autre beau prieure lequel conciste en une belle eglise, maison prieuralle bien logeable dommaine terres prez et vignes, et grand paturage.

Bois tailliz. — Les tailles de Boucheron. Les veines soubz Montladier. L'aundevant soubz Bosplam. Les bois Bourbonnois près Collandon. Ny a aucuns estangs apartenant à mondict seigneur le duc en ladicte Chastellenie.

DU CHASTEL ET CHASTELLENNIE DE BELLE PERCHE. — CHAPITRE XXXIIII.

BELLEPERCHE estant une des dix sept chastellenies de Bourbonnoys concistant en un ancien chasteau ruiné par les Anglois de forme quarrée environné de vielles murailles et de quelques tours et fossés secqs le tout denviron cinq cens et vingt pas commun de circuit ; sa situation est sur un coutaud en fort belle assiette et des plus sains et agreables de tous le païs car de la part de l'Orient il regarde le cours du fleuve d'Alier, duquel il est distant d'une petite lieue et les belles grandes prairies qui sont arrouses dudict fleuve et de l'occident par la distance de demy quart de lieu ; il a la forestz de Baignolletz qui est belle et de grande estendue et grandement peuplée de sauvagine fauve et noire, estant icelle forest de ladicte chastellenie à l'un des coings dudict viel chasteau qui ne sert que de basse court, du cousté de septemtrion y a un autre enceinte de muraille de mesme quarreure fortiffié de trois tours rondes et d'une haulte et belle tour quarrée faicte en forteresse servant de donjon ediffiée par le bon duc Loys troisiesme duc de Bourbonnoys laquelle est garnie de quatre belles chambres haultes accompaignées de gardes robbes et chambres secrettes ; une grande salle basse, et la cave voultée au

L'ancien chasteau de Belle Perche ruyné par les Anglois.

Le donjon de Belle Perche ediffié par le bon duc Loys.

dessoubz et autour de la court qui est petite y a une autre grande salle basse e autres offices faisant en tout le nombre de seize chambres avec leur cuisines et autres offices. Le tout muré de bonnes murailles hors d'eschelles et de fosses secqs, mais tout le bastiment en ruyne et desmoly a faulte d'entretennement; au milieu de la basse court qui est garnie de deux ou trois petites maisonnettes de terre a demy ruinée y a un grand et profond puis de fort bonne cave et au coing qui regarde la ville neufve est la chappelle le tout ruiné : mesmement la porte et pont du donjon auquel on ne peult entrer qu'avec une eschelle estant le pont tumbé et lorsque je y entray fuz contrainct faire coupper a coup de serpe les arbrisseaux et buissons qui estoient creu a l'entrée de la porte et par toute la cour du donjon de la haulteur d'un homme autrement ny avoit ordre d'y entrer combien que le cappitaine dudict chasteau nommé Gilbert de Sainct Aubin seigneur de Saligny ne se tienne qu'a un quart de lieue loing en son chasteau de Saligny auquel jen feiz grande remonstration, car il en a ving cinq livres de gaiges oultre quelques autres advantages tous les ans et est grand dommaige que ladicte place n'est mieux entretenue, tant pour la beaute excellent de son assiette que pour la salubrité de l'air. La parroisse dudict chastel de Belle Perche, cest Baigneux qui en est distant de demie lieue.

Le domaine du chastel et chastellenie de Belleperche en ce qui se comporte fut alienné par le feu Roy Francois premier du nom a feu Monsieur Bourgoin lorsqu'il vivoit consciller de sa dicte majesté en sa court de Parlement a Paris, et encores de present le possedent ses heritiers. Ledict domaine par commune oppinion ne soulloit valloir que environ trois cens livres par an toutes charges deduictes et paiées et conciste la plus grande part dudict domaine en preries terres labourables et quantité de noiers, et quelques debvoirs de cens et s'estend icelle chastellenie sur les parroisses qui s'ensuivent.

Le chasteau de Belle Perche du tout en ruyne.

Gilbert de S. Aubin escuier s^r de Saligny cappitaine de Belleperche.

Le domaine de Belleperche alienné par le grand Roy François.

PARROISSES DE LADICTE CHASTELLENNIE. — CHAPITRE XXXV.

Baigneux, parroisse de Belleperche pres Alier laquelle conciste en . . iiij^{xx} feuz.

Aubigny, parroisse contenant. . . . . xxxvj feuz.

Chavannes, villaige concistant en. . . . . xix feuz.

La ville neufve, gros bourg parroisse poste assise, et viel chasteau ruine et justice oultre Alier sur le grand chemyn de Paris a Lyon dependent de ladicte chastellenie, laquelle contient. . . . . lv feuz.

Lucenay, parroisse oultre Alier . . . . lxiij feuz.

Montilhies, parroisse et membre dependant de l'abbaie de Sainct Menoux conciste en . . . . iiij^{xx}ij feuz.

Aurouer, parroisse oultre Alier jougnant les grands boys contient . . lvj feuz.

Dorne, parroisse de mesme cousté, partie de Bourbonnois et partie en Nivernois contient pour le Bourbonnois . . . . xv feuz.

Thoury en sciour, parroisse oultre Alier joignant les grands boys en laquelle est le chasteau justice du sieur dudit Thoury et conciste ladicte parroisse en xxij feuz.

Chantenay, bourg et parroisse oultre Alier partie en Bourbonnoys et en Niverñois contient pour le Bourbonnois . . . . xiij feuz.

Azy, parroisse oultre Alier partie de Bourbonnois et partie Nivernois contient pour le Bourbonnois . . . . , ... vij feuz.

Somme en ladicte chastellenie : iiijᶜxlviij feuz.

JUSTICES ET MAISONS VASSALLES DE LADICTE CHASTELLENNIE OULTRE CELLE DE MONSEIGNEUR LE DUC. — CHAPITRE XXXVI.

La justice du bourg parroisse et viel chasteau de *la ville neufve sur Alier*. La terre chasteau fort et justice de *Becay* en la parroisse de Thoury en Sciour. La terre chasteau fort et justice du *Riau* en la parroisse d'Ouroucr. La maison seigneurialle de *la Grange*. La maison seigneurialle d'*Aygnoux*. La maison seigneurialle de *Matigny*. Le chasteau fort et seigneurie de *Ballenc* en la parroisse de Lucenay. Le chasteau fort et seigneurie de *Darisolles* en la parroisse d'Aurouer. Le chasteau fort de *Confez*. Le chasteau fort et seigneurie de *Saligny* parroisse de Baigneux. La maison et seigneurie de *Bar*. La maison et seigneurie de *Poinssons*. La maison noble de *Villardz* en la parroisse de Ville neufve oultre Alier. La maison et seigneurie de *Giry*.

FORESTZ ET BUISSONS DE LADICTE CHASTELLENNIE APPARTENANTS A MONSEIGNEUR LE DUC. — CHAPITRE XXXVII.

La forestz de Baignollais et plusieurs boys taillis en icelle.

Etangs — Les trois estangs du parc baillés a cens qui sont : L'estang de Trevaul. L'estang Jacquet. La pescherie Odin. Les aydes de ladicte chastellenie assencées a Jacques David, fermier chacune année.

DU CHASTEL ET CHASTELLENNIE DE CHAVEROCHE (1). — CHAPITRE XXXVIII.

HAVEROCHE est une des dix sept chastellenies du pais et duché de Bourbonnois concistant en un ancien et fort chasteau auquel y a une grosse tour quarrée servant de donjon et autres tours quarrées et rondes cloz et enceint d'haultes murailles et profonds fossés a pont levis, le tout a demy ruiné ; et au dedans dudict chastel, oultre le logis seigneurial y a quelques

---

(1) *Chavroche*, chef-lieu de commune du canton de Jaligny (Allier). Agnès, dame de Bourbon, donna cette châtellenie à Béatrix, femme de Robert de France, fils de saint Louis, avec mille livres de rente pour sa dot. En 1356, Chavroche fut l'objet d'une contestation entre Pierre Iᵉʳ, duc de Bourbon, et Jacques de Bourbon, comte de la Marche, qui s'était emparé du château et ne le restitua que contre une rente de 4,000 livres.

maisons particulières des habitans pour retirer leurs meubles en temps de guerre, et au tour dudict chastel qui est situé et assix sur un hault, sur le fleuve de Besbre païs et terre forte, est le bourg et parroisse de Chaveroche.

Ledict chastel et chastellenie fut allienné par Madame Anne de France duchesse de Bourbonnois a messire Jacques de Chabaunes chevallier de l'ordre du Roy et mareschal de France, pour la somme de huict mil escuz d'or, vallant pour lors quarante solz pièce, sauf et reserve la souveraineté de la justice et ressort d'icelle retenue à la seneschaulcée de Bourbonnois et le fief du seigneur, et ne soulloit anciennement valloir le dommaine et revenu de ladicte chastellenie que quatre cens livres de ferme chascun an, mais a present vault du moings huict cens livres, par ce . .   viij° L. t.

PARROISSES DE LADICTE CHASTELENNIE. — CHAPITRE XXXIX.

Le bourg, parroisse et chasteau fort de *Chaveroche*, auquel est le siege capital de la chastellenie, contient . . . .   xxvij feuz.

Montcombroux, parroisse consistant en . . . .   xlv feuz.

Barroys, parroisse et baronnie qui contient . . . .   xxv feuz.

Villefranche de Butenant, villaige et collecte de la parroisse Daude . .   vij feuz.

Beert, parroisse en païs maigre en laquelle se treuve une mine de bon cuivre et s'en tireroit grand proffict qui la voudroit faire fouiller, et conciste ladicte parroisse en . . . .   lvj feuz.

Tressailh, parroisse sur Besbre qui a apparence d'avoir autreffois esté ville cloze ainsy qu'il se veoid par les vieilles vestiges, contient le nombre de . .   vjˣˣiij feuz.

Flore, parroisse partie en Molins et partie en Chaveroche conciste en.   xxxiij feuz.

Varrenne sur Tesche contenant . . . .   lviij feuz.

Cindre, parroisse et chasteau fort près les grandz bois laquelle conciste en. . . . .   c.vj feuz.

Linerolles, parroisse et chasteau membre de Chastel Perron deppendant de la chastellenie de Molins contient . . . .   lvj feuz.

Sorbiez, parroisse concistant eu . . . .   xxj feuz.

Bousse, parroisse et chasteau fort contenant . . . .   vijˣˣ feuz.

Heurers, membre deppendant de la commanderie de la Racherie chasteau fort en Chaveroche partie de la parroisse de Montperoux et partie de Sainct Lyans.   xl feuz.

Sainct Didier en Chaveroche, parroisse contient . . . .   xl feuz.

Sainct Lyans, parroisse partie en Molins et partie en Chaveroche est située au pied du puis Sainct Ambreul . . . .

Montagnet vers le Nax, petite ville, le hault de laquelle est de Bourbonnois ensemble l'esglise collegialle de Sainct Marc fondée de huict chanoines et un doien fondée par un prieur de la Fin abbé de la benediction de Dieu sur Loyre de laquelle abbaie le bas de la ville qui est de Forest est un membre accompagné d'un fort chasteau et quatre tours rondes bien crenellées et bien fossoies à fosses plains d'eau et ung pont levis ce qui est de Bourbonnois contient. . . . . lxj feuz.

Lodde, parroisse contenant. . . . . xx feuz.

Chastel Perron, parroisse fort chasteau et chastellenie de la collecte de Molins ayant toute justice laquelle conciste en deux membres, oultre le siege princippal de Chastel Perron, savoir est Linerolles parroisse, et la parroisse de Lenax qui est en Molins.

En ladicte parroisse y a un lieu appelle le Crot de Vaudelles en la queue d'un estang auquel y a une perriere de fort beau marbre blanc et d'autre taché de rouge et une manière d'amatiste de couleur purpurine transparente très belle et sy en treuve de bien belles pièces, mais surtout de marbres. Mais le peuple est si grossier et ignorant qu'ilz ne s'en servent qu'a faire de la chaulx. Il y a aussy plusieurs bonnes mines de fert en ladicte chastellenie mais inutiles, combien quilz ayent grand quantité de bois es environs.

Carriere de marbre blanc et japre de diverses sortes, ensemble une espèce de amatiste transparante de quoy les habitans par leur ignorance font de la chaux pour bastir.

Plusieurs mines de fer inutilles.

Montperoux, parroisse laquelle conciste en. . . . . xbj feuz.

Treteaulx, parroisse près Besbre contenant . . . . xbiij feuz.

La Mothe de Valières, collecte es parroisses de Varennes sur Tesche et Trezail avecq les villaiges des Buaux contenant en tout. . . . . xxbij feuz.

Somme contient ladicte chastellenie le nombre de ix'xx feuz.

JUSTICES VASSALLES DE LADICTE CHASTELLENNIE. — CHAPITRE XL.

Le siege de *Chaveroche* capitale de la chastellenye. La terre chasteau et justice de *Chambourg* parroisse Treteaux, La terre et justice *Decaulx.* La terre justice et baronnie de *Barrois.* La terre chasteau fort situé sur un roch, et justice de *Montegu le Blain.* La justice et seigneurie de *Chantellot.* La justice terre et seigneurie de *Montifault* parroisse Varennes sur Tesche. La terre justice et seigneurie de *Sainct Didier* en Chaveroche. La terre et justice de *Colleuges.* La terre et justice de *Montcombroux.* La terre chasteau fort et justice de *Cindre.* La terre, justice et viel chasteau ruiné de *Sormais,* situé dans les bois en la parroisse de Varennes sur Tesche. La justice et seigneurie des *Pousis,* parroisse Barroys. La terre et justice de *Sorbiez.* La terre et justice de *Villards,* parroisse Flore. La justice et seigneurie de *La Mothe de Vallières,* parroisse Varenne sur Tesche et de Trezail. La terre et justice de *Breert.* La terre et justice de *Linerolles* dependant de la chastellenie de Chastelperron. La terre et justice de *Sainct Lians.* La terre et justice de *Nully,* et plusieurs autres petites justices que je delaisse pour eviter prolixité.

AUTRES MAISONS VASSALLES NON AYANT JUSTICE. — CHAPITRE XLI.

La maison seigneurialle de *Montarboys.* La maison noble de La Bresche, parroisse *Lenax.* La maison noble *Seguturet.* Le chasteau et seigneurie de *Chantemerle* parroisse Tresail. La maison et seigneurie de *Chautaicolle.* La maison et seigneurie des *Escardz.* La maison noble des *Salonnes.* La maison noble de *Montuerian.* La maison noble de

·*Beaudeduit*. La maison noble de *Marencelles*. La maison noble de *Roddon,* parroisse Montcombroux. La maison noble de *Bruière*. La maison noble de *Garmyn,* parroisse Sorbiès. La maison noble de *Montmeraud*. La maison seigneurialle de *la Grange,* parroisse Bouffé. La maison noble de *la Garenne*. La maison noble *des Marcs*. La maison seigneurialle de *Chenières*. La maison noble *du Bois*. La seigneurie et chasteau fort de *Bouffé*. Le chasteau et seigneurie de *Colombs,* parroisse Sainct Lyans. La maison noble *du Verger,* parroisse Flore. La maison noble de *Codde,* parroisse Lodde. La maison seigneurialle de *Poifou,* parroisse Cindre. La seigneurie de *Huvers* membre deppendant de la commanderie de La Racherie, partie de la parroisse de Montperoux et partie de celle de Sainct Lians. La maison seigneurialle de *la Villatie* alias la Bresche en la parroisse de Beert. La maison noble de *Blenières,* parroisse Beert. La maison noble de *la Ponge,* parroisse Tresail. La maison seigneurialle de *Montormentier,* parroisse Tresail. Le fort chasteau et seigneurie de *la Forestz* en Viry, parroisse Linerolles et plusieurs autres petits fiefs de peu d'estime.

Des forestz et buissons. — En la chastellenie de Chaveroche y a grand quantité de forestz et buissons, car la pluspart est païs couvert, mais par les declarations que jay retirées des maistres des eaues et forestz de Bourbonnois je ny en ay trouvé aucune qui apartienne a Monseigneur le Duc ains sont a seigneurs et gentilzhommes particuliers.

Domaine. — Du revenu de ladicte chastellenie de Chaveroche d'autant qu'elle est alliennée . . . . Néant.

De *Claude Cheval,* fermier des aides dudict Chaveroche pour la somme de soixante deux livres tournois par ce . . . .

DE LA VILLE, CHASTEL ET CHASTELLENNIE DE BILLY (1). — CHAPITRE XLII.

ILLY qui est le chef de l'une des dix sept chastellenies et des plus grandes du païs et duché de Bourbonnois est comprinse au nombre des villes clozes combien qu'elle ne soit murée et s'appelle la ville et franchise de Billy, estant la franchise limittée par quatre grandes croix posées aux quatre coings contenant la ville et franchise, selon l'imposition de la taille le nombre de . . . . lv feuz.

La ville de Billy laquelle est distante de Molins, ville capitale du païs, de huict a neuf lieues, de la ville de Varennes deux bonnes lieues et de la ville de Sainct Pourcain les fleuves d'Alier et de Siole entre deux, trois lieux, est située sur un monticule environné de quelques maretz a deux bons gectz d'arc du fleuve d'Alier estant decorée de

Situation de Billy.

---

(1) *Billy,* chef-lieu de commune , canton de Varennes (Allier). C'était, au XVe siècle, une ville importante et fortifiée. Les murailles sont presque totalement détruites.

beaux bastimens et d'un bel auditoire pour lexpedition de la justice ; d'une grande halle pour tenir les foires et marchés, une boucherie, un four et moulin baumal le tout tenu a cens de la recepte de la chastellenie, et sy ont une maison de ville pour les affaires de leur police et au bas de la ville tirant à la rivière y a une très belle et grande fontaine de la profondeur de plus d'une lance, murée de pierres de taille a face octogonne despuis le fondz jusques a fleur de terre, et en oultre est environnée d'une aultre muraille de la haulteur de l'esthomac de lhomme, et fournist ladicte fontaine tous les habitans et l'eaüe d'icelle est d'excellente bonté et scaveur. Il y a aussi en ladicte ville une chappelle du tiltre Sainct André soubz laquelle est l'hostel Dieu pour recepvoir loger et nourrir les pauvres passans, toutes fois n'a autre revenu que des aulmosnes et bien faictz des parroissiens et habitans de la ville franchise et parroisse dudict Billy.

Fonteine tres bonne et salubre de la profondeur d'une lance.

Du chasteau. — Au lieu plus eminent de ladicte ville sur la sommité du coutaud y a un grand et fort chasteau faict en forme ronde bien fossoié et ceint de murailles et dix tours rondes et au deddans et plus hault lieu dudict enclox qui sert de basse cour est le fort donjon pour la demeure du Prince lequel est faict en forme ovalle environné d'haultes murailles hors d'eschelle de cinq belles tours rondes et deux au portail pour le rendre plus fort, mais a present tout y est ruiné et deshabité : dans la basse cour qui est de grande estendue y a une chappelle de Sainct Martin fondée par les duc de Bourbonnois en laquelle se disent trois messes chacune sepmaine : Ascavoir le dimenche, le mecredy, et le vendredy. Il y a aussy dans ladicte basse court plusieurs petites maisons particulières des habitans de la ville qu'ilz portent en fief dudict chasteau auquel sont par monseigneur le duc establys les officiers qui s'ensuivent (1).

Le fort chastel de Billy ruiné.

OFFICIERS DUDICT CHASTEL ET CHASTELLENNIE. — CHAPITRE XLIII.

Le capitaine et chastellain dudict chastel qui de tous temps a esté de robbe courte portant les armes, aux gaiges de vingt et cinq livres chacun an et soulloit en oultre avoir le droict de guet qui estoit trois solz par an de chacun justiciable de ladicte chastellenie mais ils ne se lievent plus.

Le lieutenant de la chastellenie qui est de robbe longue pour l'exercice de la justice aux gaiges de trente livres.

Le procureur commis du procureur general qui n'a nulz gaiges.

Le greffe et scel de ladicte chastellenie lequel s'acceusse tous les ans au proffict de Monseigneur le duc la somme de trois cens livres tournoiz par ce . . . . iij⁣c L.

Il y avoit anciennement un recepveur comptable, à la chambre des comptes à Molins pour la recepte du domaine d'icelle chastellenie lequel avoit trente livres de gaiges par an et le tiers des lotz et ventes, mais il y a environ trente ans que ledict

---

(1) Le château de Billy fut bâti au XIVᵉ siècle. Il en reste des ruines fort curieuses à visiter.

office a esté supprimé et que la recepte se baille a ferme comme nous dirons cy après.

Il y a aussy audict chastel un concierge et geollier des prisons qui soulloit avoir cent solz de gaiges et quatre septiers soille mesure grenier de Billy, mais puis l'année mil v^e soixante et six est paié par le fermier a raison de dix livres chacun an.

FOIRES ET MARCHÉZ. — CHAPITRE XLIV.

La ville de Billy est decorée de sept foires qui se tiennent chacun an les jours qui s'ensuivent : La première se tient le premier jour d'apvril. La deuxiesme le jour sainct Nicolas en may. La troisiesme le jour sainct Pierre en juin. La quatriesme le jour sainct Pierre en aoust. La cinquiesme le jour sainct Laurent en aoust. La sixiesme le jour sainct Crespin en octobre. Et la septiesme le jour saincte Catherine en novembre.

Et en oultre y a marché franc tous les mardis qui est le jour des plaidz ordinaires de la justice capitale, les appellations de laquelle respondent par devant Monsieur le Seneschal de Bourbonnois ou son lieutenant a Molins et de laquelle justice sont subjectes et justiciables les parroisses qui s'ensuivent.

PARROISSES ET JUSTICES DU RESSORT ET SIÈGE DE LADICTE CHASTELLENNIE. — CHAPITRE XLV.

En la ville et franchise de *Billy* est le siege capital de la chastellenie et conciste en. . . . . lv feuz.

La parroisse de *Billy* du tiltre de Sainct Sire laquelle est esloignée de la ville de trois a quatre gectz d'arc conciste en six villaiges, c'est ascavoir au villaige de Sainct Sire ou est l'esglise parrochialle, et es villaiges de la Chassaigne, Povenat, Challière, la Ruelle, et le Breul, oultre Alier et contient en tout ladicte parroisse. cxix feuz.

La parroisse de *Creschet* sur Alier conciistant en . . . . iiij^xij feuz.

La parroisse et prevosté de *Langy* membre deppendent de Cluny lequel conciste en un chasteau et tout auprès environ un traict d'arc est le chasteau de la Raz ladict parroisse contient. . . . . l feuz.

La parroisse de *Sanssac* en laquelle sont les fiefs et maisons nobles des Granges, de la Court, de Pontoulx et Jallac et contient icelle . . . . xix feuz.

La parroisse et maison seigneurialle de *Sainct Estienne de Bast* en partie, laquelle conciste en. . . . . xxij feuz.

La parroisse de *Rongières* en partie en laquelle est le chasteau fort du Meage et les maisons nobles de Prenat et Peroux et contient. . . . . iiij^xviij feuz.

La parroisse de *Sainct Phelix* entierement en laquelle sont les maisons nobles de Giraudières, de Razes, de Sapinière conciistant en . . . . lx feuz.

La parroisse de *Maignet* en laquelle est situé le chasteau fort de Nouailly, le chasteau fort et justice de la Mothe-Morgon, et le fief de Champblon et contient. lj feuz.

La parroisse de *Suillet* en partie en laquelle est le fief de La Grave concistant en. . . . . xiij feuz.

Quelques maisons de la parroisse de *Sainct Germain des Fossés* par ce. bj feuz.

Une bien petite partie de la parroisse de *Billezois*, en laquelle sont les justices et chasteaux forts de Bellezois, de Beauvoir et de la Villatte le tout contenant pour Billy . . . . ij feuz.

La parroisse de *Bost* la plus grande partie en laquelle est le chastel et justice de Ballenne. . . . . xxiiij feuz.

La parroisse de *Vid* en partie; en icelle est le chasteau et justice de Versaille, le fief et justice du pavillon et contient. . . . . lxiij feuz.

La parroisse et chasteau fort de *Sainct Remy oultre Alier* qui est de. . . xxij feuz.

Villaines, parroisse oultre Alier en laquelle est le fief de Martillières et la forestz de Marcenat appartenant a Monseigneur le Duc et contient ladicte parroisse. xxbij feuz.

La parroisse de *Lonzat* oultre Alier en laquelle est le fief de Thoury et les buissons de la Palisse, Champt Robert, les Bourdeaux et les Menaux Bourbon, apartenant a mondict seigneur le duc et conciste en . . . . xxxbij feuz.

AUTRES SIÈGES PARTICULIERS DEPPENDANT DE LADICTE CHASTELLENNIE. — CHAPITRE XLVI.

Il y a autres sièges particuliers deppendans de ladicte chastellenie de Billy esquelz lieux les susdicts officiers sont tenuz d'eulx transporter de quinze en quinze jours pour l'exercice de la justice ascavoir.

Au siege de *Montoudre* ou n'y a que treize hommes tant seullement de ladicte justice par ce . . . . xiij feuz.

Le siege de *Sainct Geran le Puis* distant de Varennes deux lieues et de Billy deux lieues, lequel Sainct Geran est une ville ruinée par les Anglois et y a trois autres justiciers oultre Monseigneur le Duc, Ascavoir le sieur Duosc, le sieur de la Palisse, a cause de Montagu le Blain et le sieur de Pontcevant : Sainct Geran contient pour la colecte de la taille. . . . . xix feuz.

Autre siege appellé *le Chastellard* en la parroisse Sainct Prict en laquelle ny a aussy que quinze ou seize hommes en justice. . . . . xvj feuz.

Le siege *Dande* en ladicte parroisse ou pareillement n'y a que quinze ou seize hommes et y a debvoirs apartenans à la recepte de Billy . . . . xbj feuz.

Il y a autres sièges vers *Peramont* et vers *le Vergier* en la montaigne, lesquelz par succession de temps ont esté usurpés par les sieurs voisins justiciers. .

En la parroisse de *Paray* soubz Briaille oultre Alier y a un autre siege particulier de ladicte chastellenie appelé Juillet et Rosselieres ou semblablement n'y a que . . . . xbi feuz.

En la parroisse *Sainct Didier* oultre Alier, un autre siege particulier de ladicte chastellenie dont la moictié du revenu d'icelle justice apartient a Monseigneur le Duc et l'autre moictié à l'abbé de Sainct Gilbert de l'ordre de Remonstré situé en ladicte parroisse laquelle conciste en. . . . . lviij feuz.

DE LA VILLE ET JUSTICE DE VARENNES. — CHAPITRE XLVII.

combien que la ville de Varennes soit de la chastellenie de Billy, elle sa justice à part laquelle respond par appel au siège presidial à Molins

La ville de Varennes est située en la chatellenie de Billy et est un membre dependant d'icelle lequel a sa justice a part non subjecte a celle dudict Billy pour l'exercice de laquelle y a un lieutenant particulier residant sur le lieu et un substitud du procureur general, parceque ladicte ville est située sur le grand chemyn de Paris à Lyon ; distant du siege capital de Billy deux lieues qui est la cause que lesdicts officiers ont esté institué en ladicte ville de Varennes ; les appellations de laquelle jurisdiction ressortissent par devant Messieurs tenant le siege presidial a Molins comme aussy font celles des vassaulx des parroisses dudict Varennes, laquelle ville et ses deux parroisses Vouroux et Varennes contiennent. . . . . ijᶜxx feuz.

L'estendue de ladicte justice est d'une grande lieue et dans icelle y a deux parroisses qui sont hors la ville es faubourgs d'icelle. l'une appellée Vouroux et l'autre Varennes.

Dans la ville y a un prieure fondé de Saincte Croix auquel y a un prieur et quatre moynes, et s'y a belles halles sus lesquelles y a des beaux greniers a tenir bledz apartenans à Monseigneur le Duc, et en icelle halle se tiennent ordinairement les marchés de la ville et l'un des boutz est l'auditoire et lieux des plaidz.

Foires et marchez dudict Varennes. — En la ville de Varennes y a chacun an trois foires et marché franc tous les mecredis.

La première foire est le premier jour de may.

La seconde le jour sainct Blaise.

Et la troisiesme le jour sainct Denis.

Les habitans de ladicte ville sont exemptz des quatre cas, de tous charrois et corvées et sy ne paient nulz droictz de Marciages et quand aux droicts des lotz et ventes ilz n'en paient qu'a raison de vingt deniers pour livre, et si ont droict de pesche et de chasse a l'entour de la ville qui est despuis la ville de Billy descendant jusques au bourg Sainct Loup.

Vallançon, fleuve. — Soubz la ville de Varennes du cousté de Gaiete passe un petit fleuve appellé Valençon qui prend son origine d'un lieu appelé, puis Rambault, près le chastel de Pontcenat, passe en la parroisse de Bouffé près le chasteau de Gayette et soubz Varennes et a un quart de lieue plus bas, il entre dans Alier.

AUTRES PARROISSES DE LADICTE CHASTELLENNIE. — CHAPITRE XLVIII.

Sainct Allire de Vallanche, parroisse en laquelle est le chasteau fort de Jarrie et contient. . . . . xix feuz.

Perigny, parroisse sur le grand chemyn de Paris a Lyon conciste en. . . xbiij feuz.

Servillys, parroisse et justice vassalle. . . . . xlv feuz.

Lubies, parroisse de la Palisse en laquelle est le chasteau et justice de la Mothe des noiers et contient. xxj feuz.

De la ville, chasteau et justice de la Palisse. — La ville chasteau et justice de *la Palisse* situé sur le fleuve de Besbre sur le grand chemyn de Paris a Lyon laquelle est venue de ce grand et tant renommé mareschal de Chabannes, à toute justice, haulte moienne et basse qui s'extend sur la parroisse de Lubyes, fors que le Sr de la Mothe des Noyers a en la justice moienne une quarte partie et s'estend aussy sur la plus grande partie de la parroisse de Sainct Priet, et sur partie de la parroisse de Billezois partie sur la parroisse de Perigny, partie en la parroisse de Buxolles, et partie sur la parroisse de Varennes sur Tesche : en ladicte ville y a huict foires tous les ans et marchés tous les mardis et vendredis de la sepmaine.

Messire
Jacques de Chabannes
chevallier de l'ordre
du Roy
et mareschal de France.
s^r de la Palisse.

La ville et franchise de *la Palisse* . . . . iiij^{xx}xvij feuz.

La parroisse de *la Palisse* hors la franchise. . . . . xliij feuz.

La parroisse terre et justice de *Ferrières* en la montaigne comprenant la terre de Gressier contient . . . . vij^{xx}xiij feuz.

Les parroisses et terres *Sainct Pric, Cheval, Rigon* et *Premontsolle*, estans en la justice de Montgilbert-en-la-Montaigne consistant en . . . . vij^{xx}x feuz.

La parroisse ville chastel et justice de *Chastelledon* dans les quatre croix apartenant au sieur de Listenois, l'un des quatre barons de Bourbonnois et en laquelle parroisse est le chastel et justice de la Mothe de Collanges contient . . . . . ix^{xx} feuz.

La parroisse de *Siernat* contenant. . . . . xxiij feuz.

La parroisse et chasteau fort de *Bousse* situé en bonne et forte terre produisant en grande fertilité d'huille de noix, froment, febves et autres bledz et en icelle y a grand pascaige pour nourrir bestes a laict le tout situé sur le fleuve de Valençon et contient . . . . vij^{xx} feuz.

Sainct Alire, parroisse en la montaigne . . . . lx feuz.

Pallieres, petite parroisse en la montaigue . . . . x feuz.

Le Breul, parroisse chasteau et justice en la montaigne apartenant au sieur de la Faiette et sont encores en ladicte parroisse, le chasteau et justice de la Chaise, le chasteau de Beauperier et le fief de Faiettiere le tout contenant. . . . cxv feuz.

Vandat, chasteau fort prieuré et justice apartenant au sire de La Vaulx Guyon, mareschal et seneschal de Bourbonnois laquelle contient. . . . . xxxix feuz.

La parroisse de *Coignac* distante de Vernet en laquelle est le chasteau fort d'Haultefeuille bruslé par le vicomte de Bornicquet et Mouvans, le jour des Rois mil cinq cens soixante huict et le seigneur de Haulte Feuille y fut tué, ladicte parroisse contient.

. . . . xxvij feuz.

Oultre lesdites parroisses sont encores plusieurs terres, seigneuries, villaiges et colectes de la taille de ladicte chastellenie, comme :

La terre de *Sauvignon* de Semeur qui conciste en. . . . . xvj feuz.

La terre d'*Usset*, en Crespin. . . . . xxxi feuz.

La terre de *Fretay* vers Isserpent . . . . xbiij feuz.

La Guillermie. . . . . xxxj feuz.

La terre de *Gondallys*. . . . . biij feuz.

La terre de messire *Ystier Resbe* . . . . xix feuz.

Chastel de Montaigne en Sainct-Geran-le-Puis . . . . lv feuz.

La terre de *Montmorillon*. . . . . lxxj feuz.

Le villaige et colecte de *Lourdie* de la parroisse de Vandat. . . . xxxiiij feuz.

Les villaiges de *Couches* et *Bauchereul.* . . . . xxiiij feuz.

Doyat et *Coustière* en la parroisse d'Aronne et en la justice de Busset, distraict de la terre de Gressier contient . . . . x feuz.

La Roche en la parroisse d'Aude. . . . . xxxiiij feuz.

Les villaiges de *Blattières*. . . . . bij feuz.

Les villaiges de *Burjat* et *Sarbannes* . . . . xxxij feuz.

Faulconnet Resbe et la terre qui fut de messire Everard de Lespinasse. xxij feuz.

La terre messire *Jehan Resbe* au quartier Sainct-Gerand-le-Puis . . . lv feuz.

La terre du seigneur de *la Bataille.* . . . . xxx feuz.

La terre de messire *Jehan Resbe* au quartier du Couldray contenant . . xxbj feuz.

Chastoldon dans les quatre croix . . . . ix^{xx} feuz.

Monteyu hors les quatre croix . . . . lvj feuz.

Sainct Geran le Puis en Listenois en la justice de Charlieux. . . . xbiij feuz.

Sainct Geran le Puys en la justice de Poncenat . . . . xxxij feuz.

La terre de *Pontcenat* en la justice de Fraizes parroisse de Buxerolles et Barrois . . . . xxxviij feuz.

Ysserpent au ressort de Vichy. . . . . xxb feuz.

Chabannes. . . . . xxviij feuz.

Mariol et *Constrie* . . . . xlviij feuz.

Somme toute pour ladicte chastellenie : iij^{mc}.lxxviij feuz.

JUSTICES ET MAISONS SEIGNEURIALLES DE LA CHASTELLENIE DE BILLY. — CHAPITRE XLIX.

Les vassaulx tant justiciers que non justiciers du chastel et chastellenie de *Billy* suivant le caier du Rierban que jay recouvert du lieutenant criminel de Molins sont ceux qui s'ensuivent : La ville terre et justice de *Sainct Geran le Puis.* La terre chasteau et justice de *Gayette.* La terre de *Sainct Geran le Puis* en la justice de Pontcenat. La terre et justice de *Chastel de Montaigne* en Sainct Geran le Puis. La terre et justice d'*Urfe* en Sainct Geran le Puis. La terre chasteau fort et justice de *Gondallys* en Sainct Geran le Puis. La ville chasteau fort et justice de *la Palisse.* La terre chasteau et justice de *Cordebœuf sur Alier.* La terre et justice de *Chastelledon.* La terre et justice de *Savignon de Semeur.* La terre et justice de *Billezois.* La terre et justice de *Ballenne.* La terre et justice de *Montmorillon.* La terre et justice d'*Usset en Crespin.* La terre et justice de *la Mothe des Noiers.* La terre et justice de *Ferrières* en la montaigne. La terre et justice de *Verseilles.* La terre et justice de *Peramont.* La terre et justice *du Verger.* La terre et justice de *Vendat.* La terre et justice de *Montgilbert.* La terre et justice *du Breul.* La terre et justice de *Servillis.* La terre chasteau fort et justice de *Montegu le Blain.* L'abbe religieux et couvent de *Sainct Gilbert* en la parroisse Sainct Didier qui a justice par moictié avec Monseigneur le Duc en la parroisse dudict Sainct Didier. La terre chasteau baronnie et justice de *Barrois.* La terre et justice de *la Mothe de Collanges.* La terre et justice de *la Rataille.* La terre et justice de *Charlieux.* La terre et maison seigneurialle de *Pavillon.* La maison seigneurialle *Darserat.* La seigneurie de *Boucheret.* La maison seigneurialle de *Sainct Berthelemy.* La maison et seigneurie de *la Guillermie.* La maison noble de *la Vassaliere.* La maison seigneurialle de *Bonnefond.* La maison et seigneurie de *la Rouziere.* La maison noble de *Poussat.* Le chastel fort et seigneurie de *Rollat.* La seigneurie de *Coignac* en Vernet. La seigneurie de *Lourdie.* La maison noble de *la Vellecte.* La maison et seigneurie de *Belle Sovye.* La maison noble de *Moutet.* La maison terre et seigneurie de *Burjat.* La maison et seigneurie de *Rochaffaud.* La maison et seigneurie de *Lionne.* La maison et seigneurie de *Laval Lambaud.* La maison et seigneurie de *Charnat.* La maison noble de *Bauyères.* La terre chasteau et seigneurie de *Montjournal.* La maison et seigneurie de *Serbannes.* La maison et seigneurie d'*Imfe.* La maison seigneurialle de *la Raz.* La maison noble des *Charmes.* La maison noble de *Prenay.* La maison noble de *Gravières.* La maison et seigneurie de *la Grange.* La maison et seigneurie de *Garmyn.* La maison forte et seigneurie de *Gleve.* La maison noble des *Croez* près Chastelledon. Le chasteau fort et seigneurie de *la Lyère* près Chasteau Morand. La maison noble de *Chynay.* Le chasteau et seigneurie de *Jaunay* parroisse Sainct Didier. La maison noble de *Boys Martel.* La maison noble de *Desert.* La maison seigneurialle d'*Arigny.* La terre et seigneurie de *Mariol.* La terre et seigneurie de *Chamecourt.* La maison seigneurialle de *Novellay.* La maison et seigneurie de *Giraudières.* Le chasteau fort et seigneurie de *Beaurevoir.* La maison noble de *Chantellot.* La maison noble et seigneurie de *Rancou.* La maison noble de *Bucherette.* La maison et seigneurie de *Vauvre.* La maison noble de *Fontjobert.* La maison noble de *Vallières.* Le chasteau et seigneurie de *Mallentras.* La maison et seigneurie de *Marencelles.* La maison seigneurialle de *Pirond.* La maison noble de *Bois.* La terre chasteau fort et seigneurie de *Bousse.* La maison noble de *Bonnefont.* La maison seigneurialle de *Bellefaie.* La maison et seigneurie de *Chappes* La maison et seigneurie de *Bricadieres.*

DOMAINE DE LADICTE CHASTELLENNIE. — CHAPITRE L.

Le revenu de la chastellenie de Billy tant aliéné que non aliéné et des aides estrousse par maistre Jehan Foullé conseiller du Roy commissaire en ceste partie à Nicolas Gounard en l'an mil v^c soixante six pour sis années, et s'y despouilles pour la somme de deux mil cent livres tournois oultres les charges ordinaires cy après declairées, par ce. . . . . ij^{mc}. L. tournois.

Charges ordinaires.

En argent. — Au capitaine et chastellain dudict Billy. . . . . . . xxv L.

Au lieutenant . . . . xxx L.

Au concierge et garde des prisons. . . . . x L.

En froment. — A l'hostel Sainct Juillien a Molins . . . . xxiiij septiers.

Au curé de Billezois . . . . ij septiers.

Au prieur de Varennes . . . . ij quartes.

En soigle. — A l'hostel Sainct Juillien a Molins. . . . . . . xij septiers.

Febves. . . . . ij septiers.

Poix . . . . i septier.

Huille de noix . . . . c. livres.

En orge. — Au sieur de Thouré de Lonzat . . . . i septier.

FORETZ ET BUISSONS DE LADICTE CHASTELLENNIE OULTRE ALIER. — CHAPITRE LI.

En ladicte chastellenie oultre le grand fleuve d'Alier, Monseigneur le duc de Bourbonnois a les foretz bois et buissons qui s'ensuivent, soubz la charge du sieur de Cordebeuf. La forestz de Marcenat en la parroisse de Villaines. Le bois de Chavaignat ou Monseigneur le Duc a le tiers seullement et le sieur de Molins neuf les deux tiers. Les Queves de Bourbon près la parroisse de Lonzat. Champt Robert. La Palisse près Mercenat. Les Eisbourdeis. Les Chabaneis près la foretz de Marcenat.

Estangs. — N'en y a aucuns en ladicte chastellenie apartenant a Monseigneur le Duc.

Bois et buissons de ladicte chastellennie entre les deux fleuves de Loyre et Alier. — En ladicte chastellenie entre les deux fleuves de Loire et Alier soubz la charge du sieur de Sommery y a un buisson appellé le Buisson de Mars, en la parroisse de Maignet auquel Monseigneur le Duc prend le tiers de la vente de la couppe qui en est faicte de douze en douze ans et les sieurs de Jarrie et de Ballerot prennent les autres deux tiers par les mains du tresorier du dommaine de Monseigneur le Duc lequel sieur y a aussy le droict et privillege de vente.

CHATELLENIES DE VICHY, GANNAT & D'USSEL

DE LA VILLE CHASTEAU ET CHASTELLENIE DE VICHY. — CHAPITRE LII.

A ville de Vichy l'une des dix sept chastellenies du païs et duché de Bourbonnois est située et assise sur le fleuve d'Alier en tres belle et forte assiette tant a cause quelle est ediffiée en plaine sur vifs rochers hors de mine que pour n'estre commandée d'aucune montaigne ; elle est distante de la ville de Molins d'onze grandes lieues et de Cusset ville d'Auvergne enclavée dans le Bourbonois de demie lieue. Ladicte ville est environnée et enceinte de vieilles murailles et quelques tours ; trois portes et fosses secqs. Au milieu d'icelle souloit d'anciennecté avoir une belle et grande fontaine de fort bonne eaue pour l'usaige et commodité des habitans, la source de laquelle venoit d'un quart de lieue loing. Mais en l'an mil v^e soixante six les habitans de la ville de Cusset pour quelque Les habitans de Cusset
par une ancienne haine
ruynent les conduicts
de la fonteine de Vichy. querelle et collère d'ancienne haine et envie qui est de longtemps enracinée entre ces deux villes ruinèrent ladicte fontaine, rompirent les conduictz et la rendirent tellement inutile quelle a despuis perdu son cours au grand prejudice et interestz des habitans. Dans la ville de Vichy y a une chapelle du tiltre de sainct Blaise, et au dehors environ trois gectz d'arc vers le septentrion est la grande esglise parrochialle appellée le Moustier qui est beau et ancien temple, lequel autres fois a esté monastaire comme se veoid par les vieilles ruines, et en ladicte parroisse sont les baings chaulx qui proceddent de plusieurs sources chaudes tant audict lieu que es environs et dans la ville comme a part cy après je traicteray d'iceulx.

En ladicte ville y a un capitaine et chastellain a cause du chastel qui est tout ruiné, Officiers de Vichy. excepté une vielle tour quarrée qui est encores debout et d'icelle capitainerie et chastellenie est pourveu en tiltre de lieutenant general pour le faict de la justice du siege capital de ladite chastellenie Maistre *Anthoine de la Chaise* licentier es loix habitant de Cusset, homme docte de bon jugement et fort affectionné au service de vos Majestés et de Monseigneur le Duc et pour tous lesdicts offices de capitaine chastellain et lieutenant n'a que dix huict livres de gaiges par an. Il y a aussi un commis du procureur general du païs nommé Maistre *Jehan Grange* qui n'a nulz gaiges, un greffier a ferme un concierge et garde des prisons a trois livres de gaiges un sergent royal et deux autres pour l'ordinaire.

La ville de Vichy qui est située du cousté d'Auvergne et de Forest est voisine de Situation de la ville
de Vichy. grand païs de montaignes, vallées, bois, ruisseaux et païs maigre mais très bon pour le pasturage et nourriture du bestail, soigles et avoines ; du cousté de Billy et de

Cusset qui est du septentrion a l'orient est païs fort gras et fertille en grains fruictz et huille de noix et de la et outre Alier qui la se passe sur un grand pont de bois regardant l'occident sont tous grandz bois et forestz de longue et large estendue apartenant partie a Monseigneur le Duc et les autres a divers seigneurs particulliers.

DES CELESTINS DE VICHY. — CHAPITRE LIII.

Hors ladicte ville du cousté d'orient tirant au midy près les fosses d'icelle sont situés et assix les cloistres couvent et monastaire des Celestins ou soulloit avoir grandz et magnifiques bastiments tant en esglise cloistres, grand corps de logis logeable pour Roy et prince qu'en autres offices et jardins, le tout bruslé ruiné et demoly sur la fin de l'an mil v^e soixante et sept par les trouppes du vicomte *de Bornicquet* et *de Mouvans* qui fut très grand perte et dommaige sans aucun proffict.

Le bon duc Loys fondateur des Selestins de Vichy en l'an 1410.

Ledict couvent et monastaire fut fondé en l'an mil quatre cens et dix par le bon duc Loys, deuxiesme du nom et troisiesme duc de Bourbonnoys. Ladicte fondation approuvée et ratiffiée par Madame Anne Daulphine duchesse de Bourbonnois, comtesse de Forest et dame de Beaujeu sa femme en l'an mil quatre cens et unze, lequel bon duc Loys ordonna et fonda audict couvent et monastaire un prieur et douze religieux Celestins, chappelains avec les serviteurs en tel cas appartenans et necessaires : pour la nourriture entretenement et estas desquelz au divin service leurs a donné a perpe-

Lesdicts Selestins dotés de 500 livr. tourn. de rente perpetuelle en assiette.

tuite la somme de cinq cens livres de rente en assiette annuelle et redebvables a les prendre, avoir et recepvoir par iceulx religieux celestins et leurs successeurs, chacun an perpetuellement sur les choses et par la manière qui s'ensuit.

Et premierement en la chastellenie de Vichy les Molins dudict Vichy pour douze livres de rente par ce. . . . . xij L. t.

L'estang de la Vaure de Riz pour dix huict livres de rente par ce. . . xbiij L.

Et le pré de Darsin pour soixante solz par ce . . . . lx S.

En la chastellenie de Billy, sur les heritiers Guillaume Viallet dict Poulallier de Varennes qui sont deubz sur les moulins dix livres, par ce . . . . x L.

Sur les fermiers des bancs et halles de Varennes vingt livres, par ce. . xx L.

Sur les fours de Varennes . . . . xiiij L.

En la parroisse la Blairie quatre septiers deux quartes froment, le septier quatoze solz vallantz soixante trois solz par ce . . . . lxiij S.

En febves quatre septiers deux quartes le septier douze solz par ce. . liiij S.

En la chastellenie de Chaveroche, le dixme de Poligny vingt quartes froment à quatre solz la quarte vallantz quatre livres par ce. . . . . iiij L.

Et pour vingt quartes febves à deux solz six deniers la quarte, par ce. . l S.

La dixme de Bar pour cinquante quartes soille, cinquante quartes avoine la quarte soille deux solz six deniers vallant six livres cinq solz par ce. . . . . bj L. b S.

Et la quarte avoine vingt deniers vallant cent solz par ce . . . . . . c S.

Le tennement de Courcellières pour . . . . c S.

Les villes franches de Changy, de Barrois, de Boutenant. et autres sans justice vingt livres quinze solz par ce. . . . . xx L. xb S.

En la chastellenie de Perreulx sur la recepte se prendra vingt cinq livres par ce. . . . . xxv L.

En la chastellenie de Lay . . . . xxv L.

En la chastellenie de Gannat, les fours dudict Gannat trente livres par ce. xxx L.

Plus cinq muictz froment a quatre livres seize solz le muictz par ce. . xxiiij L.

En la chastellenie de Chantelles, le dixme de Chassignet et celluy qui fut acquis de maistre Guillaume Serciere, pour six thouneaux de vin que le prieur dudict lieu de Chantelles y prend pour tout tant en bled comun qu'en vin six vingt livres par ce. . . . . bjˣˣ L.

La terre de la Couldre estant en la chastellenie de Murat et Montegu pour cinquante livres de rente rabbatu pour cause de l'assiette de Jacques du Peschin vingt livres par ce . . . . l L.

Item sur la Layde et péage de Thiart (Thiers) quarante cinq livres par ce. xlv L.

Item sur les molins de Sechal . . . . xx S.

Sur les molins de Celle quatre septiers froment a huict solz le septier vallant xxxij.

Quatorze septiers soille a six solz le septier vallant quatre livres quatre solz par ce. . . . . iiij L. iiij S.

Sur les tailles de Chastelchinon tous les ans . . . . lx L.

Toutes lesquelles parties montant à la somme de cinq cens livres tournoises de rente annuelle redebvables ou environ desquelles lesdictz prieurs religieux et couvent et leurs successeurs de ladicte esglise demourent vrais seigneurs et pocesseurs comme amorties.

Oultres lesquelles cinq cens livres de rente d'assiette qui vallent pour le jourdhui plus de sept a huict mille livres de rente selon la valeur des choses susdictes, et telle année selon que les vins et les bledz vallent plus de dix a douze mil livres, ils ont plusieurs autres grandz biens faictz et acquisitions quilz ont faicte par leur bonne économie.

Dans l'esglise desdicts Celestins, n'y est rien demeuré d'entier par les susdictes trouppes de *Bornicquet* et *Mouvans* excepté une fort belle et riche chappelle de la fondation des seigneurs de la Vauguyon laquelle est a dextre dans ladicte esglise auprès du cueur estant richement peinte et decorée de plusieurs epitaphes escriptz en lectres d'or sur fin azur contenant par ordre ce que s'ensuit :

Epitaphes. — I. Cy gist hault et puissant seigneur messire *Charles de Bourbon*, conte de la Marche, prince de Carency, d'Aubigny et l'Escluse ; de Bucoy, Bovigny, Essaugovelle, Combes, Pusieux, Auval, Abret, Vandat, Rocheffort, Sirat, Baings, Sainct Georges, le Beage et Ternas, qui deceda en son chasteau d'Abret.

II. Messire *Bertrand de Bourbon*, chevalier, son filz, qui herita desdictz biens et mourut à la bataille de Marignan sans hoirs.

Epitaphes estans en la chappelle de la Vauguion dans l'eglise des Selestins de Vichy.

III. *Jehan de Bourbon*, filz audict Charles qui succeda auxdicts biens et mourut a Molins sans hoirs.

IV. *Ysabeau de Bourbon*, fille dudict hault et puissant prince messire Charles de Bourbon et de Madame Catherine d'Alegre, qui succeda a tous lesdictz biens et puis fut mariée a hault et puissant sieur messire *François d'Escars* chevallier sieur de la Vauguion, Varcigne, Sainct Germain sur Vienne, la Coussière, La Tour, de Bar, Le Repaire et Grez Aigreville, Lomasière et La Mechenie; conseiller du Roy en son privé conseil, gentilhomme ordinaire de sa chambre, capitaine de cinquante hommes d'armes de ses ordonnances, mareschal et séneschal de Bourbonnois, chevallier d'honneur premier escuier de la Royne, dont est sorty Messire *Jehan d'Escars* chevallier de l'ordre du Roy capitaine de cinquante hommes d'armes mareschal et seneschal de Bourbonnois qui a succedé à ses dictz père et mere esdictz biens qui a faict peindre la presente chappelle par commandement et ordonnance de ma dicte dame Ysabeau sa mère.

V. *Loyse de Bourbon*, qui mourut sans estre mariée.

VI. *Catherine d'Alegre*, femme dudict haut et puissant prince Messire Charles de Bourbon.

Pour retourner a la ville de Vichy il n'y a lieu nul marché en icelle puis trente ans parceque les habitans de Cusset leurs ont expoullié le marché qu'ilz soulloient avoir chacun mercredy de l'année. Toutesfois ilz ont huict foires anciennes tous les ans et quatre nouvelles crées par le Roy puis quatre ans qui ne servent de gueres.

DES BAINGS DE VICHY. — CHAPITRE LIV.

En la ville et fauxbourg de Vichy comme j'ay dessus dict, se treuvent plusieurs sources de fontaines chaudes; et entre autres pres le Moustier prieuré anexé à l'abaie Sainct Alire de Clermont et esglise parrochialle dudict Vichy, y a deux beaux Baings chaulx provenant desdictes sources dont le princippal est un puys incessamment *esure desdicts baings.* bouillounant faict en forme ovalle de la profondeur de quatre piedz de Roy, cinq et demy de long et quatre et demy de large; et l'eau qui sort dudict bouillon qui n'est si chaulde que celle ne Bourbon, s'escoulle au dessoubz, dans un autre grand baing de forme quasy triangulaire lequel a l'un des boutz à pareillement un bouillon chaud sotant d'un puis caché dedans ladicte eaue de profondeur merveilleuse; et de là se va escouller l'eau du cousté allant vers lesglise et ausdictz baings se vont baigner plusieurs personnes infirmes tant de gouttes froides, rheumes, roignes et diverses autres maladies.

VERTU DES BAINGS SULPHUREZ ET UN PEU ALIMINEUX SELON MUSTER ET AUTRES. — CHAPITRE LV.

Vertus desdictz bains. Les eaux des baings qui sont mesles avec beaucoup de soulfre et peu d'alum, cause que l'eau d'iceulx eschauffe et seiche, consumme et attire toute humeurs froides et nuisantes ; elle remedient aux douleurs de la teste procedant de morfondure et refroidissement de cerveau comme est la litargie, perte de memoire, debilité de nerfs, apoplexie et esblouissement des yeux, consomme les flegmes et les humeurs froiddes descendentes du cerveau, eschauffe et deseiche l'estomac, ayde à la digestion et ouvre a l'opitation du foye et de la ratte, appaise les tranchées du ventre qu'on appelle colicque et reprime les douleurs de membres procedant de froidure, et purge la chair, mais elle est très utile a rendre les femmes steriles a porter enfans fertilles à la generation et au contraire elle est mauvaise pour ceulx qui sont de complexion chaude et seiche et qui sont attenués de ptisique.

Pourtraict desdicts Baings.

PARROISSES ET COLLECTES DE LADICTE CHASTELLENNIE DE VICHY. — CHAPITRE LVI.

La ville de *Vichy* en laquelle est le siege capital de la chastellenie comprenant la parroisse et franchise contient. . . . . ix^{xx}xiiij feuz.

Charna, parroisse et chasteau fort entre les fleuves de Duore et d'Alier près Maringues . . . . liij feuz.

Creuzet le Viel, parroisse. . . . . v feuz.

Creuzet le Neuf en Chambon et parroisse de Sainct Ramy contient. . . xxv feuz.

Quartier Bouneau en la parroisse de Creuzet le Neuf qui est une colecte et villaige. . . . . vij feuz.

Droicturier, parroisse et chasteau concistant en une grande et vielle tour quarrée et un prieuré deppendent de l'abbaye de Mozat, en Auvergne, contient. xxbiij feuz.

Buxolles, parroisse et petit chasteau de la justice de Vichy laquelle est de ix feuz.

Chastelluz, parroisse justice et baronnie. . . . . xlvij feuz.

Arpheville, parroisse et maison seigneurialle en la montagne . . . . lix feuz.

Aronne, parroisse et maison noble en la montaigne membre deppendant du doienné d'Escurolles conciste en. . . . . xxix feuz.

Sainct Pierre de la Val, parroisse en la montaigne contenant. . . . . xxj feuz.

Grand val et Vaulx, parroisse près Alier soubs Busset en la montaigne. xbj feuz.

Presles es Boys, villaige et colecte . . . . iiij feuz.

Sainct Nicolas d'Abiez, parroisse en la montaigne conciste en . . . . xbj feuz.

Sainct Clement des Montaignes, bourg et parroisse deppendant de la terre de Montmorillon. . . . . lxiij feuz.

Charmeil, parroisse oultre Alier . . . . xxxbj feuz.

La terre chasteau et prieuré de *Sainct Germain* hors la ville contient. xlv feuz.

Vesses, parroisse oultre Alier en laquelle sont les chasteaux et maisons seigneurialles de Beauregard et Bostz et La Ramaz toutes situées dans les bois et contient ladicte parroisse. . . . . lxix feuz.

Quinssat, villaige et collecte de la parroisse d'Abret contenant. . . . xij feuz.

Sainct Thioure, parroisse sur Alier partie Auvergne et de Bourbonnois. ij feuz.

Le bourg et beau chasteau fort de *Chastel de Montaigne* es chastellenies de Billy et Vichy. . . . . xxxb feuz.

La parroisse de *Chastel de Montaigne* es dictes chastellenies contenant. liiij feuz.

La terre de *Sainct Germain en Crespin*, parroisse de Creuzet le Viel et chastellenie de Billy et Vichy, et Sainct Germain en Crespin du Villain et Veilhat . . iiijⁿix feuz.

La terre *Sainct Germain* en la parroisse de Molles conciste en . . . . xlvj feuz.

Abret, parroisse et chasteau fort sur Alier apartenant au sire de la Vauguyon, chevallier de l'ordre du Roy, capitaine de cinquante hommes d'armes, mareschal et seneschal de Bourbonnois . . . . vjˣ feuz.

La Bussière, colecte et villaige de la parroisse de Molles contient. . . xbj feuz.

La terre de *Chastel de Montaigne* en la parroisse de Nizerolles en la Montaigne . . . . xlviij feuz.

La terre *Sainct Germain de la Garde*, parroisse dudict lieu de Chambon en la mesme parroisse. vjˣxbij feuz.

La terre *Sainct Germain* en la parroisse de Creuzet le Neuf contient. xxvij feuz.

Les villaiges *d'Arbonnières* en Billezois. . . . . xiij feuz.

Les villaiges de *Vauzelles*. . . . . ij feuz.

La Vaulvre de Riz, villaige . . . . iiij feuz.

Somme toute pour ladicte chastellenie : m.iiij°xxxj feuz.

POUR LE SIEGE CAPITAL DE VICHY. — CHAPITRE LVII.

Pour le siege royal et capital de Vichy est neuvément pour ses membres et sieges deppendent les parroisses et villaiges qui s'ensuivent et premierement :

Arpheville, parroisse en la montaigne.

Sainct Nicolas d'Abiez en la montaigne.

Sainct Jarmes d'Abiez.

Tozelles, parroisse.

La parroisse de *Vesses.*

Charmeil, parroisse.

Les villaiges de *Milanda* au lieu des Chevalliers et des Rambertz appellé La Garde villaige des Terrasses, les lieux et villaiges de Marvent, de la Grave et de Chappettes en la parroisse de Creuzet le Viel.

Les villaiges de *Pons en Gramont* et *Raduriers* en la parroisse de Creuzet le Neuf.

Les villaiges de *Presles* et *Bostz* en la parroisse de Bostz, et la maison et chasteau de Ballenne.

Les villaiges de *Ryvières* en la parroisse d'Iserpent et de Sainct Cristoffle.

Les villaiges de *Morandz* en la parroisse d'Aronne.

Les villaiges de *Coulloniers*, des *Roches*, de *la Vauvre*, de *Riz* en la parroisse de Busset en la montaigne.

Le villaige de *Favières*, en la parroisse de Breulh en la montaigne.

Les villaiges de *Bostz Rondenay* en la parroisse de Bonghat.

Le villaige des franchises d'*Abret* en la parroisse dudict lieu.

SEIGNEURS VASSAUX DE LADICTE CHASTELLENNIE. — CHAPITRE LVIII.

Le seigneur de *Sainct Germain des Fossés*. Le, sieur prieur dudict lieu de *Sainct Germain*. Le sieur d'*Abret*. Le sieur de *Sanctiore*. Le sieur de *Grandval* et *Vaulx*. Le sieur de *Quissat* anexé a Sainct Germain. Le sieur de *Chatz*. Le sieur de *Charnas*. Le *chappitre de Clermont* et le sieur de *Burghat*. Le sieur de *Charmeil* anexé audict Sainct Germain. Le sieur de *Chambon*. Le sieur de *Tirazeau*. Le sieur de *Sainct Germain des Fossés*. Le sieur de *Beauregard*. Le sieur de *Saint Cristoffle*. Le sieur d'*Ysserpens*. Le sieur de *Verjean* et *Junchault*. Le sieur de *Pouzellières*. Le sieur de *Chtain*. Le sieur de *Chasteau Rost*. Le sieur baron de *Chasteau de Montaigne*. Le sieur d'*Arfeville* hors la franchise. Le sieur *Barrois* de Chastelluz. Le sieur prieur de *Droicturier*. Le sieur de *Sainct Pierre de la Val*. Le sieur de *Buxolles*. Le sieur de *Sainct Clément*. Le sieur de *Molles*. Le sieur doyen d'*Aronne*. Le sieur de *Maiet*. Le sieur de *Bouchannes*. Le sieur de *Bounard*. Le sieur de *la Terre Rouge*. Le sieur aumosnier de *Moussat* en la justice de Beuchelat. Le sieur de *Montmorillon*. Le sieur prieur d'*Ambierle* en la parroisse de Sainct Jacques des Biez. Le sieur de *Creuziet le Viel*. Le sieur du *Pavillon*. Le sieur de *Chatz*.

DOMAINE DE LADICTE CHASTELLENNIE. — CHAPITRE LVIII.

Le dommaine de la chastellenie de Vichy tant allienné que non allienné et des aides feut assencé en l'an mil v^e soixante six par Maistre *Jehan Foullé*, conseiller du Roy et de la Royne commissaire en ceste partie à Maistre *Lois Marjatz*, fermier dudict revenu pour six années et *six* despouille pour la somme de sept cens livres chacun an, oultre les charges ordinaires qui sont telles que s'ensuit.

Charges ordinaires. — *En argent.* — Aux Celestins de Vichy chacune année la somme de. . . . . xxx L.

Au capitaine et chastellain . . . . xbiij L.

Au concierge des prisons. . . . . iij L.

En froment. — Aux chappelains de la communauté de Vichy . . . .

En huile et cire. — A l'eglise Sainct Jehan de Vendat, huille. . . . . . iiijˣˣ **L.**

Cire. . . . . ij **L.**

Escussons. . . . . ij **L.**

BOIS ET FORESTZ HORS LES DEUX RIVIERES. — CHAPITRE LIX

En ladicte chastellenie de Vichy en ce qui est hors les deux rivières ou fleuves de Loyre et Alier soubz la charge du sieur *de Cordebœuf*, sont les bois qui s'ensuivent apartenantz a Monseigneur le Duc.

Le bois Délict, auquel Monseigneur le Duc ne prend que le quart et le sieur d'Haulte-feville les trois autres quartz.

Les taillis et les forestz dont mondict Seigneur le Duc ne prend qu'un tiers.

Estangs. — N'en y a aucuns en ladicte chastellenie apartenans a mondict Seigneur le Duc.

Bois et Forestz entre les deux rivières. — En ladicte chastellenie, entre les deux rivières, soubz la charge du sieur de Sommery, y a une forestz située en la parroisse de Sainct Nicolas des Biez appellée la forest de Sappins en la garde de laquelle y a un sergent aux gaiges de dix livres chacun an, laquelle forest depuis quelque temps en ça a esté usurpée par les officiers du Roy en forest qui l'ont anexée en leur jurisdiction et se voirra par les anciens registres des eaues et foretz de Bourbonnois que les predecesseurs maistres desdites eaues et foretz ont faict visittes et ventes en icelle, et quant a present ledict sieur de Sommery n'a justice en ladicte chastellenie de Vichy que sur les Rivières (1).

DE LA VILLE BAILLAGE ET PREVOSTÉ DE CUSSET (2). — CHAPITRE LX.

A ville de Cusset posée en bas païs d'Auvergne enclavée dans le Bourbonnois estant l'une des treize bonnes villes dudict païs d'Auvergne representant le tiers et commun estat d'icelluy est située et assise entre montaignes reservé d'un cousté par lequel les rivieres de Jollan et Chisson prennent leurs cours dans le fleuve d'Alier en un lieu appelé le Bec de Chisson distant d'un quart de lieue de Cusset.

La forme de ladicte ville est quarrée ayant quatre bonnes portes nommée Doyat, La Mere, La Barge et Sainct Anthoine, entre lesquelles y a quatre grosses et fortes

---

1) Les publications concernant Vichy sont assez nombreuses ; mais nous devons surtout citer: *Vichy historique*, in-12, publié en 186., par M. Louis Nadeau, et *Vichy sous Napoléon III*, très-bel in-folio orné de planches, imprimé en 1863, à Paris, chez J. Best. Ce dernier volume renferme une série de magnifiques lithographies dessinées par Hubert Clerget.

(2) *Cusset*, chef-lieu de canton (Allier). Dès l'an 1100, son territoire faisait partie de l'apanage des ducs de Bourbon.

tours rondes bien percées et flancquées. Ascavoir la tour prisonnière, la tour Sainct Jehan, la tour du Basteau, et la tour Nostre Dame, appellée la grosse tour laquelle a de diamettre a la sommité trente toises et d'epaisseur de muraille a fleur de terre vingt pieds de Roy est ladicte tour des plus belles et mieux basties que se peult veoir, car audedans y a logis fort et bien ordonné pour loger un Roy ou un Prince oultre plusieurs belles et industrieuses casemattes et canonnières ; mais le logis n'est achevé et est demouré imparfaict. La ville est partout enceinte de grosses et puissantes murailles sur le devant de douze piedz de Roy d'espoisseur, et par le derrière tout à lentour sont garnies de canonnieres et casemattes soubz terraines par lesquelles on va près de l'eaue ; et est flancquée ladicte ville de toutes partz, tant par le moien des portaux que des tours qui sont distantes l'une de l'autre par esgalle portion et les fossez qui sont profondz et larges sont a font de cuve et tous plains d'eaue.

Dans ladicte ville passe partie de la rivière de Chisson par le moien de deux canaulx mis a travers des fossés sur pillotis de bois, l'un a l'endroict de la tourt Sainct Jehan et l'autre a la tour du Basteau, et par le moien d'icelle eau moullent en ladicte ville huict roues a moulins à bled ; la boucherie au millieu de laquelle passe la moictié de ladicte rivière se nectoie comme aussy partie des cloacques et autres immundicités. Chison, fleuve.

Les fortifficatiens de ladicte ville laquelle est bien accommodée d'eaue tant de puis que de fontaines ne se peuvent si bien descrire qu'il n'y soit requis, encores quelque chose pour le contentement de ceulx qui les ont veues, qui y ont prins garde et gecter l'œil dessus icelles, estans si bien composées et tant supperbes qu'il fault dire que necessairement il soit imfere que non sans grande cause lesdictes fortifficatiens ont esté faictes en ladicte ville.

La cause fut la guerre du bien publiq s'estans eslevés et bandés les ducs de Bourgoigne, de Berry, contes de Thoulouse et de Provence, les ducs de Bourbonnois et d'Auvergne contre le Roy Loys unziesme lequel trouva par son conseil estre le plus expedient pour se donner garde de telles eslevations de faire fortiffier entre lesdicts duchés villes fortes estantz nevément de la couronne de France comme estoit et est la ville de Cusset, en laquelle ledict seigneur Roy voulut et ordonna tant pour l'antiquité de la ville que parcequelle est lymitrophe des païs de Bourgoigne d'Auvergne et Bourbonnois qu'elle seroit fortifiée pour luy servir de resistance contre lesdicts duc de Bourgoigne et autres qui se voudroient contre luy eslever et aussy pour y tenir ses officiers en asseurance pour avoir l'œil que rien ne se feist contre luy ne au prejudice de sa couronne et pour acheminer ceste deliberation et volonté y aida grandement Doyat lequel estoit voluntiers veu du Roy comme son fidelle serviteur et en cest endroict ledict Doyat n'oblia rien de ce qu'il debvoit à sa patrie, estant natif audict Cusset, par l'invention et conduicte duquel furent lesdictes fortifficatiens faictes au despens du païs d'Auvergne et Bourbonnois. Cusset fortifiée par le Roy Loys XIe et pour quelles raisons.

Doyat conducteur desdictes fortifficatiens.

Il vient à notter que par plusieurs declarations des Rois et arrestz donnés en leurs conseilz privés, la ville de Cusset a esté declairée du domaine ancien de la couronne La ville de Cusset est de l'ancien domaine de la couronne de France et inalienable.

de France et incommutablement inalienable d'icelle, et suivant ce ne se trouvera par quelque appanaige qui ait esté faict en la maison de France que la ville de Cusset y ait esté comprinse.

DE L'ABBAIE ET AUTRES EGLISES DE CUSSET. — CHAPITRE LXI.

En la ville de Cusset y a trois esglises nommées Sainct Saturnyn qui est la parroisse; la deuxiesme l'abbaie des religieuses de l'ordre de Sainct Benoist, nommée Sainct Sauveur (1) ; la troisiesme l'esglise collegialle de Nostre Dame. Toutes les trois eglises l'une auprès de l'autre en mesme circuit comprins les cimetières.

L'eglise de l'abbaie qui est fort ancienne fut construicte comme l'on tient pour certain du temps de l'empereur Charlemaigne. Toutesfois pour l'injure du temps ne s'en trouve rien par escript de sa fondation.

L'abbaie de Nostre Dame
de Cusset
de fondation royalle.

L'eglise Notre Dame est aussy fort ancienne et pour sa grandeur bien composée, et enrichie d'un beau grand portail a deux bourdons, a l'imitation du portal de l'eglise de Nostre Dame de Parie.

Collations deppendant
de ladicte abbaye.

L'abbesse de ladicte abbaye s'appelle dame *Gilberte de Montbas* laquelle est accompaignée de trente six religieuses toutes de maisons nobles et de tout temps n'y en a este receu en ladicte abbaye d'autres. A l'abbesse, à cause de son abbaie apartient la collation de dix huict chanoynes et prebandes et la dignité de chantre de l'eglise Notre Dame et en oultre a sa presentation des cures de Sainct Yorre, Abret, La Chappelle, La Prugne, et Perigny : la cure de Sainct Saturnyn est anexée à la table dudict chappitre du consentent de ladicte abbesse, laquelle y prend chacun an pour droict de patronnaige cent solz tournois, et moiennant ce lesdicts chanoines se disent curés de ladicte eglise et en jouissent. Confère aussy ladicte abbesse cinq chappelles près Cusset et en la parroisse, nommées : la Magdallaine, Despet, Aubespierre, Chassignolles, Nostre Dame des Prez et Sainct Ladre, du revenu chacun de cent solz.

Au faulxbourg de Cusset du cousté Sainct Anthoine y a une commanderie de l'ordre Sainct Augustin, nommée la commanderie Sainct Anthoine dependant et estant de la collation du commandeur de Frugières, près Brioude en Auvergne, tous les susdictz benefices estans dans le diocèse et eveché de Clermont.

A la collation de ladicte dame abbesse sont trois prieurés de femmes, l'un nommé Sainct Yorre, l'autre Chassignolles et Abret, et y avoit d'ancienneté un autre prieuré appelé la Prugne, mais a present est anexé à la table de l'abbaye.

Le revenu de ladicte abbaie conciste audict prieuré de la Prugne, La Chappelle, Entregnes, Espinesse et Cusset, et peult valloir de revenu tous les ans, toutes charges paiées compris la moictié des emoluments de la justice ordinaire et prevosté dudict Cusset de mil a douze cens livres.

----

(1) L'abbaye de Cusset fut fondée en 882 pour des filles nobles.

Oultre la moictié de ladicte justice ordinaire exercée par le prevost de Cusset prouveu par le Roy, ladicte dame a encores son juge qu'on appelle Juge du fond et terrage de ladicte abbaye procureur et greffier pour l'expedition des causes de ses debvoirs et domaines.

Or combien qu'il n'apparoisse rien par tiltres de la fondation de ladicte abbaye si est ce qu'il se veoid par lectres du Roy Philippes Auguste, confirmation des privileges d'icelle la fondation estre Royalle comme il est afferme par les mesmes lectres et se treuvent autres lectres des autres Roys portans semblable asseurance, mesmes des Roys Sainct Loys, Phelippes de Vallois, Jehan second du nom, Charles septiesme et Lois unziesme.

SIEGES ROYAUX DE LADICTE VILLE ET PREVOSTÉ DE CUSSET. — CHAPITRE LXII.

En la ville de Cusset y a bailliage et siege royal ressortissant immediatement en la souveraine Court de parlement à Paris erigé par mesme moien et en mesme temps que le balliage de Sainct Pierre le Moustier fut erigé ayant esté observé de tous temps que quiconques est bailly dudict Sainct Pierre le Moustier a este bailly dudict Cusset depuis l'edict des presidiaux; en cas dudict edict les appellations d'icelluy balliage es sieges ont ressortiz par appel audict Sainct Pierre le Moustier et les causes hors ledict edict en la court de Parlement a Paris.

La cause de l'erection desdictz bailliages de Cusset et Sainct Pierre le Moustier fut a raison des exemptes fondations royalles des abbaies et prieurés et des cas Royaux, les causes desquelles abbaies et prieurés et cas royaux des duchés et pais d'Auvergne et de Bourbonnois traictoient et terminoient pardevant le baillif dudict Cusset et de Sainct Pierre le Moustier, Xancoings et au bourg Sainct Estienne de Nevers, membre desdicts baillages lorsque les duchés d'Auvergne et Bourbonnois estoient hors la couronne de France, mais depuis l'union desdicts duchés faicte à la couronne, les seneschaulx de Bourbonnois et d'Auvergne auparavant de *ducaulx* et faict pour raison de ladicte union royaux ont congneu en leurs distroictz et province desdictes matières auparavant réservées audict Bailly de Cusset et de Sainct Pierre le Moustier.

Audict lieu de Cusset y a pareillement un lieutenant general et particullier audict bailliage, l'advocat et le procureur du Roy tant audict balliage que jurisdiction ordinaire et prevosté.

Le lieutenant general maistre *Jehan Corver*, le lieutenant particulier maistre *Gilbert de la Font* décédé, lesdits lieutenans sans gaiges.

L'advocat du Roy audict siege maistre *Michel Constantin* lequel a de gaiges : xxv L.

Le procureur du Roy maistre *Jehan Allemand* sans gaiges.

Le garde des sceaulx audict balliage maistre *Anthoine de la Chaise* sans gaiges ne emolument dudict scel lequel s'assence tous les ans au profflict du Roy.

La garde de la prevosté et juge ordinaire maistre *Claude Favre* sans gaiges ayant seullement le revenu de son scel.

L'enquesteur esdictz balliage et prevosté maistre *Pierre Chaslier*.

Le greffier dudict bailliage, en tiltre d'office, maistre *Pierre Ogier*.

Le greffe de la prevosté s'assence au proffict du Roy et de l'abbesse par moictié comme se font tous les exploitz de justice.

L'estendue de la prévosté est la ville de Cusset, La Chappelle, La Prugne, aucuns feuz es parroisses de Sainct Yorre, Abret, Vernet, Creuziet le Viel, Creuziet le Neuf, Vid, Molles, Bost, Espinasse, Puisbozat et Puis de Mesples, ledict prévost est tenu aller sieger et rendre droict sur le lieu esdictz subjectz.

En ladicte prévosté n'y a que les chasteaux de Chassaing, Genat, Champaignat et Espinasse ; le seigneur duquel Espinasse, à la moictié de la justice de son dict chasteau et dudict Espinasse et à un juge qui siege avec le prévost de Cusset, ayant le premier lieu et donnant les appoinctementz seul ledict prévost.

Toute ladicte prévosté et sièges susdictz ressortissent par appel par devant le bailly dudict lieu comme aussy font les appellations du juge de l'abbesse ; le semblable de la justice de Langlat apartenant au sieur des Granges, la justice des franchises de Montpencier apartenant a monseigneur le duc de Montpencier.

Foires et Marchez. — Audit Cusset y a chacun an le nombre de dix foyres et marché tous les mercredy et samedy de la sepmaine ou affluent plusieurs personnes pour la commerce qui est fort bon, y venant des montaignes grand nombre de bestail seigle et avoyne et y prennent vin qui se cuillent autour de Cusset en grande quantité et de fort bons qui ne ceddent en bonté à vins de la province ; et du cousté de Vichy y affluent grande quantité de froment et menuz bledz desquelz *sayent* ceulx des montaignes pour leur nourriture en temps de stérilité et charté de bledz et par ce moien vendent ou eschangent entre eux bestail contre bled ou huille.

Ladicte ville est fort accommodée de boys taut revenant que d'haulte fustaie et de bonnes parrières où se trouvent pierres de toutes sortes pour bastir et pour faire meules de moulins et contient ladicte ville environ. . . . . . . , . iiij^c feuz.

DE LA VILLE CHASTEAU ET CHASTELLENNIE DE GANNAT (1). — CHAPITRE LXIII.

ANNAT est une ville de forme a peu près quarrée, du païs et duché de Bourbonnois et l'une des dix sept chastellenies située en lieu plain et marescageux entourée de murailles et fossez plains d'eaue, et y a un ruisseau appellé Andelot qui prend son origine de l'estang de Gyat passe à la chappelle Dandelot et a Sainct Priet, et de là entre deux montaignes

---

(1) *Gannat*, chef-lieu d'arrondissement (Allier), en latin *Gannatum* ou *Gannapum*, remonte aux premiers temps du christianisme. Cette ville reçut une charte d'affranchissement en 1236. M. Peigue, avocat, a publié, dans les *Tablettes historiques de l'Auvergne*, une notice historique sur Gannat pleine de recherches et d'intérêt.

vient à la plaine de Gannat ou après avoir faict mouldre plusieurs moulins a bled, une partie entre dans la ville et l'autre partie a l'environ qui remplist les fossez tant de la ville que du chasteau qui est hors la ville du cousté de L'Anglas, lequel est beau et fort, de forme quarrée a quatre grosses tours rondes bien percées et crenellées ayant faulces brayes et grandz fossés plains d'eau. La ville et franchise de Gannat conciste en deux parroisses, l'une Saincte Croix qui est dans la ville cure et communaulté ; et l'autre Saincte Estienne qui est hors la ville au pied de la montaigne qui est prieuré et cure, et dans la ville une chappelle appellée Nostre Dame de l'Aumosne, au faux-bourg de la ville auquel est l'église et cure de Sainct Estienne y a un ancien couvent de l'ordre Sainct Augustin fondé par les seigneurs de Bourbon, et près d'icelluy une chappelle de Saincte Proculle ; et en la parroisse dudict Sainct Estienne sont les stations faictes à l'imitation de celles de Rome, la dernière de laquelle est sur la sommité d'une haulte montaigne appellée Le Puys Sainct Estienne et icelle descouvre la ville et les faulxbourg.

Il y a un aultre faulxbourg appellé Sainct James ou y a une eglise et prieuré en tiltre de Sainct Jacques, et a cousté dudict faulxbourg en la plaine y a plusieurs belles fontaines qui arrousent les prez fossoyes, plantés de sauldes, et près dudict faulbourg devers l'Orient un chasteau tenu en fief dudict Gannat appellé Fontpault, de la parroisse de Saincte Croix.

Un aultre ancien chasteau sur le hurt d'une haulte montaigne appellée Chiroux ; et de mesme cousté est le chastel de la Faulconnière decoré d'un boys et d'un estang estant de la parroisse de Sainct Estienne.

Du cousté d'Orient de ladicte ville y a la belle plaine, terres fortes à froment prez et grandz paccaiges, et sur la montaigne entre l'occidant et le septentrion sont les grandz vignobles de longue estendue qui produisent abondance de bons vins, et deli-cieux, de manière que ladicte chastellenie, laquelle du midy confine l'Auvergne et duché de Montpencier est abondante en bledz, vins, chairs, huilles, beurres, fruictz et saffrans pour la commodité des habitans.

Foires et Marchez. — En la ville de Gannat y a quatre foires chacun an ascavoir est : La première le jour saincte Croix de may. La deuxiesme le jour de saincte Croix de septembre. La troisième le jour de saint Patrocle en novembre. Et la quatriesme le jour sainct Thomas en décembre. Et marché tous les samedys et antiennement le mercredy. Et esdictes foires et marchés se faict merveilleuse distribution et commerce de bestail et de bledz, de froment et soigle, et pour cest effect au milieu et plus hault de ladicte ville y a des belles halles couvertes, fort longues et larges.

Officiers de la justice et autres. — Pour le faict de la justice de la chastellenie, sont en ladicte ville les officiers qui s'ensuivent :

Gilbert des Granges, escuier, sieur des Granges, capitaine de robbe courte aux gaiges de douze livres dix solz par ce. . . . . xij L. x S.

Et de la ville. . . . . x L.

Nicolas Coëffier, chastellain aux gaiges de. . . . . xxx L.

Annet Hannequin, lieutenant-general, sans gaiges.

Gilbert de la Croix, lieutenant particullier, sans gaiges.

Pierre de la Font, procureur, sans gaiges.

Jehan Terris, greffier pour . . . . viij^x L.

Gilbert de Boussat, recepveur du domaine, pour lequel encores qu'il n'exerce l'estat a de gaiges chacun an . . . . xxx L.

En ladicte ville y a huict notaires royaux,

Et trois sergens de reste de huict.

Les assises se tiennent tous les jeudis pour les plaidz ordinaires et les samedis causes audiences pour les causes nouvelles.

Il y a aussy chambre a sel deppendant du grenier de Montluçon.

Anthoine Verne, commis du grenetier.

Anthoine Coiffier, commis du conterrolleur.

Jehan Rollet, commis du greffier.

PARROISSES ET COLLECTES DE LADICTE CHASTELLENNIE. — CHAPITRE LXIV.

Gannat. — La chastellenie de Gannat conciste en dix neuf parroisses et colectes, scavoir :

La ville et parroisse de Gannat laquelle conciste en . . . . . . bj^clxx feuz.

Mazeriet. — Mazeriet, parroisse partie de la justice de Gannat et partie de celle de Langlas qui est chastellenie concistant en un beau chasteau près du vignoble, accommodé du beau parc, enceint de murailles et contient ladicte parroisse. . . l feuz.

En ladicte parroisse y a une autre maison noble appellée *La Mothe*, entourée de fosses et decoré d'un petit bois.

Saulzet. — Sauzet parroisse, prieuré ruiné, justice et chastellenie, deux chasteaux. l'un appellé Beauvergier, bien fossoie et decoré d'un bois et l'autre Sauzet et contient ladicte parroisse . . . . cij feuz.

Montignet. — Montignet d'ou deppend *Seme* autre villaige jougnant les fleuves de la Tolleine et Dandelot estant ladicte parroisse de la justice de Gannat et conciste en. . . . . lxj feuz.

Pont Ratier. — Pontratier est villaige de la parroisse de Charmes en Auvergne et a un prieuré de nonnains deppendant de Fontevrault, joinct à la Tolleine et contient . . . . xiij feuz.

Chazelles. — Chazelles villaige et collecte estant de la parroisse de Charmes et doyenné d'Escurolles. . . . . lx feuz.

Max de Lyonne. — Le Max de Lyonne petit villaige et colecte de la parroisse de Coignac et justice de Gannat conciste en . . . . biij feuz.

Bassignat. — Bassignat petit villaige de la parroisse de Charmes auquel y a chastel fossoié et justice possedé par damoiselle *Gabrielle de Cordebœuf* et contient ledict villaige . . . . biij feuz.

Poysat. — Poisat parroisse et justice moictié de Gannat moictié apartenant à *Gilbert de Marillac*, sieur dudict Poisat, qui est baronnie et sont les justices separées ; contient ladicte parroisse . . . . xxij feuz.

Sainct Priest. — Sainct Priest parroisse sur Andelot de la justice de Gannat et y a chastel fort tenu en fief du Roy a cause de Gannat ; dans ladicte parroisse est le prieuré de Bezillat et contient icelle . . . . liiij feuz.

Jayet. — Jayet villaige de la parroisse Sainct Genestz du Retz en Auvergne, justice et baronnie comme Poissat, apartenant au sieur *Darbouze* et contient. xxxiij feuz.

La Chappelle d'Andelot. — La Chappelle d'Andelot parroisse, antienne eglise, prieuré et cure de la justice de Gannat. . . . . xxiiij feuz.

Sainct Agolin. — Sainct Agolin parroisse et vieilles mazures de Chastel tenue par *Christoffle de Blot* escuier sieur de Sainct Agolin et contient . . . . . xl feuz.

Joseran. — Joseran parroisse et justice et belle maison seigneurialle apartenant a messire *Pierre de Rocheffort* chevallier sieur Dally et contient. . . . . xlvj feuz.

Champs et Vaulx. — Champs et Vaulx parroisse de la justice de Gannat en partie et partie au sieur *de Matha*, partie au sieur de Sainct Agolin, et partie au sieur de Jozeran, et sont toutesfois divisées et separées et contient . . . . . lj feuz.

La Vilatte. — La Villatte villaige de la parroisse de La Ron en Auvergne concistant en. . . . . j feuz.

Le Monssel — Le Mousset parroisse et justice apartenant à la Royne descendue d'Artonne concistant en. . . . . lxij feuz.

Sainct Hillaire. — Sainct Hillaire parroisse justice de Gannat, partie de la parroisse, et deppend de la Roy, contient. . . . . xxxbij feuz.

Saint Pardoux. — Sainct Pardoux parroisse et justice, partie apartenant au sieur de Mazerières qui est sieur de Blot ; l'eglise et l'autre partie à *Claude de Sainct Quintin*, escuier sieur de Beaufort et contient. . . . . xxxiiij feuz.

Perolles. — Peirolles villaige de la parroisse de Sainct Estienne de Gannat auquel y a une chappelle deppendant de Pont Rattier et contient. . . . . xxxiiij feuz.

Les six dernières collectes et parroisses sont situées et assises en pais de montaignes abondant en soille et bestail ; le reste de ladicte chastellenie est en pais de Limaigne abondant en bledz froment vins pres et pascaiges. Toutes les susdictes parroisses et colectes contiennent en somme . . . . xiiij°x feuz.

VASSAUX DE LADICTE CHASTELLENNIE. — CHAPITRE LXV.

La terre seigneurie et justice de *Monssel* apartenant à la Royne a cause d'Artonne. La terre et justice de *Sainct Agolin* apartenant à Christoffle de Blot escuier. La terre maison seigneurialle et justice de *Langlas* apartenant partie à messieurs de Voix et Le Scaduc conseiller du Roy au parlement à Paris : les autres parties a Madame Presle de Tours et a autres seigneurs. La terre et justice de *Champs* et *Vaulx* en partie apartenant au sieur de Matha, partie au sieur de Sainct Agolin et autres partie au sieur de Joseran ; mais la première partie apartient a monseigneur le Duc a cause de Gannat. La terre seigneurie justice et chatellenie de *Saulzet* apartenant à Jacques de Cellerin, escuier sieur dudict Saulzet en partie. La terre baronnie et justice de *Poisat* par moictié partant ladicte justice avec Monseigneur le Duc et l'autre apartenant ensemble la baronnie à Gilbert de Marillac sieur dudict Poysat. La terre chasteau fort et justice de *Jozeran* apartenant a messire Pierre de Rocheffort, chevallier, sieur Dally. La terre et justice de *Sainct Pardoux* apartenant partie au sieur de Mazerières et partie a Claude de Sainct Quintin, escuier, sieur de Beaufort. La terre chasteau fort et justice de *Bassignat* apartenant a damoizelle Gabrielle de Cordebœuf. La terre justice et baronnie de *Jayet* apartenant au sieur d'Arbouze. La terre et seigneurie de *Rovenet*. La maison seigneurialle de *Montepedon* ayant justice. La terre et chasteau fort de *Beauvergier*. La terre et chasteau fort de la *Faulconnière*, à la part de Listenois. La terre et justice commune de *Chazelles*. Les *religieux de Cluny* à cause d'Escurolles. La terre et chasteau de *Chiroux*. La terre et seigneurie de *Lyonne*. La maison et seigneurie de *Foranges*. La terre et chasteau fort de *Sainct Priest*. La maison seigneurialle de *la Haye*. La maison et seigneurie de *Marsat*. La terre et seigneurie de *Biouzat*. La terre et seigneurie de *Bigue*. Le chasteau et seigneurie de *la Mothe Mazeriet*. La *communaulté des prebtres de Saincte Croix* de Gannat. Le chasteau et seigneurie de *Fontpaud*. La terre et seigneurie de *Sainct Saturnes* ès montaignes.

DOMAINE DE LADICTE CHASTELLENNIE. — CHAPITRE LXVI.

Le domaine de la chastellenie fut asscencé en l'an mil v^e soixante six par maistre *Jehan Foullé* conseiller du Roy et de la Royne commissaire en ceste partie, a *Gilbert Jombardier* fermier pour six années et six despouilles avec les choses alienées a rachapt, sauf et reserve la halle, pour la somme de. . . . . . . m.iiij^{xx}v L.

Charges ordinaires sur ledict domaine. — *En argent*. — Au capitaine de Gannat pour ses gaiges . . . . xij L. x S.

Au chastellain . . . . xxx L.

Au recepveur du domaine . . . . xxx L.

Au vicaire du chasteau . . . . iiij L. x S.

Au couvent des dames de Pontrattier. . . . . xx L.

Pour l'entretennement de la lampe estant au chasteau . . . . . . xxiiij S.

En froment. — Aux Célestins de Vichy pour fiefz et aulmosnes. . . lx septiers.

Aux prebtres de la communauté de Saincte Croix de Gannat . . . vj septiers.

Soigle. — Au concierge des prisons, soigle . . . . vj septiers.

Cire. — Au curé de Bigues, cire . . . . ij

Au vicaire du chasteau, cire. . . . . vj Livres.

Des eaux et forestz. — Quant aux eaues et forestz n'en y a nulz en ladicte chastellenie apartenant a monseigneur le Duc.

DU CHASTEL ET CHASTELLENNIE D'USSEL (1). — CHAPITRE LXVII.

SSEL l'une des dix sept chastellenies ducales fut de la terre du conte Daulphin située en bon pais gras et fertille en bledz, vins, foings, huilles et autres fruictz. Le chastel est d'asses grand circuit enclos de murailles et grandz fossez sans eaue, édifié sur une mothe en bel aspect et conciste en une haulte tour quarrée servant de donjon accompagnée de plusieurs chambres, salles, cuisines, caves, greniers et autres offices, et dans icelluy se tient le siège de ladicte chastellenie de quinze en quinze jours pour l'exercice duquel y a un capitaine, bailly, chastellain, procureur et concierge. Dans ledict chastel est situé l'eglise parrochialle qui est prieuré et cure deppendant du prieuré de Chantelles.

PARROISSES DE LADICTE CHASTELLENNIE. — CHAPITRE LXVIII.

De ladicte terre et chastellenie deppendent les six parroisses qui s'ensuivent c'est a scavoir.

La parroisse et chastel d'*Ussel* siege capital de ladicte chastellenie laquelle conciste en. . . . . ciiij feuz.

La parroisse d'*Estroussat* dans laquelle sont les maisons seigneurialles de Charbonnies et du Rezay apartenant a messire Jehan de Marconnay, chevallier de l'ordre du Roy capitaine de cinquante hommes d'armes gouverneur de Bourbonnois et cappitaine de ladicte chastellenie, et contient ladicte parroisse le nombre de. vjˣˣxj feuz.

En ladicte parroisse est encores la maison seigneurialle de *La Mothe* apartenant a Gilbert Mareschal, escuier, seigneur des Noix et la maison noble de Jehan Desmeris, escuier . . . .

Salles, parroisse et chasteau concistant en une tour sur Siole apartenant a Jacques et François du Peschin, frères, seigneur de Barbates, contenant . . . xliij feuz.

Sainct Germain des Salles, chasteau et prieuré dans ledict chasteau sur Siole et a le prieur justice par moictié avec monseigneur le Duc et contient ladicte terre le nombre de. . . . . xlv feuz.

Sainct Ciprian ou Sainct Cibran parroisse sur Siole en laquelle est la maison noble de Seron alias de Vanne, contient . . . . xlix feuz.

Fourilles, parroisse et prieuré qui a justice par moictié avec monseigneur le Duc à cause de Chantelles et contient . . . . xlvij feuz.

Les appellations de laquelle chastellenie comme aussy des autres sus nommées soulloient venir par devant le Bailly dudict Ussel, mais depuis l'edict des revocations

(1) *Ussel*, chef-lieu de commune du canton de Chantelle.

10

des juges d'appel toutes vont directement par devant messieurs du siege presidial a Molins.

Le susnommé Gilbert Mareschal, escuier, sieur des Noix à cause de sa justice des Noix, est vassal de ladicte chastellenie d'Ussel.

Le revenu de ladicte chastellenie assencé comme dessus, par maistre *Jehan Foull*' à *Hugues du Max*, fermier pour six années et six despouilles commancant au jour Sainct Jéhan mil v^e soixante six et finissant a semblable jour à la fin des six années à la somme de neut cens vingt cinq livres, oultre les charges ordinaires, par ce.   ix^exxv L.

Au cappitaine et bailly d'Ussel. . . . .   xx L.
Au chastellain . . . .   x L.
Au lieutenant . . . .   c S.
Au procureur pour toutes choses . . . .   xij L.
Au concierge pour toutes choses . . . .   c S.
A l'hospital de Chantelles, froment . . . .   x septiers.

———••ooᗡﬗᘍooᐧ———

CHATELLENIES DE CHANTELLES & DE VERNEUL

— — — —

DE LA VILLE CHASTEL ET CHASTELLENNIE DE CHANTELLES. —
CHAPITRE LXIX.

A ville et parroisse de Chantelles la Neufve ou Chantelles le Chastel, une des dix-sept chastellenies est située et assise au païs et duché de Bourbonnois en bon et fertille païs abondant en toutes sortes de grains, vins, fruictz, rivières, prairies, bois de haulte fustaye et bois tailliz estant esloigné de Molins par la distance de dix lieues et de Vichy, Alier et Siole entre deux, six lieues : son circuit est a peu près de forme carrée mais plus longue que large et non de trop longtemps a esté environné de murailles et quelques tours rondes, avec troys portes. Ascavoir la porte de Bourg neuf, la porte de la Font neufve, et la porte de Boit, et une petite porte du cousté de la rivière de Bouble qui luy passe au pied appellée la porte de Boullevard, mais à l'entour d'icelle ny a nulz fossez excepté du cousté de la rivière et du cousté du chasteau a de circuit ladicte ville environ mil cinq cens toises.

Dans ladicte ville y a une eglise de Sainct Nicolas qui est vicairie perpetuelle deppendant du prieuré du chasteau et un hospital comme aussy des halles a tenir les marchés et les plaidz de la justice qui est le siege capital de tout la chastellenie et sy a marché tous les jeudis et six foires chacune année, puis hors la ville tendant a Charroux et sur le chemyn tendant a Sainct Pourcain sont deux beaux faulxbourgs accompaignés de beaux jardins et quantité de bon vignoble : la ville et chasteau de Chantelles sont du grenier a scel de Gannat.

Du fort chastel de Chantelles. — Sur le front de la ville vers le septentrion un grand et profond fossé entre deux, sur un hault et long rocher est assix et situé le tant regnommé chastel de Chantelles très fort par la nature et assiette du lieu et par artiffice. Il contient du midy au septentrion en longueur environ cent et vingt et de largeur au plus large endroict de cinquante quatre a cinquante cinq toises et de tout circuit comprenant les tours excepté celle de Nostre Dame environ trois cens quatre vings et quatre toises : a l'entrée du chastel devers le midy est le fort donjon concistant en une haulte tour quarrée qui a sept toises en toute quarreure environnée d'un circuit de murailles haute eslevée a cinq angles ou forme pentagonne ; à chacun des angles une tour ronde bien percée et flancquée pour la deffence de la courtine et des fossés, et commande ledict donjon à la ville, au chasteau et à la campaigne, estant son circuit de cent et dix toises. Il y a puis la court du donjon dans le contenu de laquelle est la porte et entrée soubz une grande voulte, et la tour Sainct Pierre qui est un très grand et fort ediffice car dans icelle estoit l'astellier a fondre et faire l'artillerie, et y a plusieurs casematter et canonnières soubzterraines faictes avec grand artiffice et industrie, et a ladicte tour dix huict toises de diametre, et par le pied cinq toises, un pied d'espoisseur de muraille hors d'œuvre et tout le circuit de la tour du donjon contient environ quarante cinq toises : du cousté d'Orient vous avez une autre grosse tour d'environ dix neuf toises de diametre qui s'estend hors les murs du donjon de quinze à seize toises affin de mieux commander aux courtines, à la campaigne et à la vallée, soubz la longueur de laquelle estendue y a une longue grotte ou voulte a tenir l'eaue bien entaillée dans le rocher pour abrever les chevaulx et pour aultres necessités, de telle largeur et haulteur que deux hommes d'armes pourroient entrer jusques au bout tout a cheval, la lance sur la cuisse. Outre qu'il y a au donjon une très belle et grande cisterne voultée et bien cimentée pour recepvoir les eaues des pluyes et quelques autres secretz soubzterrains par ou l'on pourroit a une necessité d'un siege faire secrettes sorties.

De la Basse-Cour. — Au donjon vous entrez dans la bassecourt qui a cent toises de longueur et dans icelle sont plusieurs petites maisons apartenant tant au capitaine du chasteau qu'a quelques autres particuliers de la ville et d'avantaige, y sont greniers et caves et magazins a tenir les munitions tant d'artillerie, poudre, boulletz, armes, que les bledz, vins, chairs sallées et legumes pour la fourniture de la place.

Prieuré de Chantelles. — Au bout de la basse court au septentrion y a un beau prieuré de l'ordre Sainct Augustin deppendant de la prevosté d'Esve en Combraille lequel est de très ancienne fondation et structure, estant fondé d'un prieur, huict religieux, chappellains deux novices et un prebtre ou clerc laiz, et vault de revenu

Assiette, longueur, largeur et forteresse du fort chastel de Chantelles.

par communes années toutes charges paiées, excepté les dixmes, de dix huict cens a deux mille livres, et tout joignant est le beau et grand logis prieural for magnifique et suffisant pour y loger le Roy ou le Prince. Il y avoit au dessus dudict prieuré un autre beau logis bas, edifié par madame Anne de France duchesse de Bourbonnois bien accommodé de plusieurs belles chambres basses, salles, garderobbes, cabinetz, caves, greniers et autres offices, auquel logis ladicte dame se soulloit tenir comme en lieu de force et d'asseurance la plus grand partie de ses trésors et precieuses bagues, mais par succession du temps a fault d'habitation et entretennement de couverture est tellement ruiné et demoly qu'il est a present inhabitable.

Le chastel de Chantelles
fortiffié
par le duc Pierre
IIe du nom et IVe duc
de Bourbonnois
et
madame Anne de France
sa femme.

Tout le circuit de ceste bassecourt et du donjon regardant le midy l'orient et le septentrion est encloz et environné de grosses et fortes murailles de pierre très dure et de plusieurs belles tours et aussy de portal fort et supperbe a veoir, le tout fortiffié et faict du temps de Pierre deuxiesme du nom, et sixiesme duc de Bourbonnois et de Madame Anne de France sa femme, ainsy qu'il se veoid par leurs chiffres et divises qui sont entaillées au devant du portal et tours et le long des courtines : vray est que de l'occident qui est un proffond et espouvantable precipice de rochers au fond duquel

Bouble,
torrent ravissant.

avec un bruyant cours en forme de serpent s'escolle le fleuve ou plustoust tourrent de Bouble très dangereux quant il se desborde n'est enceint que de ces vieiles et caducques murailles et tout le long d'icelle vallée soubz la forteresse la rivière faict meuldre plusieur moulins tant a bled que a tannerie, et prend sa source ladicte rivière d'une fontaine en la parroisse Sainct Heloy près Montagu lez Combraille descend a Durmignac parroisse, a Louroux de Bouble, a Cyrac, L'eglise, a Bannassat, a Chantelles la vielle, et soubz la ville et chastel de Chantelle la neufve, et entre Charay et Sainct Pourcain elle se jecte dans la Siole.

PARROISSES ET COLLECTES DE LADICTE CHASTELLENNIE. — CHAPITRE LXX.

La chastellenie de *Chantelles* en laquelle y a capitaine, bailly, chastellain, lieutenant general, procureur, recepveur et geollier s'estend sur les collectes et parroisses qui s'ensuivent ascavoir.

En la ville, chastel, faulxbourgs et parroisse de *Chantelles* siege capital de la chastellenie laquelle contient le nombre de. . . . . bij^{xx}vj feuz.

La ville, bourg et parroisse de *Charroux* située au midy sur une haulte montaigne a une lieue de Chantelles, estant cloze de murailles et fosses : en icelle y a une commanderie de Sainct Anthoine appellée l'hospital deppendant de l'abbaie Sainct Anthoine de Viannois, partie de laquelle fut bruslée au commancement de l'an mil v^e soixante huict par les troupes de Bournicquet et Mouvans, contient ladicte ville faulxbourgs et parroisses . . . . iij^c feuz.

Taxat soubz Charroux parroisse en la vallée contenant. . . . . . . lbiij feuz.

Vernet parroisse oultre Siole contenant . . . . xxxij feuz.

Persenat ou *Barberiet* parroisse près Siole en laquelle est le chasteau fort de Persenat. . . . . lxv feuz.

Merignet villaige et colecte entre Persenat et Sainct Pourcain contient.   xv feuz.

Charay le Coutieux, parroisse et chasteau hors le villaige de Blouzat conciste en . . . . cviij feuz.

Blouzat villaige et colecte. . . . . xv feuz.

Cintrat parroisse près Bouble . . . . xxxij feuz.

Sesset parroisse . . . . xxiij feuz.

Fleuriet prieuré cure sur hault coutaud . . . . biij▪▫ix feuz.

Target parroisse sur la montaigne. . . . . bj▫▫ feuz.

Voussat prieuré cure avec les hommes du conte Daulphin en laquelle est le chasteau de Chirac apartenant au sieur de Belle Naves contient. . . . . cxv feuz.

Louroux de Bouble parroisse sur Bouble . . . .

Vernusses prieuré cure sur coutaud en laquelle est le fort chasteau de Piguillon et le chasteau de Bœuf, contient. . . . . lxxv feuz.

Louroux de Beaulne parroisse en laquelle est le chasteau fort et justice de Talajat . . . . xxbiij feuz.

Constansouze villaige et colecte. . . . . xxiij feuz.

Chirat l'eglise parroisse et prieuré sur la montaigne et conciste en. lxviij feuz.

Eschassieres parroisse concistant en . . . . iiij▫▫v feuz.

Naddes parroisse, chastel et justice. . . . . xlvij feuz.

Chomignet parroisse et maison seigneurialle. . . . . lxxvj feuz.

La Lizolle parroisse. . . . . liiij feuz.

Sassat parroisse contenant . . . . lxix feuz.

Vid parroisse et le chasteau d'Arson concistant en . . . . . . lxiij feuz.

Veaulce parroisse et prieuré. . . . . xxij feuz.

Vallignat parroisse contient. . . . . xbiij feuz.

Tizon parroisse contenant . . . . xxij feuz.

Sainct Bounet de *Bellenave* parroisse . . . . xxix feuz.

Bellenave grand bourg, parroisse, prieure, chasteau fort et justice a une lieue de Chantelles vers la montaigne . . . . ij▫xlviij feuz.

Chazelles prieuré et cure . . . . lix feuz.

Senat prieuré et parroisse entre Chantelles et Charroux contenant . . lviij feuz.

Deneulle prieuré, cure contre Chantelles Bouble entre deux contient. xxxiiij feuz.

Monestier prieuré cure contient. . . . . iiij▫▫ix feuz.

Bannassat vicairie et villaige sur Bouble. . . . . xb feuz.

La Font Saint Mageran dicte *d'Aphon* parroisse beau chasteau fort et justice contenant. . . . . lxbiij feuz.

Escolle et *Viel Chasteau sur Siole* apartenant a monseigneur le Duc de Montpencier contenant . . . . liiij feuz.

Chantelles la Vielle, bour et parroisse sur Bouble qui luy passe à travers.   xxix feuz.

Sainct Bounet de Rocheffort, parroisse justice et seigneurie apartenant au sire de la Vaulxguyon *ix* et combien que ladicte terre et justice soit mise à l'impost en la taille de Chantelles duquelle elle n'est esloignée que deux lieues si est elle vassalle de ladicte chastellenie et chastel de Bourbon ; et y a un viel chasteau ruiné sur Siole situé en bon pais de froment et petit vins, et à ladicte parroisse de Sainct Bounet autresfois esté une ville appellée Challignat qui estoit en justice entre le sieur de la Vaulxguyon et l'abbé d'Esbreulle. L'abbaye ou prieuré duquel vault du moings huict cens livres toutes charges frictes par an et contient ladicte parroisse.   ijᶜlxxiiij feuz.

La ville et parroisse d'*Esbreulle* Luzet et Chastelluz la ville estant en Auvergne et la parroisse en Bourbonnois contenant. . . . .   iiijˣˣ feuz.

Sallepalerne villaige et colecte . . . .   iiij feuz.

Genzat, bourg parroisse et prieuré sur Siole en laquelle parroisse est le chastel fort de Genzat vassal du chastel et chastellenic de Bourbon combien qu'il soit de la colecte de Chantelles quant a l'imposition de la taille et conciste en. . . . .   bjˣˣxbj feuz.

Somme pour toute la chastellenie et colectes de Chantelles : iijᵐlxij feuz.

Les habitans desquelles parroisses sont tenuz porter les deniers royaulx de leurs dictes parroisses au contouer de la parroisse dudict Chantelles au commis du tresorier de Bourbonnois.

JUSTICES PARTICULIÈRES DE LADICTE CHASTELLENIE.— CHAPITRE LXXI.

Il y a en ladicte chastellenie les sièges particuliers qui s'ensuivent ausquels vont sieger de quinze en quinze jours les officiers du siège capital de Chantelles ascavoir.

Charroux pour les habitans de la ville et fauxbourg.

La commune justice de *Bellenave*, commune entre monseigneur le Duc de Bourbonnois et ledict Sieur.

Les communes justices de *Bayet*, *Martilly* et *Ambon* communes entre monseigneur le Duc et le prieur de Sainct Pourcain resortissant à Rion a cause d'appel et sont exercée par les officiers du siège capital de Chantelles.

Il y a en oultre deux petis sièges appellés *Buchequartal* et *Lorige* a chacun desquelz y a seullement deux maisons.

VASSAUX DE LADICTE CHASTELLENNIE. — CHAPITRE LXXII.

Escolle est situé en la parroisse d'Escolle apartenant a monseigneur le Duc de Montpensier, et a esté distraict de Chantelles et mise audict Montpensier. Le sieur justicier de *Douzon* en la parroisse de Stroussat. Le sieur de *Bellenave* en ladicte parroisse lequel a justice commune avec monseigneur le Duc. Le sieur de *Veaulce* en la parroisse de Veaulce apartenant au seigneur evesque de Troys, lequel y a justice et chastel. Audict Veaulce y a justice de quatre parroisses ou y a chastel et place forte vassalles de Chantelles. Le sieur de *Luc* situé en la parroisse de Vid ou y a chasteau fort et justice. Le sieur de *Chastellard* en la parroisse d'Esbrculle et y a chasteau fort et justice. Le sieur *Dulce* ayant maison forte et justice. Le sieur de *la Font* Sainct Mageran lequel a justice et beau chasteau fort joignant les bois. Le sieur de *Vacherouze* en la parroisse de Sainct Jau. Le sieur de *Chovignet* en la parroisse dudict Chovignet apartenant au sieur de Veaulce. Le sieur de *Lizolle* en la parroisse de Lizolle. Le sieur de *Juillat* en la parroisse d'Eschassières. Le sieur justicier de *Naddes* qui a chastel fort. Le sieur justicier de *Taillayat* et Louroux de Bouble situé en la mesme justice. Le sieur de *Chirat* en la parroisse de Voussat ou *ja* justice et chasteau fort joignant les bois lequel apartient au sieur de Belle Nave. Le sieur de *Montclerc* en la parroisse d'Esbreulle. Le sieur justicier de *Bloc*. Le sieur de *Beauvoir* ayant chasteau fort et justice sur une haulte montaigne en la parroisse d'Eschassières. Le sieur de *la Bougallerie* en la parroisse de Fleuriet. Le sieur de *Chenillac* ayant chasteau fort dedans les bois en la parroisse de Cesset. Le sieur de *Meschier* en la parroisse de Vernusses. Le sieur de *Bois* en la parroisse de Chirat L'Eglise. Le sieur d'*Ammont* en la parroisse de Montord près Sainct Pourcain duquel elle est dependant. Le sieur d'*Arson* en la parroisse de Vid. Le sieur *Duplex* qui a chasteau fort en la parroisse de Fleuriet. Le sieur de *la Vauvre* qui a maison basse en ladicte parroisse de Fleuriet. Le sieur de *Persenat* en la parroisse de Barberiet et a chasteau fort. Le sieur de *Scel* qui a chasteau fort et justice. Le sieur *des Forges* et de Graveron ladicte seigneurie de Graveron située en la parroisse de Tizon près Bellenave. Le sieur de *Boys* en la parroisse de Fleuriet. Le sieur de *Martilly* en la parroisse de Martilly fort belle et magnificque maison apartenant a Monsieur Morin commissaire ordinaire des guerres. Le sieur de *Cornassat* en la parroisse de Chirat L'Eglise. Le sieur de *Bompré* maison belle en la parroisse d'Estroussat. Le sieur de *la Rivière* en la parroisse de Cintrat. La seigneurie de *Bruel* apartenant au sieur de Vauvre en la parroisse de Fleuriet. Les prebtres de la commune justice de *Belle Nave* en ladicte parroisse. Le sieur justicier de *Marsillac* à cause d'Escolle. Le sieur de *Molles* en la parroisse de Neriguet. Le sieur des *Allotz* en la parroisse de Fleuriet. Le sieur de *Chenieres* en la parroisse de Taxat. Le sieur de *Batisse* en la parroisse de..... Le sieur de *Piguillon* qui a beau chasteau et fort en la parroisse de Vernusses. Le sieur de *Bœuf* qui a chasteau fort en ladicte parroisse de Vernusses. Le sieur de *Bannassat* en la parroisse de Monestier et de Chantelles la Vielle. Le sieur de *Boutevyn* en la parroisse de Louroux. Le sieur de *Constansouze* en la parroisse de Louroux. Le sieur de *Larzat* en la parroisse de Chirat L'Eglise. Le sieur de *la Presle* en la parroisse de Belle nave. Le sieur de *la Coux* en la parroisse de Target maison forte. Le sieur de *Monteclat* en la parroisse de Monestier. Le sieur de *Mougon* en la parroisse de Belle nave. Le sieur des *Magnotz* en la parroisse de Voussat. Le sieur de *la Coudre* en la parroisse de..... Le sieur de *Sallepalerne* en la parroisse de Sainct Jau. Le sieur *Uberat* en la parroisse de Belle nave. Le sieur de *Vodo* en la parroisse de Vid. Le sieur des *Eschalloux* autrement Listel en la parroisse de Baiet. Le sieur de *Croux* en la parroisse de Chirat L'Eglise. Le sieur de *Marcy* en la parroisse de Fleuriet. Le sieur de *Voignat* en la parroisse de..... Le sieur de *L'Espinasse*. Le sieur de *Cheviellat*. Le sieur justicier commandeur de *la Marche* en Charroux. Le sieur de *Challemand*. Le sieur de *Veillat*. Le sieur de *Sauzet*. Le sieur de *Lezurdon*. Le sieur de *Sainct Pol*. Le sieur de *Target*. Le sieur de *Coulleray*. Le sieur de *la Cousture*. Le sieur de *la Thaud*. Le sieur de *Marelly*. Le sieur du *Max de la Croix*. Le sieur de *Bazard*. Le sieur de *Sarre*. Le sieur de *la Garenne*. Le sieur de *la Rivière* en la parroisse de Cintrat. Le sieur de *Voutes*. Le sieur de *Gouzolles*. Le sieur des *Escures*. Le sieur abbé d'*Esbreulle*. Le sieur de *la Besche*. Le sieur de *la Chassignolles*.

Les officiers de la chastellenie de Chantelles n'ont aucune superfutendence sur les vassaulx et leurs officiers de leurs justices et sont tenuz en mesmes degrés.

DOMAINE DE LADICTE CHASTELLENNIE. — CHAPITRE LXXIII.

Le dommaine de la chastellenie de Chantelle non comprins l'alienné ny les aydes a esté assencé comme les autres par maistre Jehan Foullé conseiller du Roy commissaire en ceste partie, pour six années et six despouilles à Symon Loumet fermier pour la somme de deux mil cinquante livres oultre les charges ordinaires qu'il doibt acquiter, a descharge du tresorier pour ce. . . . . ij^ml L. t.

Charges ordinaires. — *En argent.* — Au capitaine et chastelain . . .   l L.

Au lieutenant . . . .   xxxiij L. vij S. viij D.

Au recepveur . . . .   xxxiij L.

Au portier . . . .   ix L.

Au bovatier . . . .   xxx S.

Pour le louage de l'auditoire de Charroux . . . .   c S.

Au baille du prieuré de Chantelles. . . . .   xxx S.

Au prieur Saincte Marie de la Chartrousse . . . .   vij L.

Au vicaire du Donjon dudict Chastel de Chantelles . . . . . .   xl S.

Au vicaire de Sainct Jehan et Sainct Vincent . . . .   c S.

Au prieur de Fleuriet. . . . .   v S.

En froment. — A l'abbé de Bellegue . . . .   xbiij^m v septiers.

Au prieur de Mounestier. . . . .   i sept. ij cop.

Aux chartreux de Chantelles . . . .   ij sept. iiij cop.

Au vicaire du chastel du Donjon . . . .   iij septiers.

Aux clercs de l'Escolle . . . .   i septier.

Au curé de Chantelles. . . . .   xiiij^e vl sept.

Au vicaire de Sainct Jehan . . . .   i septier.

En soigle. — Au vicaire du Donjon. . . . .   bj septiers.

Au vicaire dudict Sainct Jehan. . . . .   bj quartes.

Au portier . . . .   x septiers.

Au sieur de Verneille, mesure Sainct Pourcain . . . .   ij septiers.

En orge. — Au vicaire dudict Donjon. . . . . iij septiers.

Au gouverneur de l'hostel Dieu dudict Chantelles. . . x sept. iij quart. ij cop.

En avoyne. — Au recepveur. . . . . ij^m.

En gelines. — Au curé de Chantelles . . . . i geline.

FORETZ ET BUISSONS APPARTENANT A MONSEIGNEUR LE DUC. — CHAPITRE LXXIV.

La forestz de Vacheresse en laquelle le sieur de Bellenaves de tout temps y pretend la huictiesme partie en fondz et son usaige et autres sept parties dont la huictiesme faict le tout, et en est depuis longues années en procès contre monseigneur le Duc de Bourbonnois.

Le boys de Giverlat, Troussson, Bosinal et Colecte.

La forest au conte, } ces deux sont de longtemps en ruine.
La Brosse de Robin, }

Buissons. — Le buisson de Charolles ; le bois tiercier de la Roussille ; le bois Roberat ; le bois Bouachapt ; le bois d'Espincul, ruiné ; la garenne de Chantelles, ruinée ; le buisson de Clayolles.

Estangs. — Estangs n'en y a point en ladicte chastellenie apartenant a monseigneur le Duc.

Il y a bien plusieurs bois tailliz en ladicte chastellenie et en bonne quantité lesquelz apartiennent aux sieurs justiciers qui s'ensuivent :

Au sieur de Bellenave ; au sieur de Beauvoir ; au sieur de Naddes ; au sieur de Juillat ; au sieur de Chevillac ; au sieur de Douzon ; au sieur de La Font Sainct Mageran ; au sieur de Chastellard et plusieurs autres non justiciers.

En la chastellenie de Chantelles y a une parroisse, terre et justice appellée Naves apartenant a Monseigneur le Reverend Archevesque de Bourges ou il a juge ordinaire et autres officiers soubz le nom dudict sieur, les appellations de laquelle justice ressortissent par devant le bailly de Sainct Pierre le Moustier, et paient les subjects de la parroisse de Naves la taille en la ville de Bourges, vaut le revenu de ladicte terre et justice du moins douze cens livres (1).

---

(1) L'abbé Boudant a publié, en 1862, à l'imprimerie Desrosiers, à Moulins, une *Histoire de Chantelle*, volume in-4° de 262 pages, avec belles planches, œuvre digne de toute curiosité, bien écrite et remplie de recherches. C'est une publication très-remarquable.

DE LA VILLE, CHASTEL ET CHASTELLENNIE DE VERNEUL (1). — CHAPITRE LXXV.

ERNEUL est une petite ville l'une des dix sept chastellenie du païs et duché de Bourbonnois distant de la ville de Molins de six lieues et de la ville de Sainct Pourcain sur le fleuve de Siole d'une lieue ; elle est située sur le hurt d'un coutaud et rocher à l'entrée d'une estroicte vallée décorée de plusieurs fontaines et arrousée d'un petit fleuve ou ruisseau appelé

Dozenan, fleuve.

Dozenan qui prend sa source des villaiges des Bordes et l'Escuel a deux grandes lieues de Verneul, passe ladicte rivière soubz Verneul et s'escoullant le long de la vallée passe joignant le chasteau fort des Garennes appartenant a M. Estienne Charlet conseiller du Roy et presidant aux enquestes a Paris, et de là à la Racherie, commanderie de Sainct Jehan de Jerusalem, concistant en un beau et grand chasteau fort non fossoyé, et une petite chappelle, en païs de vignoble, et est de bon revenu, et en la parroisse de Contigny ladite rivière va tumber dans Siole. La ville de Verneul combien quelle ne soit aujourdhuy qu'un bourg si a elle autresfois esté cloze de murs ainsy que l'on veoid par les vielles vestiges à l'un des boutz d'icelle : sur le plus haut du costé d'orient y a un antien chasteau de forme quarrée décoré de quatre belles tours aux quatre coings de mesme quarreure, basties de pierre de taille très dure, estant bien percées et crenellées, dont l'une qui est la plus grande en forme de donjon a

Le chasteau de Verneul edifié par le bon duc Loys et depuis ruiné ensemble la ville du temps du roy Loys XIe.

esté autres fois bien logeable mais a present tout y est ruiné. Ledit chasteau fut edifié par le bon duc Loys deuxiesme du nom et troisiesme duc de Bourbonnois, mais despuis, ensemble la ville fut ruinée du temps du Roy Loys unz'iesme lors de la guerre du Bien public. En la ville de Verneul y a une eglise collegialle fondée en l'honneur Sainct Pierre par Archimbaud de Bourbon en l'an mil deux cens quarante six en

Archimbaud baron de Bourbon fondateur de l'eglise collegialle de Verneul en l'an 1246.

laquelle fut premièrement institué un doien et soixante chanoynes qui depuis furent reduictz en vingt et de vingt a unze et ne sont nomplus aujourdhuy : les prebandes sont à la donation de Monseigneur le Duc, reserve une qui est à la nomination du prieur de Souvigny a cause de sa maison et prieuré de la Ferté sur Haute Rive alias La Ferté aux Moynes, et le doienné à la nomination des chanoynes : En ladicte eglise

Le cueur de la belle Agnés, dame de Beauté, enterré en ladicte eglise en l'an 1469.

est en sepulture le cueur d'Agnes de Forcaut, dame de Beauté (2) de la maison de Maigueres, autrement dicte la belle Agnes qui trespassa en l'an mil quatre cens soixante et neuf, et fut son corps enterré en l'église Notre Dame de L'osches et son cueur audict Verneul, en laquelle elle fonda une messe basse chacun jour pour laquelle elle donna pour une fois à la communauté des chanoynes la somme de mil escus d'or vallants pour lors vingt et cinq solz piece. Il y a encores en ladicte ville une

---

(1) *Verneul*, chef-lieu de commune du canton de Saint-Pourçain.

(2) *Agnés Sorel* ou *Soreau*, célèbre maitresse du roi Charles VII, morte à Jumièges en 1450, était la sœur de Jean Soreau, châtelain de Verneuil.

antienne chappelle située sur un roch fondée de Nostre Dame pour ayde à la cure de Saulcet parroisse de Verneul, et en icelle y a un vicaire perpetuel lequel n'a autres parroissiens que les chanoynes *les pannes* et le sieur de Chillot.

En ladite ville est le siège capital de toute la chastellenie auquel respondent les habitans des parroisses de Saulcet, Branssat, Contigny, Monestay, Chastel de Neurre, Sainct Germain d'entre Vaulx, Meillars et Trebant, pour lequel siege et autres fourains deppendantz d'icelluy qui sont en nombre de douze y a lieu propre et prisons civilles et criminelles, et se tiennent les audiances chacun jour de mardy qui est le jour de marché et pour cest effect sont crées en estat les officiers qui s'ensuivent. Ascavoir un capitaine et chastellain qui soulloit estre de robbe courte, mais en l'année dernière v^e soixante huict fut erigé en robbe longue ; un lieutenant general qui est de robbe longue, et un procureur pour le Roy et monseigneur le Duc ; et ont de coustume lesdicts officiers de se transporter de trois en trois sepmaines esdictz sieges forains pour y tenir les plaidz et s'il y a malfaicteurs les font admener au siege capital à Verneul pour la leur faire et parfaire leur procés parcequ'esdictz sièges forains n'y a prisons n'y lieu proppre pour l'expediction des causes. La ville de Verneul contient environ . . iiij^{xx}x feuz.

Parroisses respondant au siege capital de Verneul

PARROISSES ET JUSTICES DU RESSORT ET SIÈGE CAPITAL DE LADICTE CHASTELLENNIE. — CHAPITRE LXXVI.

Saulcet est la parroisse de la ville de Verneul de laquelle elle est distante demie lieue estant située en terrouer de vignoble et montueux et conciste en neuf villaiges, ascavoir la ville de Verneul, Menichault, Le Basset, Chillot, Bassechières, La Place auquel y a un pressouer appartenant a Monseigneur le Duc pour faire ses vins provenant des vignes et dixmes qu'il a en ladite parroisse : Peinaud, La Rue de Gueret, Bautheul et le bourg de Saulcet ou est l'eglise parrochialle et contient toute ladicte parroisse sans comprendre le nombre de . . . . ciiij^{xx}xiiij feuz.

Montphan. — Montphan est petite parroisse située en coutaud de vignoble qui produict les meilleurs vins de la chastellenie appellés les vins de la Maugarine sur la sommité duquel coutaud est edifié et basty le chastel et place forte de Montphan qui a toute justice vassalle dudict Verneul à laquelle respondent seullement les habitans de ladicte parroisse qui conciste en . . . . xv feuz.

Lochy. — Lochy est une autre parroisse aussy située en pais de vignoble en laquelle y a un siege pour le faict de la justice administrée par les officiers de Verneul, auquel respondent les habitans d'icelle parroisse, et y soulloit avoir un beau pressouer appartenant a mon dict Sieur le Duc pour faire ses vins provenant des cloz de vignes qu'il a en icelle, mais a present est tout ruiné ; ladicte parroisse contient. cxxxj feuz.

Sointes. — Sointes parroisse située en pais de vignoble et en icelle y a un siege deppendant de Verneul qui est es faulxbourgs de la ville de Sainct Pourcain appellé Sainct Nicolas, dans lequel siege y a un pressouer appartenant à mondict seigneur le Duc pour en icelluy faire les vins de ses cloz de vignes qu'il a à l'entour de la ville de

Sainct Pourcain mais à present est comme les autres du tout ruiné ; contient ladicte parroisse. . . . . xlviij feuz.

Montour. — La parroisse de Montour est pareillement situé en pais de vignoble a une lieue de Sainct Pourcain tirant à Chantelles, et n'est de la chastellenie de Verneul Ladicte parroisse est d'Auvergne deppendante de S. Pourcain. ains est d'Auvergne et deppend de Sainct Pourcain combien qu'en icelle y ait justice commune entre monseigneur le Duc et le sieur de Montour qui est M. Claude Morin controrolleur ordinaire des guerres, et s'exerce ladicte justice par les officiers de Verneul et par ceux dudict Morin qui en est sieur par acquisition faicte lors de l'alienation du dommaine des eglises.

Branssat. — La parroisse de Branssat est située en fond de vallée entre collines et rochers partie en terres labourables et partie en vignoble sur la rivière de Lino qui la se passe soubz un grand arc de pierre, et entre dans Siole soubz la ville de Sainct Pourcain. Ladicte parroisse conciste en sept villaiges ascavoir, le Bourg de Branssat, la Rivière, Vauver, auquel monsieur le Duc a un cloz de vigne et un pressoir, et une autre vigne au villaige de Berhonnières dont le carpot revient audict pressoir ; le villaige de la Roche auquel *ja* un siege commun entre monsieur le Duc et le prieur de Sainct Pourcain, et en icelluy siege respondent les habitans de la Feline qui sont de la collecte d'Auvergne mais ceux qui sont de la collecte de Bourbonnois respondent au siege capital de Verneul : le villaige de Souvegny, Sovilhus, et la Bleiere, et contient ladicte parroisse. . . . . vij^{xx}viij feuz.

Contigny. — Contigny est une grande et riche parroisse située sur le fleuve de Siole à une lieue de Verneul et a une lieue de Sainct Pourcain en bon pais de vignoble et prairies : elle est composée de huict bons villaiges dont le premier est le bourg ou est l'église dudict Contigny ; le deuxiesme la Racherie dont jay cy dessus faict mention, Behonnières, Poulleures sur Dozenau comm'est la Racherie ; en icelluy y a une chappelle deppendant de Sainct Pourcain ; Le Breul sur Alier auque y a aussy une chappelle à Campanier deppendant de l'abbaye Sainct Gilbert et un siege deppendant de Verneul ou respondent les habitans dudict villaige ; Le Max, du Bessat sur Siole, Sauzat sur la mesme rivière, auquel y a un port à batteau appellé le Guet de Siole, au dessus duquel port sont edifiés et bastis les moulins appellés de la Contesse qui sont tenus de monseigneur le Duc et entretenus de bois ; ensemble une dessente pour prendre des saulmons. Le huictiesme et dernier villaige est Rochelier lequel en forme d'isle est environné quasy de toutes partz des fleuves de Siole et Alier. La parroisse de Contigny rend a monsieur le Duc un tres grand proffict à raison des Sauldes qui y sont plantés, et desquelz provient une merveilleuse quantité de *maiere* tous les ans comme aussy pour les preiries dont le revenu de ladicte parroisse s'assence tous les ans soulz le nom de mondict Seigneur quinze cens livres tournois.

Ladicte parroisse contient en tout. . . . . iiij^cv feuz.

Monestay. — Monestay est parroisse sur Alier une lieue au dessoubz de Contigny, située en pais de vignoble et conciste en six villaiges ascavoir : au bourg de Mounestay, la Chaise sur Siole auquel lieu elle s'enbouche dans Alier et tout auprès y a un port a batteau sur ledict Alier : au terroir de la Chaise croissent les meilleurs vins blancs de tout le Bourbonnois ; Monteigny villaige troisiesme situé sur le haut d'un coutaud ; Le Chesgne Roux, Bostz et la Vrue : et contient ladicte parroisse. . biij*viij feuz.

Chastel de Neure. — Chastel de Neure est bonne parroisse située sur un haut coutaud au pied duquel passe le fleuve d'Alier estant decoré ledict coutaud d'un grand païs de vignoble qui produict abondance de très bons vins clairetz et blancs, et sur le mont y a apparance de quelque grande antiquité tant pour une antienne mothe qui y est que pour quelques vielz fragmens de murailles qui sy treuvent : mesmes a la porte de l'eglise se veoid un très antique chapiteau de l'ordre corintien faict du temps des romains et sont plusieurs d'oppinion que ce lieu s'appelle Chastel de Neure par un mot corrompu de Chastel d'honneur duquel Cesar en ses comentaires faict mention l'appellant *Castrum honoris.* La dicte parroisse respond au siege capital de Verneul excepté trois ou quatre maisons qui sont de la justice de Molin Neuf et contient. lxxiiij feuz.

Chastel de Neure des anciens castrum honoris

Sainct Germain d'entre Vaux. — A demye lieue de Chastel Neure est la parroisse de Sainct Germain d'entre Vaux, située sur un haut pais de vignoble, les habitans de laquelle respondent au siege capital de Verneul reserve deux ou trois maisons qui sont de la justice de Molins Neuf, consiste ladicte parroisse en. . . . . lv feuz.

Meillardz. — Meillardz parroisse située en bon pais de labourage et peu de vignes distante de Verneul une lieue et en icelle au villaige appellé les Champs sont plantés plusieurs beaux arbres de Pin, et contient ladicte parroisse le nombre de. iiij*vj feuz.

Bresnay. — Bresnay est un beau bourg et parroisse situé en bon païs de vignoble produisant grande quantité de bons vins : audict bourg y a siege pour le faict de la justice qui s'y exerce de trois en trois sepmaines par les officiers de Verneul et consiste ladicte parroisse en. . . . . cxbij feuz.

Cressanges. — A une lieue de Bresnay et a trois lieues de Verneul sur une haulte montaigne est située la parroisse de Cressanges en pais de labouraige fertil en bledz et foings par les fonds et peu de vignes ; elle est composée de quatre riches villaiges dont le premier est le bourg dudict Cressanges, le second les Brosses, le troisiesme le Rousseau, qui seul contient soixante feuz, et le quatriesme est La Charnée. Au bourg de Cressanges les officiers de Verneul se transportent de trois en trois sepmaines pour le faict de la justice appellée de Villefort Mothe noble qui a esté autresfois en beaux bastimens combien qu'a present tout y soit ruiné : ladicte justice advenue a la maison de Bourbon par confiscation et s'estend sur les habitans de Cressanges de la parroisse de Comps et le villaige de Beauvoir en la parroisse de Noient. Au bout du bourg de Cressanges tirant à l'occident est le chasteau fort des Noix lequel a toute justice vassalle du chastel et chastellenie d'Usset près Chantelles et en icelle respondent environ quarante feuz. La parroisse de Cressanges consiste en . . . cxxiij feuz.

La justice des Noix vassalle du chastel et chastellenie d'Usset.

Beauvoir. — Beauvoir collecte de ladicte chastellenie, et parroisse de Noient contient . . . . xxiiij feuz.

Debvoirs des Musars de Cressanges. — Je n'ay voulu icy obmectre un debvoir qu'a le sieur des Noix Gilbert Mareschal, escuier sur la pluspart des paroissiens de Cressanges ses subjectz qui est tel, que le dernier mardy de chacun mois de mars, ils sont tenus se venir presenter dans le cimetière de ladicte parroisse et la demeurer et se promener sans sortir dehors si non en cas de grande necessité jusques au solleil couché, ce faisant la apporter leur boyre et leur manger sans oser parler les ungs avecq les autres et si par inadvertance quelqu'un leur demandoit le chemyn ou autre chose ne leur doibvent respondre autre chose, fors leurs faisant la moue leur dire, mars, mars, est mars : à Cressanges sont les musars a quoy defaillant ils sont tenuz a paier audict sieur des Noix sept solz six deniers de deffaulx.

Comps. — A demie lieu de Cressanges est située la parroisse de Comps en païs de soilles, avoynes, preiries et estangs : point de vignes mais plusieurs bois tailliz : contient ladicte parroisse . . . . liiij feuz.

Chastillon. — Chastillon est parroisse située sur un *montioule* entre montaigne et vallées sur le fleuve ou rivière de Queusne. En icelle y a plusieurs mines de charbon de pierre duquel les habitans tirent grand proffict ; et respondent lesdicts habitans au siege de Villefort et contient la parroisse. . . . . xl feuz.

Tronget. — Tronget est parroisse a quatre grandz lieues de Verneul et a demie lieue de Montet aux Moynes, situé sur un hault pais abondant en seigles et avoynes mais n'y croist nul vin. Les habitans de ladicte parroisse respondent au siege de Villefort comme aussy font douze maisons du villaige de Chancombert en la parroisse de Deux Chaises de la chastellenie de Murat qui faict limite de la chastellenie dudict Murat avecq celle de Verneul. Le Tronget contient . . . . cxj feuz.

Chancombert — La collecte et villaige de Chancombert de la parroisse des Deux Chaises et colecte de Verneul contient . . . . xij feuz.

Trebant. — A deux lieues de Verneul et une lieue de Cressanges est la parroisse de Trebant située en pais maigre, toutesfois bon pour soilles, avoynes, prairies et pasturaiges mais n'y croist nul vin. En icelle est situé et assise la forest de Fourneux apartenant a monsieur le Duc et conciste en beau bois de haulte fustaye et bois tailliz, aiant de longueur une bonne lieue et un quart de lieue en largeur. Contient ladicte parroisse le nombre de . . . . liiij feuz.

Le Theil. — A deux lieues de Verneul et a deux lieues de Montet sur un haut païs est située la parroisse de Theilh en bon pais de soilles, avoynes et peu de vignes mais quantité de bois. Au bourg et parroisse du Theilh y a un siege pour le faict de la justice dependant de la chastellenie de Verneul auquel siegent de trois en trois sepmaines les officiers dudict siege capital et en icelle respondent les habitans de la parroisse laquelle conciste en . . . . cxxiiij feuz.

La Feline. — La Feline est une parroisse a une grand lieue de Verneul et trois quartz de lieue du Theilh situé sur hault pais fertile en bledz avoyne et bois tailliz mais ny croist nul vin. En ladicte parroisse dans les grandz boys de haulte fustaye et tailliz est situé et basti le prieuré de Ruigny fondé de Nostre Dame lequel autresfois a esté bien et somptueusement basty pour le plaisir que prenoient les seigneurs et ducs de Bourbonnois au deduict de la chasse en ce quartier qui y est fort belle, mais à present ainsy que la pluspart des autres bons benefices, le prieuré et le logis est a demy ruiné. Il y soulloit avoir sept moynes, à present n'y en a que trois ignorans en toute perfection, et encores plus mal vivans. Anciennement près l'eglise parrochialle de la Feline y soulloit avoir un fort beau logis fortiffié et un monastaire pour la demeurance des religieux qu'a present demourent a Sainct Pourcain, a present tout ruiné et demolly. Ladicte parroisse est dependante dudict Sainct Pourcain et paie la taille en Auvergne et en Bourbonnois et contient pour les deux colectes le nombre de. . . . . lxvij feuz.

La Ferté sus haulte Rive. — La parroisse de la Ferté sus haulte Rive autrement la Ferté aux moynes est situé sur le fleuve d'Alier en bon païs de Chambonnaige fertille en grains de froment, seigle, orge, avoyne et huille de noix, quelques vins et grandes prairies, conciste ladicte parroisse en un beau chasteau fortiffié et fossoié et un prieuré membre deppendant du prieuré conventuel de Souvigny. La plupart du chastel rediffié et embelly par le feu Reverendixme cardinal de Tournon pour lors prieur dudict Souvigny et de Sainct Pourcain, et dans le chastel est edifié le temple du prieure auquel ne reside qu'un religieux. Audict lieu de la Ferté y a toute justice vassalle de Verneul, et sur le fleuve d'Alier a un port a batteau appellé le Port de la Ferté qui s'assence au nom et proffict dudict sieur prieur. Ladicte parroisse de la Ferté contient . . . . lv feuz.

Escherolles. — A un quart de lieue de la Ferté le lon d'Alier tirant a Varennes y a un bon villaige appellé Escherolles estant par années de la parroisse de Sainct Geran de Vaulx et de Sainct Loup auquel y a une justice deppendant du siege capital de Verneul et en icelluy respondent les habitans de la parroisse de Sainct Geran et ceulx dudict villaige d'Escherolles au droict duquel y a ung port a batteaux sur Alier appellé le port de la Corde apartenant au sieur prieur de Souvigny et s'assence en son nom et a son proffict à cause de son prieuré de la Ferté, ledict villaige contient. xxxvij feuz.

Sainct Géran de Vaux. — La parroisse de Sainct Geran de Vaux est située sur hault pais fertile en bledz mais non en vin, partie des habitans de laquelle parroisse sont de la justice d'Escherolles et l'autre partie de celle du bourg Sainct Loup et quelques uns a la Guiche qui sont justices apartenantes audict sieur de Sainct Geran, le chasteau duquel est ediffié et basty a demy quart de lieue du Bourg, decoré de beaux et sumptueux edifices à l'antique, beaux et grandz jardins, prairies, bois de haulte fustaye et boys tailliz estant ledict chasteau environné de grandz fossés et un pont levis et contient la parroisse de Sainct Geran le nombre de. . . . . lxxiij feus.

Sainct Loup. — Sainct Loup est un beau bourg et parroisse, situé sur le grand chemyn tendant de Paris a Lyon distant de Sainct Geran de Vaulx une lieue et une lieue de la ville de Varennes sur Alier. Audict bourg qui est fertille en tous grains,

Le prieuré de Ruigny fort ruyné.

La Ferté aux Moynes membre dependant du prieure conventuel de Souvigny.

legumes, fruictz, prairies et huille de noix y a toute justice vassalle de Verneul apartenant au sieur de Sainct Geran qui y faict tenir les assises par ses officiers et y a auditoire et parquet bien propre pour ledict siège, et prison pour les criminelz. Il y a audict bourg quatre foires l'an. Ascavoir le jour Sainct Mathe ; le premier jour de decembre, le jour de Saincte Luce et le jeudy après la Pentecoste, et pour icelles tenir y a belles halles faictes exprès et conciste ledict bourg en . . . . . . lxxvj feuz.

Chazeulx. — A moictié chemyn de Sainct Loup à Varennes sur le mesme chemyn de Paris a Lyon sont les habitans de la terre et seigneurie de Chazeulx qui sont parroissiens de Vouroux lez Varennes et de la chastellenie de Billy et non de Verneul. En ladicte terre sur le hault d'un tertre en pais de grand vignoble est basty et situé le chasteau fort de Chazeulx apartenant au baron de Sainct Fourgeulx auquel y a toute justice vassalle de Verneul et en icelle respondent les habitans de ladicte terre, et sur le mesme coutaud au milieu des vignes se veoid une chappelle fondée de Nostre Dame dicte la Ronde, deppendante de l'abbaye Sainct Michel en Piedmond, et en ladicte terre tendant de Varennes à Verneul sur le fleuve d'Alier y a un port a batteaux, la moictié apartenant a monsieur le Duc, et l'autre moictié au sieur de Chazeul et se donne l'estrousse de l'assence à Verneul par les officiers dudict lieu, ladicte conciste en. . . . . lxxiiij feuz.

Paray et Chazeulx en Vouroux. — A trois petites lieues de Verneul le fleuve de Siole entre deux sont les habitans de Paray et Chazeulx en Vouroux d'autant qu'ilz sont parroissiens dudict Vouroux et partie justiciable en *la justice* de Chazeulx et l'autre partie en celle de Varennes sur Alier à cause de la chastellenie de Billy. Lesdicts habitans sont en nombre. . . . . lxxix feuz.

Paray soubz Briaille. — A deux grandes lieues de Verneul entre Siole et Alier est située et assise la paroisse de Paray soubz Briaille , laquelle est en bon terroir et en icelle *ja* un siège deppendant de la chastellenie de Verneul, exercé par les officiers du siège capital et a ladicte justice de douze a quinze feuz d'icelle parroisse et les autres sont de diverses justices qui sont en nombre de dix ou douze en la mesme parroisse sur laquelle sur la crouppe d'un monticule est située la belle maison seigneurialle de Briaille magnifiquement edifiée par le feu general Bayard et décorée d'un beau bois de haute fustaye, garenne et boys tailliz, et sur le coutaud de quantité de vignobles qui produisent abondance de fort bons vins. La parroisse de Briaille conciste en . . . . lij feuz.

Chastel. — A une lieue de Verneul lez la ville de Sainct Pourcain y a un autre siège appellé Chastel deppendant de la chastellenie de Verneul lequel siege est commun entre monsieur le Duc et le sieur de Chastel. La maison et seigneurie duquel est audict villaige, et audict siege ne respondent que trois des habitans de la parroisse Sainct George de Sainct Pourcain.

Courtilles. — A quatre lieues de Verneul et une grande lieue de Souvigny y a ung fort chastel appellé Courtilles membre deppendant du prieuré dudict Souvigny, ledict

chastel estant situé sur une mothe au milieu d'un petit bois quarré d'haute fustaye
environé de faulces brayes, larges et profondz fosséz plains d'eaue et deux pontz levis
mais estant bien d'eglise et plustoust de preneur que de prieur est a demy tumbé et
ruiné. Audict Courtilles y a un siege pour le faict de la justice commun avec monsieur
le Duc, lequel est de grande estendue, et se tient ledict siege au bourg de Cressanges
de trois en trois sepmaines avecq celluy de Villefort, tous deux exercés par les officiers
dudict Verneul, lesquelz tous les lendemains de la Magdelaine sont tenuz venir sieger
dans le chasteau dudict Courtilles.

Somme y a en ladicte chastellenie selon l'imposition de la taille le nombre
de : ijᵐiiijᶜlxxiij feuz.

SEIGNEURS JUSTICIERS ET VASSAUX DE LADICTE CHASTELLENNIE DE VERNEUL. — CHAPITRE LXXVII.

Le sieur de la terre, bourg et justice de *Sainct Loup* oultre Alier. Le sieur de la terre,
chastel fort et justice de *Chazeulx*. Le sieur de la terre, chastel fort et justice de *la
Ferté sur Haute Rive*, apartenant au prieur, couvent et religieux de Souvigny. La terre,
chasteau fort et justice de *Montphan*. La terre, chasteau fort et justice de *Sainct Geran
d'entre Vaulx*. La terre, chastel fort et justice *du Molin neuf*, en la parroisse de Chastel
de Neure. La terre, chastel et justice de *Chastel*, en la parroisse de Sainct Georges de
Sainct Pourcain. Le sieur de *Laugière*, en la parroisse de Chastel de Neure. Le sieur
de *Chaumejan*, en la parroisse Verneul maison basse. Le sieur de *Gravières*, parroisse
Branssat. Le sieur de *Villemouze*, parroisse Contigny, chasteau fort sur Alier. Le sieur
de *Montcolquier*, chasteau fort et ancien en la parroisse de Monestay. Le sieur de *Gravières*, en la parroisse de Monestay. Le sieur *des Haiz* en Verneul, parroisse Malhars
chasteau fort. Le sieur de *Touzet*, parroisse Sainct Germain d'entre Vaux. Le sieur de
la Gange de Barzeulx. Le sieur de *Cloz Regnaud*, chasteau fort parroisse Louchy. Le
sieur de *Mercuro*, parroisse Louchy. Le sieur de *Touzay*, parroisse Sainct Germain
d'entre Vaulx. Le sieur de *la Cresne*, parroisse Branssat. Le sieur de *Neselier*, parroisse
de Branssat. Le sieur de *Chilhot*, parroisse Verneul. Le sieur de *Beauvoir le Loup*,
chasteau fort ancien et ruiné, parroisse Saulcet. Le sieur de *Passat*, parroisse Saulcet,
lequel a cause de sa seigneurie a authorité sur *Labuttement* des mesures de bled et de
vin de la chastellenie de Verneul. Le sieur des *Garennes*, chasteau fort, parroisse
Saulcet. Le sieur de *Chivières*, parroisse Saulcet. Le sieur de *Mont Journal*, parroisse
Saulcet. Le sieur d'*Escoussay*, chasteau parroisse Bresnay. Le sieur de *Champaignat*,
parroisse Bresnay maison basse. Le sieur de *Givor*, parroisse Bresnay. Le sieur *des
Forges*, appellé La Grellière, parroisse Monestay. Le sieur *du Max de Gouzolles*, chasteau
fort en la parroisse de Theilh. Le sieur de *Fontariot*, parroisse du Theilh, chasteau fort
decoré d'un grand bois. Le sieur de *Boucherolles*, parroisse Trebant. Le sieur *L'orme*,
en la parroisse de Branssat. Le sieur de *Clementières*. Le sieur de *Bouchat*, parroisse de
La Feline, chastel fort. Le sieur de *Dreulle*, parroisse de Cressanges. Le sieur de *La*

12

Porte. Le sieur de *La Mothe Bauldreux,* parroisse Lochy chastel fort. Le sieur de *La Lande* et de *La Roche.* Le sieur de *Pellijat,* en la parroisse de Sainct Germain d'entre Vaulx. Le sieur de *Malletret.* Le sieur de *Peage.* Le *doyen chappitre* et *chanoynes de Verneul.* Le sieur de *Boullatières.* Le sieur de *Lorme.*

DOMAINE DU HAUT PAIS DE LA CHASTELLENNIE DE VERNEUL. — CHAPITRE LXXVIII.

Le revenu du domaine du hault pais de Verneul tant allienné que non allienné et des aides a esté assencé a maistre *Jehan Condonnier* fermier dudict dommaine par bailh a luy faict par feu maistre *Jehan Foullé* pour six années et six despouilles commancant le jour Sainct Jehan Baptiste en l'an mil v^e soixante six pour la somme de quinze cens trente livres tournois outre les charges ordinaires cy après declairées par ce . . . . xv^cxxx L. tournois.

Charges ordinaires. — *Soigle.* — Au chapitre Nostre Dame de Molins.   xx septiers.
Au concierge du chastel de Verneul . . . . bj septiers.
Au portier dudict chastel de Verneul . . . . iij septiers.
A l'hostel Sainct Jullien de Molins . . . . bij septiers.

Domaine du bas pais de ladicte chastellennie. — Le revenu du domaine du bas pais de Verneul fut ascencé comme dessus pour mesme temps et de la parroisse de Contigny a *Gilbert Boutin* fermier pour la somme de deux mil huict cens livres tournois, outre les charges cy dessoubz declairées, par ce . . . . ij^mviij^c L.

Charges ordinaires. — *En argent.* — Au chastellain de Verneul pour ses gaiges
. . . . xxx L.
Au lieutenant general dudict Verneul. . . . . l L.
Au bovatier . . . . lx S.
Au portier du chasteau . . . . vj L.
Au chapitre Nostre Dame de Molins . . . . x L.
Au vicaire de Chevillac . . . . viij S.
Au prieur de Chantelles . . . . lx S.
Au garde des prisons. lx S.
En froment. — A la prieuse d'Iscure . . . . ij^mi sept. i quart.
A l'hostel Sainct Jullien de Molins. . . . . ij^miiij septiers.
Au bovatier de Verneul . . . . iij septiers.
Au religieux de Chamesgre. . . . . i^m.
En vin. — Aux religieuses et abbesse de Saincte Claire de Molins.   xj thon. enserpil.
A l'hostel Sainct Jullien dudict Molins. . . . . xvij thon. enserpillés.

Foretz et buissons. — En la chastellenie de Verneul sont les bois, buissons, sallez et sauldes qui s'ensuivent apartenant a monseigneur le Duc et estans soubz la charge de Jehan de Dorne sieur de Cordeboeuf maistre des eaues et forestz de Bourbonnois hors les fleuves de Loyre et Alier.

Les tailliz et sauldes de la parroisse de Contigny dont monsieur le Duc prend chacun an la tonde et la *parcière* et s'assence en son nom.

Les terres labourables estans dans lesdicts *tailliz* dont mondict seigneur prend chacun an la parcière des bledz et s'assence en son nom.

Les prez et pascaiges estans dans lesdictz tailliz dont mondict seigneur prend chacun an le revenu et se font les assences par le maistre des eaues et foretz en son nom le tout que dessus estant en la parroisse de Contigny, et est a notter que ce sont terres delaissées par le fleuve d'Alier qui ont été anciennement baillées a pauvres gens a laboures a la parciere et y planter les sauldes et faulcher les foings à la charge que monsieur le Duc y prendroit le tiers ou la moictié selon qu'il est porté par leurs baulx de prinse, et vallent toutes les choses susdictes pour le jourdhuy de ferme chacune année la somme de . . , ... xb^e **L. tournois.**

Les estrousses des prez et pascaiges estans dans les saillis de Contigny se font par le maistre des eaux et forestz au proffict de monseigneur le Duc.

Plus en ladicte chastellenie passe le fleuve de Siole qui apartient entierement a monsieur le Duc jusques auprès de Sainct Pourcain et ne peult aucun bastir ne construire sur ledict fleuve aucun moulin depuis les limittes de la justice de Sainct Pourcain jusqu'au fleuve d'Alier. .

Siole, fleuve.

Sur ledict fleuve de Siole sont les moulins à la Contesse qui sont donnés a rente de vingt cinq a trente septiers bled au proffict de monsieur le Duc à la charge que les molins et escluzes seront entretenuz de bois, des boys apartenant a mondict seigneur tant en Marcenat qu'en Fourneux et es environs.

Les molins à la contesse.

La pesche dudict fleuve Siole s'assence pareillement au proffict de monsieur le Duc et s'y prenoit anciennement grand nombre de lamproys et saulmons jusques *adce* que le duc de Nevers a faict faire des brayes sur le fleuve de Loyre qui empeschent de monter lesdictz saulmons et lamproies.

Il y a en outre un boys appellé le Bouchapt près les tailliz de Montcolquier apartenant a mondict sieur le Duc.

Estangs et fossez. — En ladicte chastellenie n'y a estangs apartenant à monsieur le Duc que l'estang de Plancharières qui est donné a cens perpetuel et en doibt tenir compte le recepveur du domaine de ladicte chastellenie ou le fermier.

Les fossez du chasteau de Verneul ne sont bailles a ferme, Il y a ja long temps parcequ'il n'y a nulle eaue dedans.

CHATELLENIES

DE MURAT, MONTLUÇON & DE BOURBON-L'ARCHIMBAUD

DU CHASTEL ET CHASTELLENNIE DE MURAT. — CHAPITRE LXXIX.

Le chastel de Murat ruyné.

MURAT est un ancien chasteau et donjon accompaigné d'un grand bourg et parroisse lequel est mis au nombre des dix sept chastellenies du païs et duché de Bourbonnois sìtuée en pais bas fertille en bledz, de soigle, orge, avoyne, peu de froment force bois, petites rivières, prairies, bruyères pour le pasturaige des bestes a layne et peu de vin si ce n'est en aucuns endroictz comme près Villefranche et es environs. Au pied dudict chastel qui autresfoys a esté maison belle et forte, et a present ruinée comme plusieurs autres, y a un bel estang et un moulin bannier qui ne sont entretenus en nature, et par ce ne sont de nul revenu qui est grand interest aux habitans et perte a monseigneur le Duc.

Limittes de ladicte chastellennie de Murat.

La chastellenie de Murat s'estend en longueur selon le contenu de la justice de Fierauber a commancer de la Croix de Fontbertaud estant sur les limittes et jurisdiction dudict Murat et chastellenie de Souvigny et Bourbon, à passer le droict chemyn tendant à la ville de Montluçon jusques à la croix de Chastellard qui est sur un hault coutaud a demy quart de licue au deca de Montluçon environ de sept a huict lieues : et en largeur a prendre de la parroisse de Bigeneulle qui comfine la chastellenie d'Herisson jusques au villaige et chasteau de Bœuf en la parroisse de Vernusse limitroffe de la chastellenie de Chantelles environ six lieues, et conciste ladicte chastellenie en quatre sièges Royaulx scavoir est Villefranche qui est le capital ; Montmaraud, le Montet dict aux Moynes, et Malicorne, dans le ressort duquel siege de Villefranche sont les parroisses et colectes qui s'ensuivent.

SIEGE DE VILLE FRANCHE CAPITAL DE LA CHASTELLENNIE. — CHAPITRE LXXX.

La ville parroisse et franchise de *Villefranche les Montcenoux* en laquelle parroisse y a une maison seigneurialle vassalle de ladicte chastellenie appellée La Feuillaud, apartenant au sieur de Baignard laquelle s'estend seullement sur les habitans du villaige de la Feuillaud et conciste la ville franchise et parroisse de Villefranche en la quantité de. . . . . biij**iiij feuz.

Le chastel, bourg et parroisse de *Murat* chef de la chastellenie contient. iiij*vij feuz.

La parroisse de *Montcenoux* lez Villefranche ou y a eglise collegialle contient environ . . . . xix feuz.

La parroisse de *Jonzay*, sur la rivière de Treville au pied d'un boys, contient.   lv feuz.

La parroisse et chastel de *Neufville*, apartenant au sieur de Sarragousse conciste en ce qui est de Murat en . . . . xxxj feuz.

Deneulle, parroisse en vallée conciste en. . . . . iiij^{xx}viij feuz.

Bigeneulle, parroisse partie de Murat . . . . xxxix feuz.

Buxieres, parroisse en partie de Murat . . . . xxxb feuz.

La parroisse de *Tortezay* en partie. . . . . xiij feuz.

Sainct Priest, Chomont et *Rougières* qui n'est qu'une parroisse contient.   vij^{xx}ix feuz.

Chavenon, parroisse concistant en. . . . . lxxvij feuz.

Chappes, parroisse et prieuré en laquelle y a un chasteau fort ayant toute justice vassalle appellé Chastignoux apartenant au sieur de Sanssat capitaine de Bourbon . . . . iiij^{xx}ix feuz.

En ladicte parroisse y a une autre seigneurie qui a justice basse appellée *le Couldray*, apartenant au sieur du Bois.

En la ville de Villefranche y a six foires toutes les années et marché tous les jours de lundy qui est le jour d'audience pour l'expedition des causes ordinaires dudict siege. Au Bourget, parroisse de Chappes, y a pareillement trois foires chacun an et nulz marchés.

SIEGE DE MONTMARAUD. — CHAPITRE LXXXI.

Montmaraud est une petite ville située sur hault pais en maigre campaigne qui ne produit que soigles, orge et avoynes, et ny croist nul vin. En icelle y a halles pour tenir le marché qui y est chacun jour de mercredy et six foires toutes les années, et assises ordinaires, et conciste le siège de Montmaraud es parroisses et collectes qui s'ensuivent :

Montmaraud, petitte ville.

La ville, parroisse et franchise de *Montmaraud* laquelle contient.   .   vij^{xx}xvj feuz.

Sazet, parroisse en laquelle y a justice subalterne et vassalle de ladicte chastellenie, laquelle contient . . . . iiij^{xx}j feuz.

Sainct Bounet de Fours, parroisse contenant. . . . . vij^{xx}xb feuz.

Le bourg de *Landes*, distraict dudict Sainct Bounet . . . . xiij feuz.

Sainct Marcel, parroisse en partie, laquelle est de la justice haulte du sieur de Beauvoir vassalle de ladicte chastellenie et contient en ce qui est de Murat.   xlvj feuz.

Blosmard, parroisse contenant. . . . . lxxvj feuz.

La parroisse de *Voulsat* en partie et la Buxières contenant.   .   .   .   .   xxvj feuz.

La parroisse de *Vernusses* en partie . . . . xvj feuz.

La parroisse de *Deux Chaises* en partie, en laquelle y a une justice moienne appellée de Beauquere apartenant au sieur de Salebrune et contient .   .   .   .   vij^{xx}xvij feuz.

La parroisse de *Beaune* en partie, en laquelle y a haulte justice vassalle de Murat, apartenant au sieur de la Souche et de Montgeorge et contient .   .   .   vj^{xx}xviij feuz.

La parroisse de *Louroux de Beaune* en partie, partie de laquelle est de la justice de ladicte chastellenie et l'autre partie de la justice de Vernassoux apartenant au baron de Beauvoir et contient . . . . xxviij feuz.

SIEGE DU MONTET. — CHAPITRE LXXXII.

Le Montet aux Moynes, petite ville et bon prieuré. *Le Montet* dict le *Montet aux Moynes* est une petite ville et prieuré située sur un fort hault pais de soigles avoynes et boys tailliz auquel ne croist nul vin, en laquelle a quatre foires chacune année et fort beau et riche marché de bestail tous les vendredis. En ladicte ville, parroisse et franchise y a justice vassalle de ladicte chastellenie qui comprend ladicte ville et franchise apartenant au sieur prieur du Montet, car dans la ville n'y a seullement qu'une vielle tour ruinée apartenant au Roy ; conciste la ville parroisse et franchise en . . . . iiij**xbj feuz.

La parroisse de *Deux Chaises* en partie, partie de laquelle qui est de la justice de Montmeraud sont comprins tous les feuz.

La parroisse de *Sainct Sornyn*, contenant. . . . . c feuz.

Rocles, parroisse qui contient avec la baillie d'Abret. . . . . . vj**vij feuz.

La parroisse de *Tronget* en partie, sans Fontbertaud qui est joinct avec Noient contenant . . . . xvij feuz.

SIEGE DE MALICORNE. — CHAPITRE LXXXIII.

Malicorne, bourg et ancien chasteau ruyné. *Malicorne* est un bourg et parroisse auquel y a autresfois heu chastel fort apartenant à monseigneur le Duc qui est a present en ruine, est distant du chastel de Murat trois lieues et de Montmaraud trois lieues contenant ladicte parroisse . . lxxiiij feuz.

La parroisse de *Comentry* en partie . . . . iiij**xvij feuz.

Idz, parroisse sur hault pais . . . . lxvj feuz.

Chamblet, parroisse en laquelle est le chasteau fort de Belle Chasseigne contient . . . . iiij** feuz.

Sainct Angelle, parroisse contenant . . . . lxxv feuz.

Doyet, parroisse et chastel fort. . . . . c.v feuz.

Montvic, parroisse forte enceinte d'hautes murailles et fossez contient. lij feuz.

Pars, villaige et colecte contenant . . . . xiij feuz.

Somme toute en ladicte chastellenie y a selon le calcul de l'imposition de la taille la quantité de . . . . ij**v*xl feuz.

Pour l'administration des quatre susdictes justices et sièges dependant du siège capital de ladicte chastellenie sont les officiers d'icelle tenuz eux transporter en tous lesdictz sièges et pour ce ont les gaiges qui s'ensuivent.

Maistre *Gaspard Quinaud*, chastellain de robbe longue a de gaiges chacun an la somme de . . . . xxx L. tournois.

Maistre *Anthoine Forest*, lieutenant . . . . xxx L. tournois.

Maistre *Guillaume Forest*, procureur du Roy et de monsieur le Duc n'a nulz gaiges.

JUSTICES ET MAISONS VASSALLES DE LADICTE CHASTELLENNIE. —
CHAPITRE LXXXIV.

La terre justice et chastel fort de *Bord*, en la parroisse de Doyet. La terre justice et
chastel fort de *Chastignoux*, parroisse de Chappes. La terre chastel et justice de *Couldray*, parroisse de Chappes. La terre justice et chastel fort de *La Feuillaud*, parroisse
de Chappes. La terre justice de *Beaulne*, apartenant au sieur de la Souche. La terre
chasteau et justice de *Vernassaux*, apartenant au baron de Beauvoir. La terre ville et
justice de *Montet aux Moynes*, apartenant au sieur prieur de Montet. La maison et
chastel de *Boulliers*. La terre et chasteau fort *du Theillon*, parroisse Deux Chaises. La
maison seigneurialle de *Manteaux*; la maison seigneurialle de *la Goute*; le lieu et
chastel de *Francesches*; le chastel et seigneurie de *Dorrieres*; le lieu et maison noble
de *La Lande*; le lieu et maison noble de *Chevrotières*; le chastel fort et seigneurie de
Neufville; le lieu et maison noble *du Boys*; le chastel et seigneurie de *La Vaulx du
Creux*; le lieu et seigneurie de *Sainct Meur*; la maison et seigneurie de *Robiméres*; la
maison noble de *Grand Champt*; le chastel et seigneurie de *Barbaste*; le lieu seigneurial
des *Fontaines*; la maison seigneurialle de *Marcay*; le lieu noble des *Mazeaux*; la maison
seigneurialle de *La Barre*; le lieu seigneurial de *Mauliuse*; le chastel et seigneurie de
Villelobier; le chasteau fort et seigneurie de *Montgeorge Rodillon*; la seigneurie de *La
Rovère*; le lieu seigneurial de *Chomont*; le chastel et seigneurie de *Chapettes*; la maison
noble de *Saulces*; la maison et seigneurie de *La Leu*; le chastel et seigneurie de
Troncay; le lieu seigneurial de *La Torratte*; la maison et seigneurie *des Chastres*; la
terre justice et chastel de *Sazeriet*; la terre maison seigneurialle et justice moienne
de *Beauquaire*, parroisse Deux Chaises, apartenant au sieur de Sallebrune; le chasteau
fort de *la Brosse*; le chastel seigneurial de *Serre*; le lieu et chasteau de *Viel Serre*; la
maison seigneurialle de *Ranciat*; le chastel fort et seigneurie de *Bœuf*, parroisse Ver-
nusset; le chastel et seigneurie de *Villardz*, dict La Saulzée; le chastel fort et seigneurie de *Sallebrune*; le chastel et seigneurie de *La Fay*, parroisse de Beaulne; la
maison seigneurialle de *Modières*; la maison seigneurialle de *Marzal*; le chastel et
seigneuries des *Prugnes*; la maison et seigneurie de *Chassincourt*; le lieu et maison
noble de *Saulzet*; la maison noble de *Lolinière*; la maison seigneurialle des *Maignoux*;
la terre noble des *Courtais*; la maison noble de *Four*; le chastel et seigneurie *Desforges*;
le chastel et seigneurie d'*Ausmay*; la maison et seigneurie du *Plex*; la maison forte
de *Bellechasseigne*, parroisse Chamblet; le chastel et seigneurie de *Bofrancon*; le chastel
et seigneurie de *Forestz*; le chastel et seigneurie de *La Planche*; le chastel et seigneurie
de *La Souche*; le chastel fort et parroisse de *Montvic*; la maison noble des *Gaudrières*;
la maison seigneurialle de *Chassignolle-en-Doiet*; la maison et chastel de *Bouchapt*; le
chastel et seigneurie de *Montassigier*; le chastel fort et seigneurie de *Puiguillon* en
Murat; la maison et seigneurie de *Fonterjus*; le sieur prieur de *Chavenon*; le sieur
prieur de *Gros Boys*; la maison seigneurialle de *la Maison Neufve*; la maison noble de
La Vallée.

DOMAINE DE LADICTE CHASTELLENNIE. — CHAPITRE LXXXV.

Le revenu de la chastellenie de Murat tant allienné que des aydes a esté accusée par feu maistre *Jehan Foullé* quand vivoit conseiller du Roy commissaire en ceste partie pour le temps et aux condictions que les autres, a Lancelot Bovachot fermier, pour la somme de quatre mil trois cens cinquante livres outre les charges cy après declairées par ce . . . . iiij^miijcl L.

Charges ordinaires. — *En argent.* — Aux religieuses de la Nunciade de Bourges
. . . . cxiiij L. viij S. iiij D.

Au chapitre de Bourbon Larchimbault . . . . x L.

Au chapitre de Montcenoux. . . . . xxviij S.

Aux prieuses de Pontratier . . . . xv S.

A la chappelle des Autelz . . . . xl S.

Aux chanoines d'Herisson . . . . xl S.

Au commandeur de Maignet. . . . . xxv S.

Au prieur de Chastelloy . . . . lx S.

Au vicaire de la Couldre. . . . . lx S.

Au chastellain de Murat . . . . xxx L.

Au lieutenant . . . . xxx L.

Somme argent : ij^cxij L. i S. iiij D.

En soigle. — A la Cherité de Chappes. . . . . ij quartes.

A la Cherité de Sainct Sornyn . . . . ij quartes.

A la Cherité de Chavenon . . . . ij quartes.

A la Cherité de Murat. . . . . x quartes.

Au curé de Murat . . . . iiij quartes.

A l'abbé de Bellegue . . . . iiij quartes.

Aux chanoynes de Bourbon. . . . . xiiij septiers.

Au curé de Sainct Bounet de Fours . . . . ij septiers iij cop.

Au prieur de Chantelles . . . . ij septiers.

Aux heritiers de Sainct Bounet. . . . . ij septiers.

Le tout mesure de Sainct Bounet.

Au chappitre d'Hérisson. . . . . xij^miiij septiers.

Au curé de Doyet . . . . i quarte.

Aux religieux de Bellegue . . . . iiij septiers.

Le tout mesure Montvic et Doyet.

Somme soille mesure Sainct Bounet . . . . xx septiers xxiij quartes iij cop.

Soille mesure Montvic et Doyet. . . . . xij^mviij septiers i quarte.

En avoyne. — Aux chanoynes de Bourbon . . . . xij septiers.

Au curé de Murat . . . . vj septiers.

Au prieur de Chantelles . . . . ij septiers.

Le tout mesure de Murat.

A l'abbé de Bellegue . . . . biij septiers.

Au prieur de Colombier . . . . iiij septiers.

Le tout mesure grenier de Malicorne.

Somme avoyne mesure Murat . . . . xx septiers.

Et mesure grenier de Malicorne . . . . xij septiers.

FORESTZ ET BUISSONS EN LA CHASTELLENNIE DE MONTMARAUD APPARTENANT A MONSEIGNEUR LE DUC. — CHAPITRE LXXXVI.

La forest de Montfeschier ; la forest de Chasteau Charles ; la forest des Advenaux. Ces trois forestz sont contigues et de bien petite estendue chacune parquoy ne meritent nom de forestz.

Buissons. — Le buisson des Fayans : le buisson de Rivallay ; les Brosses Bourbonnoises ; la Feuillouse ; le Chef de la Font ; les taillis de Bouillaiz ; les tailles Cosnes.

Estangs. — Estang n'y en a aucuns en ladicte chastellenie appartenant a monsieur le Duc.

Au siége de Montet. — Au siège du Montet sont les boys tailliz qui s'ensuivent : Muratel ; partie de Perroigne ; partie de l'Espan. — N'y a estang ny rivières.

DE LA VILLE CHASTEL ET CHASTELLENNIE DE MONTLUÇON. — CHAPITRE LXXXVII.

ONTLUÇON ainsy nommée selon aucuns de Lucius très regnommé capitaine romain est ville très antique la seconde du pais et duché de Bourbonnois soit en grandeur richesse et forteresse et l'une des dix sept chastellenies. Icelle située près le fleuve de Cher sur la crouppe d'une montaigne sa forme est a près ronde excepté du cousté allant aux cordelliers qui s'estend en façon d'une poyre ; elle est enceinte de bonnes murailles et de plusieurs tours bien flrancquées et hors d'eschelle et environné de grandz fossés, ayant quatre belles et fortes portes, dont la première qui est sur le haut du cousté tendant aux cordelliers s'appelle la porte Marchioux. La seconde est a dextre sur le grand chemyn d'Auvergne et s'appelle des Forges, et au dessoubz d'icelle passe un petit fleuve ou ruisseau appellé Dameron qui prend son origine de l'estang de Maleutrie en la parroisse de Durdat, passe à Chamblet de la par vallées oblicques passant joignant ladite porte et faulbourg des Forges nectoye les trippailles des bouchiers, infection des tanneurs et autres immodices, remplist devers le bas les fossés de la ville et suivant son cours près la porte et les faulxbourgs Sainct Pierre entre le pont et le moulin de la Greve se desgorge dedans le Cher. La troisiesme porte s'appelle Berthonys hors laquelle est le chemyn pour aller en Combraille, et la quatriesme qui est la plus basse et la plus frequenté est la porte Sainct Pierre entre laquelle et le pont de Cher qui est faict moictié de pierre et moictié de boys, y a un grand et riche faulxbourg appellé le

Montluçon ainsy nommé de Lucius cappitaine romain.

Le Cher, fleuve.

Dameron. fleuve petit.

13

faulxbourg de Sainct Pierre auquel sont les hostelleries et cabarets à loger les passants, estant ledict faulxbourg peuplé de riches marchans et quantité de bons artisans. Sur le hault de la ville est la grand place du marché public qui là se tiennent tous les jours de mercredy et sabmedy et sy est decorée de deux belles et grandes fontaines, de deux prieurés et d'une eglise collegialle, Ascavoir du prieuré conventuel de Nostre Dame de l'ordre Sainct Benoist de très bon revenu mais mal servy et moins entretenu : icelluy situé au dessoubz du chasteau joignant la place de la ville. Le prieuré conventuel de Sainct Pierre de l'ordre Sainct Augustin situé au bas de la ville près la porte Sainct Pierre et en icelluy est la cure et parroisse de la ville, et l'eglise collegialle Sainct Nicolas située sur ladicte place.

Deux belles fonteines.

Deux beaux prieurés. Une eglise collegialle.

Du chasteau. — Au lieu plus haut et eminent de la ville sur une mothe eslevée entre le midy et l'orient est assix le chasteau dudict Montluçon concistant en un beau et grand corps de logis edifié par le bon duc Loys sur une grande et longue place dans lequel sont plusieurs salles, chambres garderobes cabinetz et autres membres et offices commodes et par expecial le grand pavillon qui est le logis du Prince sur lequel est la tour du Horloge mais à faulte d'entretenement de couverture on le laisse tumber en ruine qui est tres grand dommaige. Tout le long dudict chastel du cousté d'occident y a une longue gallerie haute partie en deux, au milieu de laquelle est la chappelle des Ducs de Bourbon qui est asses belle ; tout le reste du logis est en caves celliers et greniers qui servent a serrer les bledz et les vins qui proviennent de la recepte de la chastellenie ; et a main senestre a l'entrée du chastel dans une maison basse se tiennent les plaidz de la justice ; tout le reste du viel bastiment est tumbé en ruyne.

Situation du chasteau de Mont Luçon.

Ruyne dudict chasteau.

JUSTICES DEPPENDANT DU SIEGE CAPITAL DE LADICTE CHASTELLENNIE. — CHAPITRE LXXXVIII.

En la chastellenie et justice de Montluçon oultre le siège principal et capital qui se tient en ladicte ville soulloit avoir d'anciennete six autres sièges forains ou le juge dudict siège capital avoit accoustumé aller sieger et tenir les plaidz. C'est ascavoir

Villebret, distant de Montluçon deux lieues ;

Neris, distant pareillement de deux lieues ;

Domerat, distant d'une lieue ;

La Marche, distant de quatre lieues ;

Argentie, distant de deux lieues ;

Gouzon, petite ville limitrophe de Combraille six grandz lieues.

Desquelles justices le Roy estant à Molins en l'an mil v^e soixante six à la poursuitte et requeste des officiers et habitans de Montluçon à réuny au siege capital de ladicte ville les justices qui s'ensuivent :

Villebret, Domeyrat, La Marche, Nerys, Argentie.

JUSTICES VASSALLES DE LADICTE CHASTELLENNIE. — CHAPITRE XC.

S'ensuivent les noms des seigneurs qui ont justice dans tout le ressort et chastellenie de Montluçon et sieges forains d'icelle, lesquelz a cause de leurs dictes justices sont vassaulx, doyvent et font hommaige au Roy et a monsieur le Duc a cause dudict chastel et chastellenie de Montluçon : le sieur de *Marcilhac* ; le sieur du *Chef sur Tarde* ; le sieur de *La Roche Esmond* ; le sieur de *Lussat* ; le sieur de *Gouzon* ; le sieur de *Reville* ; le sieur de *Quinsames*.

Autres maisons et seigneuries vassalles non ayant justice. — Le chastel fort et seigneurie de *Ligondais*. Le chastel fort et seigneurie de *Montz*. La maison forte et seigneurialle de *Beaussons*, en la parroisse de Tarjat. La maison et seigneurie de *Perigord*, près Gouzon. La maison seigneurialle de *Sepouse*. La seigneurie de *l'Estang*, près Gouzon. La maison noble de *la Roche*, parroisse Sainct Pierre de Montluçon. La seigneurie et chasteau de *la Rivière*, parroisse Desertines. Le chastel fort et seigneurie de *Fretaise*, parroisse de Rounet. Le chastel et seigneurie de *Goutières*, parroisse Sainct Genestz. La maison et seigneurie de *Fougières*, parroisse Marcillat. La maison noble de *Foceyneau*. Le chasteau et seigneurie de *Maleret*. Le chasteau fort et seigneurie de *Puis Claveau*, parroisse Marcillat. Le chastel fort et seigneurie des *Forges*, parroisse Comentry. La terre, chasteau fort et seigneurie de *Rounet*. La maison noble d'*Urissellier*, parroisse Domérat. La maison et seigneurie de *Rochere*, parroisse de Thillet. La maison seigneurialle de *La Brosse de la Val Saincte Anne*. La maison noble de *Blancheriau*, susdicte parroisse. La terre et chastel fort de *Chasteau*, es parroisses Saincte Therence et Sainct Forjol par moictié. La maison seigneurialle du *Max*. Le chastel fort et seigneurie de *Mallerée*, parroisse Sainct Genest. La maison noble de *Chastellard*, parroisse La Celle soubz Montagu. La maison noble et seigneurie de *La Mothe Aubreul*. Le chastel fort et seigneurie de *Vielle Vigne*, parroisse Sainct Saulvyer. La maison noble de *Ferrières*, parroisse de Nerys. La maison noble de *Montigny*. Le chastel fort et seigneurie de *Chaulx*, parroisse Sainct Mariet en Combraille. La maison seigneurialle de *l'Espouse*. La maison et seigneurie de *La Vaulx*. Les *doyen chapitre et chanoynes de Montluçon*. La maison noble de *Langarde*, parroisse Lignerolles. Le chastel et seigneurie de *Vierzat*, limite de Combraille. La maison noble *du Puys*. La maison noble des *Chaulmes*. Les chapellains de la communauté de *Gouzon*. La maison noble du *Boys*. La maison noble de *la Cave*, parroisse Domerat. La maison et chastel fort de *Perassier*, près Nerys. La maison seigneurialle de *Montassiegier*, parroisse Nerys. Le chastel fort et seigneurie d'*Unson*, parroisse de Sainct Forjol. Le chastel et seigneurie de *Chaulx*, parroisse Mazirat. La maison seigneurialle de *la Vauvrille*, mesme parroisse. La maison noble de *Rochebuz*, parroisse Theillet.

VILLES, BOURGS ET PARROISSES, VILLAIGES ET COLLECTES DE LADICTE CHASTELLENNIE. — CHAPITRE XCI.

La ville et faulxbourgs de *Montluçon*, laquelle contient. . . . . iiij^clxiiij feuz.

La parroisse de *Desertines*, laquelle conciste en . . . . vj^{xx}x feuz.

La parroisse de *Chastel Viel*, concistant en . . . . xj feuz.

La parroisse de *la Val Saincte Anne* contient . . . . cj feuz.

La parroisse de *Blanzat* conciste en . . . . xxxviij feuz.

La parroisse de *Durdat*, qui est prieuré cure contient . . . . . iiij^{xx}xvj feuz.

Villebret, chasteau fort justice et villaige est de la parroisse d'Arpheville.   xlij feuz.

Sainct Priest, parroisse près Villebret. . . . . . . , ... xvij feuz.

Rounet, parroisse et chasteau contenant. . . . . iiij^{xx}iiij feuz.

Lainctz, parroisse . . . . xxvij feuz.

Barrachières, villaige et collecte. . . . . '. . . . bj feuz.

Neris, parroisse bourg et bon prieuré conventuel de l'ordre sainct Augustin dependant de la prevosté d'Esvo et les antiquités et memorables baings chaudz desquelz sur la fin feray briesve description : le bourg et parroisse de Neris contient.   iij^cxviij feuz.

Sainct Genest, parroisse près le Cher contenant. . . . . iiij^{xx}viij feuz.

Quinsames, parroisse et chasteau neuf en la justice de monseigneur le Duc.   xlv feuz.

Quinsames, en la justice de l'Aye avec les villaiges de Chaudonnet et la Mazerolle . . . . xxj feuz.

Domerat, grande et riche parroisse située en grand pais de vignobles contient . . . . iij^cxij feuz.

Poliet. parroisse près Cher, concistant en . . . . xxxviij feuz.

Lineroles, parroisse près le Cher . . . . iiij^{xx}viij feuz.

Saulx, parroisse, contient le nombre de. . . . . xlviij feuz.

Marcilhat, parroisse contenant. . . . . vj^{xx}ix feuz.

Arpheville, parroisse près Villebret . . . . lx feuz.

Neufville saincte Therence, parroisse et beau chasteau fort situé sur un haut pais . . . . lxxij feuz.

Terjat, parroisse non loing de Villebret . . . . lxiij feuz.

La Celle, près Montaigu avec les habitans de Lonchanp en la parroisse de la Celle chastellenie de Murat avec la Celle conciste en . . . . cxix feuz.

Oulches, parroisse de la Cher. . . . . xxxiij feuz.

Mazirat, parroisse. . . . . iiij^{xx}xij feuz.

Prémilhat, parroisse oultre Cher . . . . xix feuz.

Coursaget, parroisse contenant. . . . . xxiiij feuz.

Brugnon, en la terre de l'Estang . . . . : . . lxiij feuz.

Bobignat, villaige et colecte . . . . x feuz.

Sourdon, villaige contenant . . . . x feuz.

Gouzon, petite ville et franchise sur la montaigne limitrophe de Combraille
. . . . lxxvj feuz.

La parroisse de *Gouzon* hors la ville et franchise contient . . . . lx feuz.

Mesmin, Bersages et *La Courtaud*, villaiges . . . . xxvij feuz.

Argentie, parroisse près Cher. . . . . xxxv feuz.

Theillet, parroisse . . . . xxxvij feuz.

Sainct Forjol, parroisse en la montaigne limite de Combraille contient. lxxj feuz.

Lussat, parroisse sans Fleuraget et les Barres . . . . c feuz.

Fleuraget et *les Barres*, distraictz de la colecte de Lussat. . . . . xviij feuz.

Sainct Marcel, parroisse en la montaigne tirant en Combraille. . . lxiij feuz.

Sainct Pardoux, parroisse en la montaigne, près Esvo en Combraille. cj feuz.

La Celle soubz Gouzon, parroisse près Gouzon . . . . xlvj feuz.

Tresfondz, villaige et collecte . . . . xij feuz.

Bourchaulx, villaige et collecte contenant . . . . vj feuz.

Somme totalle pour toute la chastellenie : iij^miij^cxxiij feuz.

La chastellenie de *Montluçon* mesmement ce qui est autour de la ville tant de la que deça le Cher est située en pais de vignoble contenant tant en longueur que en largeur environ de deux a trois lieues, se recueille ordinairement quantité merveilleuse de très bons vins desquelz se fournissent tous les ans partie de ceulx des Lymousins, de La Marche et de Combraille et outre les vignes y a quantité de terre à soigle, orge et avoyne, et quelques unes à froment ; et pareillement y a de grandes prairies et *maiereit* qui ne sont de petit revenu tout le reste de la chastellenie est situé en pais maigre, montueux et bossu ou ne croist que soigles et petis bledz : mais la principale commodité dudict pais conciste en faict de pascaige et pessaige de bestail et quantité de boys tailliz.

Foires et marchés. — En la ville de Montluçon sont les foires qui s'ensuivent toutes les années.

Le lundy devant la purification Nostre Dame au mois de febvrier. Le lundy devant Pasques flories. Le lundy devant la Penthecouste. Le premier jour du mois de may. Lendemain de la feste Sainct Pardoux. Le jour devant la feste Sainct Thomas apostre devant Noel.

Et ne dure chacune lesdictes foyres qu'un jour entier et la se faict merveilleuse traficque de gros et menu bestail ; vray est qu'il y a chacun mercredy et sabmedy marché.

Foires de Nerys. — Au bourg et parroisse de Nerys ne soulloit avoir aucunes foires ; mais le Roy et la Royne estant à Molins en l'an mil v^e soixante six a la supplication et poursuitte des habitans y en erigea quatre ainsy que s'ensuit.

La première l'endemain de la Trinité ;

La deuxiesme la veille Sainct Jehan Baptiste ;

La troisiesme la veille de tous les Saincts ;

La quatriesme la veille de Saincte Agathe.

ANTIQUITEZ ET BAINGS CHAULX DE NERYS. — CHAPITRE XCII.

Les antiquités ruines et vestiges qui se voient encores pour le jourdhuy a Nerys, ainsy nommé comme plusieurs estiment du nom de Neron empereur de Rome, demonstrent avoir anciennement esté une bien belle et grande ville combien que pour le present ce ne soit qu'un bourg et une parroisse contenant deux cents quarante huict feuz, dont la situation est sur la montaigne en pais pierreux et bien rudde, et

la y a un prieuré de l'ordre Sainct Augustin deppendant de la prevosté d'Esvo en Combraille lequel est de bon revenu, outre que le prieur pres de l'eglise y est accommodé d'un beau grand logis et au dessoubz d'icelle se voient les ruines d'un ancien

chastel situé sur une mothe fossoyée estant à cinq faces ou forme pentagone, ayant cinq petites tour rondes et une sixiesme plus haute et plus grande que les autres qui semble avoir autresfois servy de prisons. Puis un peu plus bas sur le chemyn tendant a Montluçon entre vallées et collines est la belle et grande garenne de gros arbres de

Bouys aucuns desquelz arbres sont de la grosseur d'un petit corps humain et seroit chose difficile d'en pouvoir trouver telle quantité de plus grandz ny de plus beaux ; et dans icelle garenne en divers endroictz sur petites mothes eslevées en façon de

forts, entre umbrageuses vallées plusieurs vestiges et ruine d'edifices et grosses murailles de bricque cimentées antiques et outre le ruisseau des baings a l'occident, sur une autre montaigne sont les ruines d'un autre grand chasteau fort, de manière que de tous coustés se veoid apparance d'antiquité voire que les habitans du lieu en labourant la terre y treuvent souvent des medalles d'argent et de bronze des empe-

reurs Neron, Vespasien, d'Antonyn et de Faustine, et y en ay recouvert plusieurs. Tirant vers la vallée, à l'occident environ sept vings pas au milieu du bourg sont situés

les antiques baings chaulx de Nerys edifiés du temps des Romains en forme sexagone ou a huict faces, de beaucoup plus longs que larges, contenant de tout circuit deux cents soixante trois piedz de Roy et cinquante piedz au plus large, environné par le dedans de trois rengs de grandes marches ou degrés de pierre à mode d'un theatre pour servir de sièges a ceux qui s'y baignent et y en a aussy autour des deux puitz le plus grand desquelz est pareillement a six faces tenant toutes fois sa forme quarrée.

Nature, qualité et vertu desdicts Baings. — Les sources principales desdictz baings qui tiennent de soulphre et du bithume sont continuellement bouillantes combien que la challeur soit assés temperée : la couleur de l'eaue tient du celeste, meslée d'un peu de verdeur, et est si parfaictement claire que l'on verroit une esplingue au fondz ; elle est très *aunable* a boire mesmement estant refroidie et si est exellente à plusieurs infirmités, et parce plusieurs personnes privées et estrangières s'y vont baigner. Elle resoult et mollifie toutes durtés comme gouttes noueuses et guerit les galleux et

podagres et plusieurs autres maladies. Victruve en son huictiesme livre chapitre troisiesme dict que le breuvage des eaux bithumeuses a accoustumé de guerir les douleurs interieures en purgeant les personnes mollestées de mauvaises humeurs.

Asses pres desdictz baings du cousté de midy y a une fontaine d'eaue froide mais un peu fade a boire, et l'eaue qui decolle des baings faict un petit ruisseau, lequel entre vallées profondes et tortueuses après avoir faict mouldre treize moulins, tournant tout court à senestre à un quart de lieue au dessoubz de Montluçon se va desgorger dans le Cher.

Ruisseau descoulant desdicts baings qui faict mouldre treize molins.

Pourtraict desdicts Baings.

DOMAINE DE LADICTE CHASTELLENNIE. — CHAPITRE XCIII.

Le domaine de ladicte chastellenie de Montluçon fut pareillement assencé au mesme temps pour les mesmes années et condicions que les autres chastellenies par maistre Jehan Foullé lorsqu'il vivoit conseiller du Roy et commissaire en ceste partie a maistre Jehan Haquet fermier de ladicte chastellenie pour la somme de trois mil quarante cinq livres outre les charges ordinaires cy après declairées qu'il fault qu'il paye outre ladicte somme, par ce . . . . iij^{m}xlv **L.**

Charges ordinaires. — *En argent.* — Au chapitre Sainct Nicolas de Montluçon . . . . xxxix **L.** xvj **S.** viij **D.**

Au prieur de Touchepte. . . . . xxxv **S.**

Au prieur Nostre Dame de Montluçon . . . . lv **S.**

Au prieur Sainct Pierre de Montluçon. . . . . v **S.**

Au prieur Sainct Pierre d'Esvo. . . . . xl **S.**

A la prieuse d'Escot . . . . c **S.**

Aux seurs de la Nunciade de Bourges . . . . cxiiij **L.** viij **S.** iiij **D.**

A l'aumosne du chastel de Montluçon . . . . lxv **S.**

Au lieutenant general dudict lieu. . . . . iiij^{xx} **L.**

Aux gardes des prisons dudict lieu . , ... c **S.**

Somme en argent : ij^{c}liij **L. v S.**

En froment. — Au prieur de Montluçon . . . . vij quartes.

Au prieur Sainct Pierre de Montluçon . . . . ix quartes.

Au prieur de Saulx . . . . iij septiers.

Au commandeur de Vaulxfranche. . . . . iij quartes.

Somme en froment : iij septiers ix quartes.

En soigle — Aux frères prescheurs de Bourges. . . . . iiij^m.

Au chapitre Sainct Nicolas de Montluçon . . . . vij^mxi septiers.

A la prieure d'Usac. . . . . iiij septiers.

Au commandeur de Vaulxfrauche. . . . . v septiers.

Au prieur Sainct Pierre de Montluçon. . . . ., . iiij^miiij septiers.

Au maistre de la feste aux clercs . . . . i septier.

A la crié et trompette de la ville . . . . ij septiers.

Au prieur de Saulx . . . . iij septiers.

Somme en soigle : xv^mxxx septiers.

En avoyne. — Au chapitre Sainct Nicolas de Montluçon . . . . . ix septiers.

En cire. — Au chapitre dudict Sainct Nicolas . . . . viij cire.

Vin. — A madame de Montpencier . . . . — iij thouneaux enserpillés.

Au prieur de Montluçon. . . . . i thouneau j muitz.

Au chapitre Sainct Nicolas de Montluçon . . . . ij thouneaux.

Aux frères prescheurs de Bourges. . . . . iiij thouneaux enserpillés.

Au prieur d'Esvo . . . . i thouneau i muitz iiij septiers.

Somme en vin : xi thouneaux ij muitz iiij septiers.

Forestz. — La forest de Champeaux près Romet, parroisse de l'abaye de Bellegue. La forest de Gouttemaille, en la parroisse de Viollet. Les Renardieres, parroisse Sainct Pardoux. Boys Berger et Pollennes.

Buissons. — Tigoullez ; les Fouilles ; les Beauxpères ; les Fontaines ; les tailles de Bissier ; les tailles Tarjat ; le bois Sainct Pé ; les tailles de l'Hermitaige ; les tailles Marsannes ; le bois de Sou ; le bois Rolly ; la garenne de Neris qui est tout de Bouys ; le bois de la Rovère ; le bois d'Auguistre ; les tailliz de Barrachexis ; le bois Sainct Pardoux ; les tailliz de Thison.

Estangs — Estangs n'y en a aucuns en ladicte chastellenie apartenant a monseigneur le Duc.

Grenier à sel. — En la ville de Montluçon y a grenier a sel qui s'estend sur les chastellenies, terres et chambres qui s'ensuivent :

En la chastellenie de Montluçon ledict grenier fourniste le nombre de. . . . . xxxviij parroisses.

En la chastellenie d'Héricon . . . . lij parroisses.

En la chastellenie de Murat . . . . xxxvij parroisses.

En la terre de Sully qui est Sainct Amand. . . . . xxviij parroisses.

En la chastellenie et chambre d'Aynay. . . . . xliiij parroisses.

En la chastellenie et chambre a scel de Germigny . . . . . . x parroisses.

En la chastellenie et chambre a scel de Gannat. . . . . . . xxiij parroisses.

En la chastellenie de Chantelles. . . . . xlvj parroisses.

Somme toute tant au grenier qu'esdictes chambres ledict grenier fournist de scel le nombre de ij^clxxviij parroisses.

DU CHASTEL, BOURG ET CHASTELLENNIE DE BOURBON-L'ARCHIMBAUD. — CHAPITRE XCIV.

BOURBON-L'ARCHIMBAUD ainsy nommé d'un Archimbaud baron et seigneur de Bourbon à la différence de Bourbon Lancy qui est en Bourgoigne est un grand bourg en fond de vallée entre deux montaignes l'une a l'orient et l'autre a l'occident en païs pierreux et penible, lequel est mal plaisant et assez mal basty et contient trois cens septante huict feuz. Sur le millieu du bourg sont les grandes halles ou sont receuz tous les marchans et leurs marchandises es jours de foires et marchés, et soubz icelle est l'auditoire ou se tiennent les plaictz de la justice tous les jours de mercredy et samedy du siege capital de la chastellenie. Sur le plus haut du bourg au lieu appellé le faulxbourg Sainct George est l'eglise parrochialle dudict Bourbon du tiltre de Sainct George et le grand cymitiere au près, au bas duquel y a une chappelle de Sainct Pierre deppendant de ladicte eglise parrochialle, et une autre auprès fondée de Toussainctz fondz membre deppendant de l'abbaye de Sept fondz ; et joignant l'eglise Sainct George est edifié un beau prieuré de religieuses de l'ordre Sainct Benoist deppendant de l'abbaye Sainct Menoux lequel a eglise, cloistre et logis prioral, mais le tout en ruine et desertion parcequ'il est de longtemps en procès, et vault de revenu de deux a trois cens livres par an. Il y a encores dans le bourg au bout des baings tirant vers le faulxbourg de Villefranche un hostel Dieu fondé de la Magdellaine auquel y a un vicaire et un gouverneur hospitalier pour y recepvoir les pauvres et soubz le chastel une autre petite eglise du nom et tiltre St Germain.

Chastel de Bourbon. — Au dessus du Bourg tirant au septentrion sur un grand et roidde rocher est situé et assix le fort chastel de Bourbon environné de bonnes murailles, et sur le haut vers le septentrion d'un profond fossé et pont levis, et de ce cousté sont trois grandes et fortes tours qui joignent le vieil logis, et y en à encores douze autres, deux desquelles qui sont les plus grosses et plus massives, et qui plus donnent de force au chastel sont, la tour dicte de Quiqu'en groigne et la tour de l'Admiral qui regardent le faulxbourg de Villefranche et le grand estang de Bourbon qui environne et fortifie bonne partie dudict chastel, estant ledict estang de grand circuit, ayant deux langues, et tenant le prieuré de Vernoillet près, comme une isle joignant ; et dessoubz ledict chastel y a des moulins servantz de forteresse de très grand artifice et entreprinse. Audict chastel y a un donjon edifié par le bon duc Loys mais est demouré imparfaict, dans lequel y a une ancienne chappelle fondée en l'an mil trois cens et quinze par Loys, premier duc de Bourbonnois filz de Robert conte de Clermont filz du Roy Sainct Loys, et près icelle est la saincte chappelle fondée en l'an mil quatre cens vingt et cinq par Jehan deuxiesme du nom et sixiesme duc de Bourbonnoys et duc d'Auvergne qui espousa Jehanne de France fille au Roy Charles sep-

Situation du bourg de Bourbon.

Situation du chasteau de Bourbon.

Molins servant de forteresse audict chastel.

La saincte chappelle de Bourbon fondée par Loys, 1er duc de Bourbonnois, filz de Robert, conte de Clermont.

tiesme et sœur au Roy Loys unziesme, est ladicte chappelle fondée de douze chanoynes l'un desquelz est le tresorier et l'autre le chantre, et y a six semis chanoynes quatre enfens de cueur et deux chappellains gaigés, deux secretaires ou balistes, et un escribe et secretaire de ladicte eglise, tous lesdictz chanoynes et autres officiers sont logés en la basse court dudict chastel, en laquelle y a plusieurs maisons et logis particuliers, et au bout d'icelle qui regarde le bourg sont les greniers et celliers pour mettre les grains de la recepte de la chastellenie ; et outre y a audict chastel un capitaine qui a soixante dix livres de gaigés, un portier, un bovatier et un concierge qui a les clefs des prisons pour la garde des prisonniers, et au bourg dudict Bourbon pour l'exercice de la justice y a lieutenant general a gaigés, procureur du Roy et de monsieur le Duc a gaigés, greffier, fermier, et en oultre un commis du maistre des eaues et forestz de Bourbonnois, un procureur, un greffier et un esleu particulier en tiltre d'office.

Officiers du chastel et chastellenie de Bourbon.

DES BAINGS CHAULX. — CHAPITRE XCV.

Au dict bourg de Bourbon au dessus des halles sont les baings chauldz provenant des fontaines chaudes qui passent par mines d'alum et de soulphre et sont beaux et grandz, beaucoup plus longs que larges tenant la forme octagone ou a huict faces. comme aussy les trois puitz qui sont dedans hault eslevés près de la muraille et tous trois joignant l'un a l'autre, et sont couvers de grilles de fer fermant a clef a ce que personne par inadvertance ny tumbe, car l'eaue qui est dedans venant des vraies sources des baings est sy extremement chaulde et bouillante que sy une personne ou quelque beste estoit tumbée dedans comme ceulx de Bourbon asseurent qu'il advint une fois a un certain homme, il seroit bien difficille de le pouvoir retirer autrement que par pieces. Lesdictz baings sont tous environnés de muraille antique pour la retention des eaues, et tout autour par le dedans y a de grandes marches et degrés de grandes pierres de taille pour servir de siege. a ceulx qui s'y baignent, et y a une separation du cousté des halles au bout du grand baing d'une longue muraille de grandes pierres plattes au milieu de laquelle par un petit canal s'escoulle l'eaue dans un autre receptoire deux fois plus petit que ledict grand baing ou les femmes dudict bourg lavent leurs linges et leurs lexives, et decoullant l'eaue de la faict un petit ruisseau lymoneux et fumant mesmemen en hiver que les eaues sont plus chaudes, qui se va joindre avec l'eaue qui dessend du grand estang du chasteau, et tous deux ensemble entrent dans un autre ruisseau appellé La Burge qui prend sa source au bourg de la Burge soubz ledict chastel de Bourbon et faict mouldre plusieurs moulins.

Forme et situation des baings chauds. Trois puits bouillants dans lesdicts baings

Ruisseau provenant desdicts baings.

Vitruve, li. 8, chap. 3. De la vertu des eaues sulphurées.

Nature et proprietez desdicts Baings. — Toute eaue chaude ainsy que dict Vitruve au livre huictiesme chapitre troisiesme de son architecture est medécinalle pour autant qu'elle est cuyte par ses rencontées qui luy font recepvoir une autre vertu pour nos usaiges, et qu'il soit vray les fontaines et baing sulphurés guerissent les morfondures et refroidissement de nerfz en les reschauffant au moings de leurs proprietés chaudes et attirant des corps les humeurs corrompues et depravées.

Celles qui sont plaines d'alum profittent grandement aux paralytiques et autres qui ont leurs membres mutilés, parcequ'elles ouvrent les porrosités des vaines puis purgent les parties affligées et par la force de leur challeur chassent hors la maladie contraire, sy bien que les langoureux en sont souventes foys restitués en leur première senté.

Le mesme Vitruve.
Des eaues alumineuses.

Or l'eaue de ces baings est meslée avec soulphre et alum, et parce, est bonne pour les yeux troublés et chassieux ; renforce la debilitation des nerfz par catharre et flux de sang sortant des narrines ; elle est fort souveraine à pulmons foibles et estomac languissant ; donne appetit et faict la digestion ; guerit la douleur de la ratte et du foye, et les jambes ulcerées, et sert grandement pour les gouttes et toutes maladies froides et humeurs, et sy est bonne pour les percluz et pour ceulx qui ne se peuvent ayder de leurs membres, ou qui ont les veines ou les nerfs debilités ; et sert de remedde aux ydropicques et gravelleux et a ceulx qui ont la pierre et la colicque, et lasche le ventre a ceulx qui en boyvent, mais aux femmes enceintes est defendu d'en boyre et de s'en laver.

L'eau desdicts baings
est meslée avec soulphre
et alum.
Vertu desdictz baings.

Pourtraict desdictz Baings.

DE LA FONTEINE S. PARDOUX OU FONTEINE VINEUSE. —
CHAPITRE XCVI.

Dans les distroictz de la susdicte chastellenie de Bourbon en la parroisse de Theneulhe près le chasteau du Bouys appartenant au baron du Riau sur le grand chemyn tendant dudit Bourbon à la ville de Cerilly en une vallée païs fertille en bledz soigles et nourriture de bestail parcequ'il est montueux et plain de forestz et tailliz y a un petit temple dedié a Sainct Pardoux, et quelques ruines d'anciennes maisons et une seulle qui est la taverne, auquel lieu la terre est asses rouge et boueuse, et bonne a faire bricque, et autres telz ouvraiges : sur le mesme chemyn environ six toises de distance du temple y a une fontaine tenant forme longue et quarrée qui a cinq piedz de Roy de long deux piedz de large et cinq piedz et demy de profondeur estant couverte de thuille, la couverture soustenue sur quatre pousteaux de bois ; l'eaue de laquelle fontaine venant des sources de terre sort tant impetueusement qu'il semble qu'elle soit incessamment bouillante combien qu'au toucher elle soit fort froide. Les habitans du païs l'appellent la fontaine Sainct Pardoux ou fontaine vineuse et ce à cause qu'elle à une acidité en son goust tirant un peu sur le goust de vin picquant, ou bien pour autant que la terre qui est toute rouge faict paroistre l'eaue comme vin clairet, un peu lousche dans la fontaine, encores qu'elle soit de son naturel claire comme eaue de roche ainsi qu'il se peult voir à l'œul la mettant dans un voirre. Ladicte eaue beue ainsi qu'afferment ceux du pais à plusieurs grandes vertus et proprietés mesmement contre le venyn l'hydropisie et la fievre, et estant la allé exprès faisant mon cours et visitation par le Bourbonnois pour voir a l'œul les merveilles d'icelle fontaine ayant appellé quelques voisins et le tavernier, et les ayant diligemment interrogés des vertus et nature d'icelle, après l'avoir très bien concideré sondé et mesme je m'en feiz mettre dans un voirre bien neet pour en gouster, luy trouvay un goust acide et picquant et non par tropt desagreable au boyre, me rendant incontinent par sa vertu un grand et doux eschauffement en l'estomac ce qui me donna envie d'en boyre d'avantage parce que au precedant j'avois esté par cinq ou six jours sy mal disposé d'un morfondement et d'une fievre lente qu'a peine me pouvoit je tenir a cheval, et n'en euz plustoust beu un bon voirre qu'en un instant je me sentis du tout delivré de ma maladie et remis en ma santé pristine. Sur le mesme chemyn et es environ il y a plusieurs autres sources bouillonnantes de telles eaues et fontaines, mais non que la terre y soit rouge ains y est blanche et argileuse ; les habitans circonvoisins et ceux de ladicte taverne n'usent point d'autre eau que d'icelle fontaine soit a faire bouillir leur chair et potaige à pestrir leur pain et en leur breuvage : vray est que sy on en meet parmy le vin dans un voirre, luy faict incontinant tourner sa coulleur en couleur de vin louche, et tourne sans toutesfois gaster son goust. Or ne me trouvant suffisamment satisfaict d'avoir veu a l'œul ladicte fontaine et d'en avoir gouté et beu, desireux de trouver et decouvrir plus avant les secretz admirables que ceste grande dame nature a mis en icelle discourant despuis en divers lieux avec diverses personnes tant rusticques qu'habitans des villes, de la source, origine, qualité et propriété d'icelle je n'en ay trouvé un seul qui plus m'en aye contenté par raisons naturelles et philosophiques qu'un maistre, Pierre Perreau docteur medecin natif et habitant de la ville de Molins capitale de Bourbonnois, lequel comme curieux et docte qu'il est en son art a quelques foys employé quelque temps pour rechercher les causes, qualités et vertus d'icelle ce qu'il m'a volontairement communicqué pour estre sommairement inceree en cest œuvre ce que j'ay voulu faire ainsi que s'ensuit.

La fontaine S. Pardoux ou fontaine vineuse.

Vertu de l'eaue de ladicte fonteine.

L'eaue de ladicte fonteine très bonne a boire, a cuire la chair et a pestrir le pain, mais mise dans le vin luy faict changer sa couleur comme non tourné.

DISCOURS DE M. PIERRE PERREAU DOCTEUR MEDECIN A MOLINS, SUR LA QUALITÉ, PROPRIÉTÉ ET EFFECTZ DE LADICTE FONTEINE. — CHAPITRE XCVII.

Qualité de l'eau. — Parce qu'en toutes choses qu'il fault rechercher et démonstrer les deux principaulx instrumens, sont les sens et la raison qui nous font congnoistre les causes par demonstrations. Il est besoing par les sens rechercher que c'est de l'eaue de la fontaine appellée de Sainct Pardoux les causes de ses effectz, doncques cette eaue est claire, froide au toucher au gout fort acide et sallée, delaissant une grande astriction à la bouche et une odeur asses fascheuse : l'ayant faict distiller par plusieurs foys et diligemment, seché au sediment qui est demeuré au fond de l'alambic, j'ai trouvé de l'alum et du scel nitré la quantité correspondante à celle de l'eaue, voire que si vous faictes seicher au soleil de longue main la bouc et *lut* qui se treuve au fond de ladicte fontaine vous voirrez en partie l'alum par petites pièces et en partie le scel nitré separés l'un de l'autre. Mais parce que l'alum y est en plus grande quantité, il se veoid plus aisement a l'œul car qui ne recherchera diligemment, il ne pourra séparer le nitre. Moy estant au chasteau du Bouys qui est tout auprès je fus curieux de prendre le lut et le faire cuire pour essaier [sy jen pourrois tirer l'alum ainsy que descrit Matheol sur les commentaires deoscorides au livre cinquiesme en la manière qu'il se tire et faict es mines d'alum qui sont auprès de Rome en la Tolpha et aussy sy je pourrois tirer le scel nitre en la manière que tirent les poudrières le salpêtre en cuisant ladicte eaue et bouc et après l'avoir faict cuire et recuire par plusieurs foys je trouvay quelque portion de vraye alum de roche et aussi du sel nitre ce qui se pourra aisement experimenter par ceux qui en voudront prendre la peine : mais parce que je n'avoys ny le temps, le moyen les instrumens propres a cela, je n'en feis grande quantité, toutes fois au fond du lut, il y avoit notoire quantité de sel nitre, dont est aisé a conclurre que ceste eaue est astringente sallée et deseéchante, car Discorides au cinquiesme livre des simples, escript toutes espèces d'alum estre restringente et que les Grecs l'ont appellé stipteria qui signiffie en françois astringent. Regardant donc de pres aux proprietés et vrayes operations de l'alum on trouvera qu'il est notoirement chaud au tiers degré et asses dessechant toutes espèces d'ulcères, est aussy astringent. Je ne m'amuseray d'escripre icy toutes les espèces d'alums remettant le lecteur à Dioscoride, Pline et Galien, seullement je diray que l'eaue de ladicte fontaine passant par les entrailles de la terre qui sont alumineuses, elle rapporte par cela sa vertu astringente, et parce aussy qu'il y a quantité de nitre, l'eau est sallée et nitreuse : quand est du vraye nitre, au temps passé on le tiroit de mines de terre et la ou la quantité de nitre est dans les *ulceres* et cavernes de la terre les eaux sont sallées et nitreuses ; le nitre est une espèce de scel qui est legier, incarnat ou blanc, et qui est troué comme une esponge ; le nitre est chaud au commencement du tiers degré et secq sur la fin du mesme degré, sallé en toutes ses parties. Il nectoye et incise les humeurs grosses et purge [par le vomissement le flegme cru et celluy qui est fort adhérant aux membres interieurs, pour ce les medecins en ordonnent à la colicque tant venteuse que flegmaticque, et d'avantaige à proprieté de faire mourir les vers, et sert de remedde contre beaucoups de poisons. Et parce que la terre autour et dedans ladicte fontaine est toute rouge qui est une espèce de rubrica fabrillis descritte par Dioscoride, qui est de son naturel dessicative et astringentes ressemblant le Bole

L'eau de ladicte fontaine est composée de la nature d'alum et de sel nitre.

Dioscorides, li. 5.

Ladicte eaue est astringente, sallée et dessechante.

Dioscorides, Pline et Galien.

armenii duquel se servent les chirurgiens pour estancher le sang et resouldre les os rompus. Nous dirons donc que ceste caue est composée de trois natures, cest ascavoir du rubrica, d'alum et de sel nitre car passant par la terre qui est rouge et espèce de rubrica dans les visseres et entrailles de laquelle il y a d'alum et de sel nitre, elle prend les qualités de la terre rouge alum et nitre, desquelles mêslées ensemble donnent une autre qualité à ladicte caue qui devient par ce moien propre a beaucoup d'effectz et de grandes vertus comme se voirra cy après.

Ladicte caue composée de trois natures de rubrica, d'alum et de sel nitre.

PROPRIETEZ ET EFFECTS DE L'EAU DE LADICTE FONTEINE. — CHAPITRE XCVIII.

Vertu et effects de l'eaue de ladicte fonteine.

Toutes les choses susdictes nous font conclurre que l'eaue de ladicte fontaine est dessicative, laxative et aussy astringente ; prinse par la bouche elle lache et purge le ventre et corrobore le ventricule, faisant l'operation de rheubarbe, cela venant de la vertu et faculté qu'elle prend du nitre qui est fort laxatif mesme qu'il purge les humeurs grosses et les flegmes qui sont aux parties profondes et interieures de nostre corps, et ce tant par le vomissement que par le bas, qui a donné occasion à beaucoup d'hommes mallades de mauvaise habitude de corps et d'hydropisie de venir en ce lieu pour se faire guerir. Ils boyvent de l'eaue par l'espace de neuf jours faisant quelques certaines cérémonies au temple de Sainct Pardoux la pluspart desquelz s'en vont trouvés gueris. La raison est que ladicte caue est fort dessicative et chaude, ce qui est requis pour la guerison desdites maladies qui ne proviennent que de froide complexion de foys, lequel ne peult convertir le chille en saug ains en aquosité, et parce que ladicte eaue estant beue, lasche le ventre inferieur et corrobore le ventri-cule ou se faict la première digestion des viandes. Il fault croire qu'elle amendera grandement à la feconde digestion qui se faict au foye qui est ja par trop refroidy, mais qu'il s'eschauffera par la vertu de c'est'eaue beue qui de son naturel est chaude et seiche, et fortifiera la vertu significative du foye. Ainsy la raison et experience nous demonstrent l'usaige d'icelle caue estre propre à la guerison des hydropicques. Je ne me veux amuser à ne croire qu'il ne soit ainsy parce que la plus part qui vont boyre de ladicte caue mesmes des pauvres gens en meurent, et la raison en est toute notoire parce qu'ilz en boyvent sy immoderement qu'il est nécessaire ou qu'ilz cretvent ou qu'ilz guerissent, joinct que ceux qui ont de longue main le foy endurcy de telle façon qu'il soit squirre comme dient les medecins, il est impossible qu'ilz puissent guerir voyre quand tous les remeddes d'Esculapius y scroyent proprement

Gallien au livre de Glaucon.

ordonnés et exercités. Galien au livre de Glaucon dict que les squirres corfirnes sont maladies incurables, ce qui est assez experimenté mais si tous ceux qui vont a ladicte fontaine pour boyre de l'eaue se gouvernoient par un docte et heureux medecin et qu'ilz n'eussent point de squirre au foye et beusse de l'eaue par quantité certaine la raison et l'experience nous rendent asses doctes qu'ilz guériroient. Les paisans quand ilz sont mallades de fièvres intervenantes, ilz en boyvent, chose asses mauvaise car ceste eau est fort dessicative et astringente qui n'est pas bon pour les fievres, d'autant qu'estant astringente elle constirpe de telle façon les conduictz de nostre corps qu'elle engendre une fievre continue ce qu'est advenu plusieurs foys. Toutes foys si elle y est bonne c'est a raison qu'elle est laxative.

Un bain faict de l'eaue de ceste fontaine est propre pour les femmes qui sortent de leur couche, et ce pour corroborer la matrice et la nectoier s'il y est demeuré quelque portion de sang et *du riere* faiz et si le reserre et faict estroict, faict la peau du ventre tendue, endurcir les tetins et rend toutes les parties du corps fermes et valides, voire que si une femme se baigne par trois matins dans l'eaue de ladicte fontaine estant conduicte ainsy qu'il est requis, elle se trouverra rajeunie de la moictié et concepvra puis plus aisement et en seront les enfans par après plus sains : si pareillement un mallade de goutes s'y baigne par plusieurs fois après les douleurs passées et qu'il n'y a plus de thumeurs aux joinctures la faculté exiccative de l'eau dessechera tellement les humeurs et l'astrinction qu'elle corroborera et fortifiera les membres que puis après mal aisement aura de fluxion ny gouttes. Or qui voudroit escripre au long toutes les facultés et effectz de ladicte eaue, il fauldroit un livre entier et qu'il ne soit ainsy: elle est propre contre les poisons et venins de manière que sy vous prenes un crapeau ou une grenoille et le gettés dedans vous trouverres qu'il mourra s'il demeurre seullement un quart d'heure dans ladicte fontaine ou bien sy vous l'y laisses moings elle sera si estourdie qu'elle ne reviendra d'une heure après et cela ay je experimenté par plusieurs foys et croy que le mesme adviendroit sy on gectoit dedans quelques serpens ou vipères, car les chenilles et buprestes meurent estant mises dans ladicte eaue, le sel nitré donne ceste vertu, car prins en breuvaige avec eaue et vinaigre, il donne secours au venyn des champignons, prins avec eaue seulle il est bon aux morsures et pointures buprestes et buvant avec un peu de benjoin, il sert a ceux qui auront beu sang de thoreau ; l'alum et l'ombrica ont quasy toutes telles vertus dont ladicte eaue faict ses effectz, laquelle est du surplus utille a plusieurs autres choses, remectant le tout aux doctes medecins qui ont escript des vertus et facultés des eaues naturelles. — Fin.

[marginal note:] Baings faict de l'eau de ladicte fontaine excellent pour les femmes qui sortent de couche.

[marginal note:] Ladicte eaue de fonteine ne peut souffrir aucune beste venéneuse qu'elle ne fasse incontinent mourir par sa vertu.

Pourtraict de ladicte Fonteine.

PARROISSES ET COLLECTES DE LADICTE CHASTELLENNIE. — CHAPITRE XCIX.

La ville franchise et parroisse de *Bourbon* siège capital de la chastellenie, laquelle combien qu'elle ne soit murée si est elle a l'impost de la taille au nombre des villes. En icelle y a cinq foyres l'an ascavoir le sabmedy veille du dimanche gras, le jour sainct George en apvril; le jour sainct Lazare en juillet; le jour sainct Laurent en aoust; et le jour de sainct Symon et Jude en octobre; et marché tous les sabmedys qui est le jour des plaictz et contient ladicte parroisse la quantité de.   ij^clxxviij feuz.

Ygrande, bon bourg et parroisse, auquel y a trois foires l'an: ascavoir le jour sainct Anthoine d'hiver, le jour sainct Urban en febvrier, et le jour saincte Catherine en novembre, et sy a trois chasteaux, le Plex, la Forest et Pontlun, et contient le nombre de. . . . .   ij^cxix feuz.

Francesches sus Bourbon, bourg et parroisse appartenant au sieur de Blancafort en Berry contient. . . . .   viij^{xx} feuz.

Banquetières, qui n'est qu'une maison. . . . .   i feu.

Le bourg et parroisse de *Sainct Menoux* auquel y a une fort belle abbaye de dames de l'ordre Sainct Benoist laquelle est de grand revenu et audict bourg y a cinq foires l'an qui s'y tiennent le jour et feste de sainct Menoux, le jour sainct Barthelemy, le jour sainct Blaise, le mardi après la Pentecoste, et le jour sainct André, et contient ledict bourg et parroisse . . . .   viij^{xx}vj feuz.

Autrys, bourg et parroisse autour de laquelle sont les chasteaux et maisons seigneurialles d'*Issardz*, *la Trouillère* et *le Plessix*, et contient icelle parroisse.   lxv feuz.

Le Breul, parroisse et chasteau contenant . . . .   x feuz.

Agonges, bourg et parroisse contenant . . . .   iiij^{xx}xviij feuz.

Marigny, parroisse en laquelle est la maison noble de Sainct Rondin concistant en. . . . .   lxx feuz.

Sainct Leopardin, bourg, parroisse, prieuré et justice contenant . . .   lviij feuz.

Gouzon, parroisse et chasteau contenant. . . . .   lxviij feuz.

Augy, grande parroisse concistant en. . . . .   cxvij feuz.

Larcy, parroisse autour de laquelle sont les chasteaux et maisons seigneurialles de Poliny, Bigun et Nereux et contient ladicte parroisse . . . .   viij^{xx}viij feuz.

Cluzors, terre chasteau fort et justice es parroisses de Sainct Menoux, Agonges, Autry et Marigny. . . . .   nil.

Buxières, bourg et parroisse en laquelle sont les deux chasteaux fors de la Condemine et de Sarragousse, et en icelle y a chacun an quatre foyres ascavoir le jour sainct Jehan en may, le jour de la Madelaine en juillet, le jour sainct Maurise en septembre, et le jour sainct Thomas en decembre; ladicte parroisse contient . . .   ij^cvij feuz.

Couleuvre, gros bourg, parroisse et les chasteaux forts de Champroux et de Blancfosse auquel bourg y a deux foyres tous les ans, le mardy de Penthecoste et le jour sainct Jullien et contient ledict bourg et parroisse . . . .   ij^cij feuz.

Becay le Monial, parroisse et membre dependant du prieuré conventuel de Souvigny joignant la forest de Grosbois et conciste en . . . . xxij feuz.

Meilliers, parroisse, bourg et prieuré de dames de l'ordre sainct Benoist deppendant de l'abbaye de Sainct Menoux et tout auprès est le chasteau de La Salle de Meilliers . . . . xlviij feuz.

Sainct Hillaire, bourg, parroisse et fort et ancien chasteau, et a esté autresfois ville cloze ainsy qu'il se treuve par vieux fragmens de murailles anciennes qui se treuvent en divers lieux en fouant la terre, et y a au lieu du Boutet, parroisse dudict Sainct Hillaire deux foyres chacun an ascavoir, le jour Sainct Hillaire en may, et le jour Sainct Nicolas d'hiver en decembre et contient icelle parroisse le nombre de.   cxj feuz.

Lymoise, bourg, parroisse qui fut autresfois ville et beau chasteau ruiné au dessoubz duquel y a un grand estang et contient. . . . . xxxviij feuz.

Le bourg et parroisse d'*Aucurdre* près Alier auquel bourg y a un prieuré et contient. . . . . viij^{xx}xiiij feuz.

Chasteau sur Alier, qui fut autresfois petite ville a present ruinée et ny reste qu'un petit bourg auquel y a un prieuré et tout auprès le chasteau fort de Sainct Augustin apartenant à Blaise de la Souche, sieur de Noient, contient ledict bourg et parroisse . . . . lxiiij feuz.

Langeron, parroisse et beau chasteau fort concistant en une grosse et haute tour ronde servant de donjon environné de fossés marescaigeux plains d'eaue, estant ledict Langeron outre Alier et conciste en ce qui est de la colecte de Bourbonnois sans comprendre ce qui est de Nivernois . . . . xix feuz.

Neurre, parroisse et le chasteau fort de Montverian contenant . . . xxx feuz.

Mezangy, parroisse contenant . . . . xxx feuz.

Neufvis, parroisse et chasteau fort situé sur un haut coutaud sur Alier et contient . . . . cxix feuz.

Theneulle, parroisse en laquelle est le fort chasteau de Bouys et la fontaine Sainct Pardoux, de laquelle ay cy devant faicte mention et les chasteaux et maisons seigneurialles de la Trollière, Guinzay et La Fay et contient ladicte parroisse.   cxxxiiij feuz.

Paraise, villaige et colecte outre Alier contenant . . . . ix feuz.

Sainct Aubin, parroisse et fort chasteau en pais de grandz boys contenant.   lxij feuz.

Mornay, parroisse sur Alier en lieu haut contenant . . . . . . vj^{xx}vij feuz.

Pouzy, bourg, parroisse et chasteau contenant . . . . iiij^{xx}ix feuz.

Gipcy, parroisse et prieuré de dames deppendant de l'abbaye Sainct Menoux et les maisons seigneurialles de   . . . . iiij^{xx}xj feuz.

Riousse, grand villaige et colecte outre Alier lequel contient . . . . lxvj feuz.

Dochier, villaige concistant en . . . . ij feuz.

Sainct Plaisir, bourg et parroisse en laquelle est la maison seigneurialle de Genestines contient . . . . vj^{xx}viij feuz.

Somme toute pour toute la chastellenie : iij^{m}iij^{c}lxxiiij feuz.

JUSTICES VASSALLES DE LADICTE CHASTELLENNIE. — CHAPITRE C.

La terre, chasteau fort, seigneurie et justice de *Champroux*. La terre et maison seigneurialle de *Blancfosse*. La terre, chasteau fort et justice de *Poligny en Bourbon*. La terre, seigneurie et prevosté d'*Aveurdre* et chasteaux. La terre, chasteau, seigneurie et justice de *Pouzy*. La terre et justice de *Francesches* et *Boucqueterand*. La maison seigneurialle et justice de *l'Espine*. La terre, chasteau fort et justice de *Cluzors*. La terre, maison seigneurialle et justice de *Beaumont*. La terre, chasteau et justice *du Breul*. Les religieuses, abbesse et couvent de *Sainct Menoux*. La terre, prieuré et justice de *Sainct Leopardin*. La terre, chasteau fort et justice de *La Condemine*. La terre, chasteau, seigneurie et justice de *Sainct Aubin*. La terre, seigneurie et justice de *Valvyvant*. La terre, chasteau fort et justice *du Bouys*. La terre, seigneurie et justice de *Mizery*. La La terre, seigneurie et justice de *Beraud-Geoffray*. La terre, chasteau, seigneurie et justice de *l'Espau*. La terre, seigneurie et justice de *Monverin*. La terre, seigneurie et justice du sieur de *Genzat* à la part de Nereux. La terre, seigneurie et justice de *Bourdoiseau*. La terre, chasteau, seigneurie et justice du *Plessis*. La terre, chasteau fort et justice de *Sainct Augustin*, près Chasteau. La terre, seigneurie et justice de *Champfromental*. La terre, chasteau fort et justice de *Langeron*. La terre, seigneurie et justice de *Putay*. La terre et seigneurie de *Grandval*. La terre et justice de *Pé*. La terre, seigneurie et justice de *la Mousse*. La terre, justice et maison seigneurialle de *Froidequeue*.

AUTRES VASSAUX DE LADICTE CHASTELLENNIE. — CHAPITRE C.I.

Le sieur de *Montbrun*, en la parroisse de Coleuvre. Le sieur de *Neusvy* sur Alier. Le sieur de *Sallegarin*. Le sieur de *Thaury*, parroisse Couleuvre. Le commandeur *du Bost*. Le sieur de *la Forest Sainct Aubin*. Le sieur de *Rochefort*. Le sieur de *Chameyre*, parroisse Marigny. Le sieur de *Rollin*. Le sieur de *Thianges*, parroisse Marigny. Le sieur de *Virticoes*. Le sieur d'*Aultry*, parroisse d'Augy. Le sieur des *Bordes*, parroisse Couzon. Le sieur de *la Chappelle*, parroisse Francesches. Le sieur d'*Avreul*, parroisse Francesches. Le sieur de *la Garenne*, parroisse Mornay. Le sieur de *Giard*. Le sieur de *Giusay*, parroisse Thereulle. Le sieur de *Laugière*, parroisse d'Agonges. Le sieur de *Brond* en Bourbon. Le sieur d'*Ardesse*. Le sieur de *Montassiege*. Le sieur de *Fontanoir*. Le sieur de *Sainct Hillaire*, ancien et fort chasteau et autresfois fut ville. Le sieur d'*Aulezay*. Le sieur de *la Fay*, parroisse Theueulle. Le sieur de *la Lovere*. Le sieur de *Bounet*. Le sieur de *Pontet*, parroisse Francesches. Le sieur de *Mérolles*, parroisse Gipcy. Le sieur de *Monssillier*. Le sieur du *Plex*, parroisse Ygrande. Le sieur de *Lesme*, parroisse Pouzy. Le sieur du *Coudray*, parroisse Pouzy. Le sieur de *la Ponge*. Le sieur de *la Tour*. Le sieur de *Chasteau Regnaud*, parroisse Lymoise. Le sieur de *la Varon*, parroisse Sainct Plaisir. Le sieur de *Colombier*, parroisse Gipcy. Le sieur de *Freigne*. Le sieur de *Vinet*. Le sieur de *Craize*. Le sieur de *Sainct Marsand*, parroisse Ygrande. Le sieur de *la Brosse*, parroisse Agonges.

Le sieur *de la Baulme*, parroisse d'Aveurdre. Le sieur *de Pontsu*, parroisse d'Aveurdre. Le sieur *de Bonnefond*. Le sieur *d'Alligny*. Le sieur *de Sarragousse*, parroisse Buxières. Le sieur *de la Prinierée*. Le sieur *de la Chassaigne*, parroisse Collandon. Le sieur *de la Troullière*. parroisse Thenculle. Le sieur *des Vesvres*, parroisse Bourbon. Le sieur *de Begnyn*, parroisse Lurcy. Le sieur *de Moussy*. Le sieur *de Malletavernes* en Bourbon. Le sieur *de la Forest*, parroisse Ygrandes. Le sieur *de Dorrieres* en Bourbon, parroisse Buxieres. Le sieur *de Verilles*. Le sieur *de Beaucaire*. Le sieur *de Souvillardz* près Mornay. Le sieur *de Biroix*. Le sieur *de la Garde*, parroisse Limoise. Le sieur *des Salles*, parroisse Meillières. Le sieur *de Pringy*, parroisse Couzon. Le sieur *d'Autric*. Le sieur *de Chaslières*, parroisse Mornay. Le sieur *de Beauregard*. Le sieur *de Souye*, parroisse Sainct Menoux. Le sieur *de Lucay*. Le sieur *du Bouchet*.

DOMAINE DE LADICTE CHASTELLENNIE. — CHAPITRE C.II.

Le domaine de ladicte chastellenie de Bourbon tant allienné que non allienné reservé la halle et la *layde* a esté assencé en l'an mil cinq cens soixante six pour six années et six despouilles par feu maistre *Jehan Foullé* conseiller du Roy et commissaire en ceste partie à maistre *Gilbert Meige* outre les charges ordinaires cy après déclarées pour la somme de . . . . xij^clxv L. t.

Plus audict *Meige* pour la *leide* et halle dudict Bourbon qui luy a esté assencé ainsy que dessus pour estre les deniers revenans amploiés aux reparations de ladicte halle la somme de . . . . xiiij L. i S. t.

Charges ordinaires. — *En argent*. — Au chapitre de Bourbon. . . .	iij^cxxx L.
Au capitaine du chasteau	lxx L.
Au lieutenant general dudit Bourbon.	xxx L.
Au procureur du Roy et de monsieur le Duc	x L.
Au recepveur du domaine de la chastellenie	xxvl L.
Au chapitre dudict Bourbon encores.	lxxiij L. vj S. i D.
Pour les lampes de la Croix.	xxx L.
Au doyen Sainct Estienne	iiij L.
Au curé Sainct George	x S.
Au vicaire Sainct George.	ij S. vj D.
Au vicaire Sainct Marc de Limoise.	xxvj S. vj D.
A madame l'abbesse de Sainct Menoux	iiij L. iij S.
Au sieur de le Queulle	xxv S.
Au capitaine et portier de Limoise	xiij L.

Somme en argent : v^ciiij^{xx}xij L. xiij S. j D.

En froment. — Au prieur de Gros Boys . . . . xij septiers.
Au vicaire de Verneille . . . . i sept. i q. i bos. et qu.
Somme en froment : xiij sept. i q. i bos et quart.

En soigle. — Au prieur de Grosbois mesure grenier . . . . . . xv septiers.

Au vicaire de la Verneille . . . . ij sept. ij q. ij bos et demy.

Au vicaire de Sainct Marc de Limoise. . . . . vj septiers.

Au chapitre de Bourbon mesure grenier. . . xv sept. ij q. quart et dem. de bos.

Somme en soille : xlviij septiers iiij quartes ij boisseaux, quart et demy de boisseau.

En avoyne. — Au prieur de Gros boys, mesure grenier . . . . vij^mviij septiers.

Au chapitre de Bourbon pour Bergerat . . . . v septiers ij bos.

Somme avoine : viij^mij boiss.

En cire. — Au chapitre de Bourbon . . . . lxx L. cire.

Forestz estans en ladicte chastellenie appartenans a monseigneur le Duc. — La forest de Groz boys laquelle a plusieurs boys et tailliz et dans icelle y a un beau prieuré deppent du prieuré Chavanon en Auvergne lequel est sans moynes et fort ruiné. Ladicte forest commance près Gipcy s'estend jusques à Sainct Aubin et a la Condemine et contient de circuit environ deux lieues.

La forest de Cremoyre, de bien petite estendue près Bourbon.

La forest de Civray et Grassay ou y a plusieurs mosts boys parmy la haute fustay.

Bois tailliz. — Les Pallianges jeunes et vielles près Bourbon, les habitans duquel Bourbon pretendent le douaire de leurs femmes estre assigné sur lesdicts Pallianges et en jouissent par force et violence. Les tailliz de Peirebaud. Le buisson de Lespau. Le tailliz de Petit Bost. Briette taillis est a trois quartz de lieu de Bourbon allant a Cerilly et dure de traverse environ demye lieue et de large a dextre environ une lieue. Barachis. La Couharde.

Estangs. — Le grand estang et moulin de Bourbon au dessus du chasteau.

Les fossés de Limoise sont baillés à cens et en doibt le recepveur de Bourbon tenir compte.

DU CHASTEL, VILLE ET CHASTELLENIE D'HÉRISSON. — CHAPITRE C.III.

Situation et force du chastel d'Hérisson.

E chastel d'Hérisson est place très forte et de fort belle marque, situé sur un haut rocher près le fleuve d'OEil dans une vallée environnée de montaignes et rochers, concistant ledict chastel en huict belles tours et une neufiesme qui est la plus grande servant de donjon et au dessus d'une platte forme dans laquelle il a quatre grandes chambres accompaignées de gardes robbes, caves et d'une chappelle, du tiltre de Sainct Ligier et au dessoubs en la court du donjon un corps de logis à quatre grandes chambres et la maison du geoilier ; au dessoubs du donjon est la basse court, a l'entrée de laquelle y a un revellin et un pont levis et au dedans entre deux portes une grande voulte percée en hault en trois endroicts pour getter pierres et defendre l'entrée et sur icelle y a ung petit jardin et un puis, tout dans la forteresse du donjon lequel est partout environné de machecollis et faulces brayes et basty et edifié de grosses pierres de taille tres dure faictes en pointe de diamant ; en la basse court qui est toute ruinée et les murailles qui la separoient d'avec la ville tumbées, y a une chappelle de Sainct Blaise fondée par

Charles premier du nom et cinquiesme duc de Bourbonnois qui eust a femme Agnès de Bourgogne lequel faisoit souvent residance audit chastel autour duquel se voient leurs armoiries engravées et erigea chappelains en ladicte chappelle, mais a present elle est toute ruinée (1). *Charles, 1ᵉʳ du nom et 5ᵉ duc de Bourbonnois, fondateur de la chappelle S. Blaise du chastel d'Herisson.*

Au dessoubs du chastel, est la ville qui est petite et bien troussée située sur le fleuve d'Œil environnée de fortes et haultes murailles hors d'eschelles et garnies de tours bien flancquées; et sy y a trois portes, l'une la porte du pont, l'autre la Varenne, et la porte Moussau, et de tous coustés commande le chastel à ladicte ville joignant laquelle sur le dict fleuve d'Œil y a ung beau pont de pierre de taille a cinq arcs et autour d'icelle y a beaux faulbourgs et sur ledict fleuve y a plusieurs tanneries. Dans la ville d'Herisson qui est capitalle en la chastellenie y a un collège de chanoines du tiltre Sainct Saulveur fondé d'un doyen et vingt et deux chanoynes et deux vicaires dont deux prebendés sont affectés au maistre des enfens de cueur pour l'entretenement de luy et de cinq enfens de cueur qu'il nourrist et apprend et sont les dictes prebendes de la fondation d'Archimbaud sieur de Bourbon, et parce à la collation de Monsieur le Duc de Bourbonnois, fors le doyenné qui est a la nomination des chanoynes. En ladicte ville et chastel, y a ung capitaine et chastellain qui a cinquante livres de gaiges pour raison de l'estat de chastellain; car pour la capitainerie il n'a que les guets. Il y a aussy un lieutenant general pour l'exercice de la justice qui a trente livres de gaiges; un procureur du Roy et de Monsieur le Duc sans gaiges; un recepveur qui a quarante livres; un greffier fermier et un exécuteur de la haute justice. *Description et assiette de la ville d'Herisson.* *S. Saulveur, église collegialle fondée par Archimbaud de Bourbon.*

Foires et Marchez. — En la ville d'Herisson y a six foyres l'année ainsy que s'ensuit: Le mardy après Pasques. Le mardy après la Penthecostes. Le lundy après sainct Hillaire en juing. Le jour sainct Loup en septembre. Le jour sainct Crapaix en octobre. Le jour sainct Nicolas en décembre. Et tous les mardy et sabmedy y a marché et jours de plaicts.

Siéges forains ressortissans au siège capital d'Hérisson. — Le siège de Cosne distant d'Herisson deux lieues. Le siege de Varennes qui est distant de quatre lieues. Le siège d'Ursel distant pareillement de quatre lieues. Le siège de Frontenac distant d'Hérisson six grandes lieues.

VILLES, BOURGS ET PAROISSES DE LADICTE CHASTELLENNIE. — CHAPITRE C.IIII.

La ville, chasteau et franchise d'Hérisson siège, capitale de la chastellenie située sur le fleuve d'Œil et contient le nombre de . . . . ix^{xx} feuz.

---

(1) Le château d'Hérisson, dont il reste des ruines très-imposantes, était possédé, sous la Restauration, par le prince de Condé, puis par son héritier, le duc d'Aumale. Arrivé à Monseigneur de Dreux-Brézé, évêque actuel de Moulins, en vertu d'une acquisition, il a été vendu, par Sa Grandeur, à M. le comte *Maurice d'Irisson d'Hérisson*, au mois de décembre 1873. Ce dernier s'occupe de mettre en ordre un grand nombre de documents concernant cet antique manoir, afin de publier l'*Histoire du château, de la ville et du pays d'Hérisson.*

Chastelloy, parroisse d'Hérisson duquel elle est distante d'un petit quart de lieue ; elle est située sur une montaigne au pied de laquelle passe le fleuve d'OEil, païs de vignoble ou croist de bons vins et frians dans lesdictes vignes entre Chastelloy et

Herisson soulloit anciennement avoir une cité appelée la cité des Cordes ediffiée du temps des Romains et ruinée par les Goths et sy veois encores plusieurs ruynes et fondemens les fossés de ladicte cité et les rues et les chemins d'icelle pavées de grandes pierres et quand les païsans labourent les vignes sy treuvent plusieurs monnoyes et medalles antiques mesmement de celles d'Anthonins Pius et de Faustine et sy en treuve de brunze et d'argent, il s'y en treuve aussy du Roy d'Agobert et en outre

disent qu'il soulloit avoir au milieu d'icelle cité une haute tour appellée Babillonne et se nomme encores de present, la place ou elle estoit Babillonne et à la prinse et destruction d'icelle Sainct Prician y fut decollé qui est tout ce que j'ay peu apprendre et entendre de l'antiquité de la cité de Cordes fors que ceux d'Herisson disent en avoir quelques tiltres vieux de huict cens et cinquante ans lesquels toutesfois je n'ay sceu veoir. Ladicte paroisse de Chastelloy est fertille en bleds de soigle et avoyne quelques fromens et en quantité de vins et contient. . . . . viij^xx xij feuz.

Le Villain, parroisse à deux lieues d'Herisson, située en pais maigre fertille néantmoings en bleds avoyne et millets et conciste en. . . . . lx feuz.

Le Brethon, parroisse a deux lieues d'Herisson et a une lieue du Villain en mesme terroir estant icelle parroisse joignant la forest de Troussaye de laquelle les habitans reçoyvent grand proffit tant pour leur chauffaige que pour la nourriture de leurs pourceaux et contient le nombre de. . . . . xiij^xx xij feuz.

Victrect, parroisse dans la forest de Troussaye peu fertille si ce n'est la commodité d'icelle forest estant a deux lieues d'Herisson et contient . . . . . xxiiij feuz.

Meaulne, parroisse et prieuré a trois lieues d'Herisson sur le fleuve d'OEil qui entre un quart de lieue plus bas dans le fleuve le Cher, partie de laquelle parroisse est dans la forest de Troussaye et est fertille en bleds, soigles, avoynes et vins et y a un villaige entre les deux fleuves d'OEil et Cher appellé Maiguenoux qui est de grand revenu pour la grande quantité des bons vins qu'il produict estant sur le grand chemyn de Bourges a Montluçon ; en la parroisse de Meaulne est justicier le seigneur d'Aynay le Viel et y a un four bannier ; contient ladicte parroisse. . . . . cix fenz.

Urset, parroisse sur Cher et partie d'icelle en la forest de Troussaye à quatre lieues d'Herisson et une lieue de Meaulne ; elle est fertille en vin, soigle, orge, avoyne et quelque froment, en ladict parroisse y a un four bannier apartenant au sieur de Vaux et contient le nombre de . . . . xxxb feuz.

Vallon, parroisse et prieuré deppendant du prieuré de Souvigny laquelle est située sur le fleuve es Cher qui sépare ladicte parroisse en deux et est fertille en bleds et vins et en ycelle y a deux foyres l'an, l'une le jour sainct Blaise en febvrier, et l'autre le jour sainct Marin en septembre et consiste en. . . . . iiii^xx xj feuz.

Nassignet, parroisse située entre le Cher a deux lieues d'Herisson et une lieue de Vallon estant fertille en bleds et vins et contient. . . . . lvij feuz.

Ruignet, parroisse sur Cher fertille en bleds et vins, distante deux lieues d'Herisson et contient . . . . xxxjx feuz.

Estivarilhes, parroisse près le Cher à troys lieues d'Herisson et une lieue de Ruignet fertille en vins et bleds et contient . . . . xliij feuz.

Sautat, parroisse deça le Cher a demye lieue d'Estivarilles et trois lieues et demye d'Herisson sur le grand chemyn de Bourges a Montluçon plus fertille en vins qu'en bleds et contient . . . . xxbiij feuz.

Vieure, parroisse en laquelle est situé et assix le chasteau fort et le parc de la Chaussière apartenant a Monseigneur le Duc de Bourbonnois et le beau et grand chasteau fort de la Salle de Vieure contenant ladicte parroisse . . . . . . bjˣˣ feuz.

Saint Victor, parroisse sur Cher fertille en bleds en vins et distante d'Herisson quatre lieue et une lieue et demye de Montluçon et consiste en. . . . . xlb feuz.

Verneix, parroisse a deux lieues d'Herisson et une lieue de Sautat, tirant en montaigne au dessus du chastel de Thison, estant fertile en bleds et vins, consiste en la quantité de. . . . . iiijˣˣx feuz.

Bigeneulhe, parroisse partie d'Herisson et partie de Murat, a une lieue de Verneix et a trois lieues d'Herisson, située sur un haut pais par laquelle passe un ruisseau soubs la maison du sieur de Mauvismières ou il y a un moulin ; ladicte parroisse est fertille en bleds, soigles et avoynes, et est pais maigre, consiste icelle parroisse en. iiijˣˣix feuz.

Louroux Hodeman, parroisse a deux lieues de Bigeneulle et une lieue d'Herisson sur un haut pays fertile en bleds, soigles et vins, soubs icelle y a un riz ou ruisseau appellé le Riz-en-Louroux qui traverse dans un estang appellé Lestang de Bourdoiseau lequel appartenoit a Monseigneur le Duc et a esté baillé a six livres tournois d'assence chacun an ladicte parroisse contient. . . . . lxxb feuz.

Venax, parroisse à une lieue de Louroux-Hodeman et une grande lieue d'Herisson située sur un haut païs maigre touttesfois fertile en bleds, soigles et avoynes contient . . . . iiijˣˣxbij feuz.

Maillet, parroisse située en plat païs a deux lieues de Venax et a une lieue d'Herisson fertile en bleds et vins, et contient . . . . iiijˣˣ feuz.

Tiverlay, parroisse a une lieue de Maillet et une lieue d'Herisson située en païs montueux asses fertille en bleds et vins et conciste en. . . . . lxiiij feuz.

Saint Crapaix ou *Sainct Chivraix*, parroisse située en pais maigre a une lieue d'Herisson et deux grandes lieues de Tiverlais fertile en bleds, seigle et avoynes et contient le nombre de . . . . iiijˣˣbj feuz.

Cosne, gros bourg et parroisse sur Œil a deux lieues d'Herisson sur le grand chemyn tenant de Poictiers a Lyon fertile en bleds et lin. Audict bourg y a six foires tous les ans qui sont très bonnes et de grand apport en temps de paix par la quantité grande de tous bestail qui sy vend et du lin, et y viennent marchands de tous endroicts de Picardie, France, Champaigne, Bourgoigne, Berry, Auvergne et autres nations et se tiennent lesdictes foires les jours qui s'ensuivent : La première le jour de mycarêsme.

La seconde le premier jour de may. La troisiesme le mardy avant la sainct Jehan. La quatriesme le jour de sainct Sy qui est l'Ascention. La cinquiesme le jour de sainct Luc evangeliste. Et la sixiesme et dernière le jour sainct Guillaume. Ledict bourg de Cosne contient. . . . . bij^{xx}xbiij feuz.

Tourtezay, parroisse partie d'Herisson et partie de Murat située près la forest de Dreulle à une lieue de Cosne et a trois lieues d'Herisson et est fertille en bleds, sculle- ment et contient . . . . lxij feuz.

Sauraignet le Contal, parroisse a demye lieue de Tortezay et demye lieue de Cosne située en bas païs soubs laquelle passe un ruisseau qui va entrer dans la rivière de Cosne appellé Marmuse sur Borde et vient ledict ruisseau de la forest de Lespinasse et est celluy qui passe soubs Mauvezinières, ladicte parroisse est seullement fertile en bleds contient. . . . . l feuz.

Argentié, parroisse outre Cher distant d'Herisson quatre lieues contient.   xxj feuz.

Chezemais, parroisse outre le Cher à trois lieues d'Herisson et trois lieues de Nassi- gnet près les buissons de l'abbaye de Bussières-les-Nonnains et du lac apartenant au sieur Nassignet, lesquels buissons sont de grande estendue de bois revenant et beau païs de chasse tant aux bestes noires qu'aux fauves, pais de terre morte qui produict du soigle seullement et quelques avoynes et est sieur justicier en ladicte parroisse le sieur de la Creste evesque de Metz auquel lieu de la Creste y a un beau chateau fort, et les buissons appellés les forests de la Creste, la parroisse de Chazemais conciste en. . . . . lxbiij feuz.

Coursay, parroisse au-dessus de Chazemais en laquelle se tient le sieur de la Forest Mauvoisin, situé en plat païs terres mortes fertiles en bleds seullement elle est à quatre lieues d'Herisson, Cher et OEil entre deux, et contient le nombre de.   lxbj feuz.

Huriel, petite ville, chasteau et baronnie. Le prieuré d'Huriel.

Huriel est une petite ville fort ancienne presque de forme quarrée laquelle du cousté d'Occidant à un beaux faulbourg au bout duquel y a un bon prieuré deppendant de l'abbaye du Bourg de Deolz de très bon revenu mais eglise et logis prieural qui a esté fort beau ; tout y est ruiné et desert voire qu'il n'y a audict logis portes, fenestre, ferrures ny gons et sy vault ledict prieuré du moings mille livres par an. Entre le

Le chasteau d'Huriel.

mydi et l'Orient hors de la ville est le chasteau qui est grand et fort mais mal basty par le dedans fort et excepté une grosse et haute tour quarrée edifiée de grosse pierre de taille mais non achevée et aux quatre coings du chasteau quatre tournelles rondes et sy a tout autour fossés plains d'eau et deux pons de bois et sont les jardins comme isolés : entre la ville et le chasteau est l'eglise collegialle de Sainct Martin fondée de

L'église collegialle de Sainct Martin d'Huriel fondée par les seigneurs de Brosses.

douze chanoines et un doyen par les deffunts seigneurs de Brosses qui sont tous là ensépulturés et d'iceux de Brosses sont descendus ceux de la maison de Pointieures ; mais comme toutes choses sont subjectes à mutation, ladicte ville, terre, chasteau et justice qui est une fort belle baronnye est tumbée a Messieurs Les Heurauds.

En ladicte ville chastel et baronnye, y a toute justice haute moienne et basse pour l'exercice de laquelle y a chastellain et procureur fiscal aux gaiges du sieur baron

d'Huriel et sont subjects a ladicte justice les parroisses de Sainct Christofle, Archignac, Sainct Martignan, Noc, Crousat, La Nage, Argentières, Nesglise et Givrettes et sy a audict Huriel deux foires tous les ans : ascavoir le jour sainct Michel et le jour sainct Martin d'hiver ; ladicte ville faulxbourg et parroisse conciste au nombre de . . . . ix^xiiij feuz.

Neusglise, parroisse outre Cher, près Huriel, contenant. . . . . . . xlvj feuz.

Saint Christofle, parroisse en laquelle y a une foire tous les ans le jour sainct Jacques et sainct Christofle premier jour de may et contient ladicte parroisse.   xxxviij feuz.

La Nage, parroisse partie en Berry et partie en Bourbonnois en laquelle y a trois foyres, l'une le jour de sainct Terrge en avril, le jour de sainct Simon et Jude en octobre et la troisième le lendemain des troys Roys en janvier et contient ladicte parroisse. . . . . xxxix feuz.

Guirettes, parroisse outre Cher à demye lieue d'Argentié située en bon pais et contient. . . . . iiij^xij feuz.

Vixplex, parroisse en laquelle y a pareillement troys foires qui se tiennent en un villaige appellé Fossés. La première le mardy de la sepmaine saincte, la deuxiesme le jour sainct Sepulche, et la troisiesme le jour sainct Laurent en aoust ; ladicte parroisse contient. . . . . iiij^xx feuz.

En l'abbaie de Buxières-les-Nonnains qui est de Berry, mais de la parroisse Chezemais, se tient une foire tous les ans le lundy d'après la sainct Michel.

Sainct Desiré parroisse outre Cher, contenant . . . . l feuz.

Noc, parroisse en laquelle y a une belle forest appellée la forest de Chamberat appartenant au sieur Baron d'Huriel dans laquelle se tient tous les ans une foyre le lundy d'après la my aoust, ladicte parroisse conciste en . . . . . lxxvii feuz.

Espineul, est un gros bourg et parroisse sur une petite rivière près le fleuve le Cher, demy petite lieue a une lieue de Vallon et trois lieues et demy d'Herisson, Cher et OEil entre deux. Audict Espineul qui appartient à Madame la duchesse de Livernoys, y a toute justice haute moienne et basse, baillif, procureur et chastellain, prevost, greffier, sergent et autres officiers comme amplement sera particulièrement declairé en traictant des justices et jurisdictions de Sainct Amand, terres d'Orval, bruyères d'Espineul, le tout appartenant a ladicte dame. Audict Espineule y a quatre foires l'an : La première le jour Sainct Pierre et sainct Paul en juing ; la seconde le jour sainct Pierre ad vinculat premier jour d'aoust ; la troisiesme après la Toussaincts appellée la foyre aux bécasses ; et la quatriesme le lundy de caresme entrant appellée la foire aux poulles. Et sy y a marché tous les samedy de l'année. Ledict bourg et parroisse contient. . . . . vij^xxbj feuz.

Sainct Vid, parroisse à demye lieue d'Espineul, et trois grandes lieues d'Herisson, Cher et OEil entre deux, située en pais plat et fertille en bleds et vins, et en icelle y a deux foires, l'une le jour saincte Catherine en novembre. Ladicte parroisse contient le nombre de . . . . xljx feuz.

16

La Chappellote, parroisse et bon prieuré partie en Berry et partie en Bourbonnois situee outre le Cher, en pais de bruyères en laquelle est le chasteau du seigneur de la Rocheguillebaud et le chasteau fort de Bournais tous deux vassaulx d'Herisson et contient ladicte parroisse . . . . xlj feuz.

Mesple, parroisse en laquelle est la maison seigneurialle du sieur de la Levrest, située outre le Cher en pais de bruières en laquelle y a un beau buisson de taille appellé le bois de la Leu, et contient ladicte parroisse. . . . . . . xxxiiij feuz.

Sainct Mors de Besses, parroisse située outre le Cher en païs maigre, fertille en bled de soille seullement et quelque peu de vin blanc, la moictié de laquelle parroisse est de Berry et l'autre de Bourbonnois de la chastellenie d'Herrison estant située sur le grand chemyn tendant de Poictiers a Lyon, en icelle est le chasteau fort de Besse distanct d'Herisson huict lieues et conciste . . . . xlij feuz.

Sainct Palaix, parroisse moictié Berry et moictié d'Herisson située outre le fleuve de Cher en pais maigre et bruyères à six lieues d'Herisson et contient pour le Bourbonnois . . . . xl feuz.

Sainct Saulmer, parroisse outre Cher, laquelle est moictié en Berry et moictié d'Herisson en Bourbonnois , et contient ladicte ̄parroisse pour le Bourbonnois. . . . . xliij feuz.

Treignat, parroisse outre Cher en pais bas et maigre auquel y a des bois et la maison seigneurialle de Villebouche qui a justice, et y a deux beaux estangs a grands buisson appelé de Villebouche contient ladicte parroisse. . . . . lix feuz.

Le villaige et baillé de *Montebrat* de la parroisse de Sommat en Combraille, ledit villaige estant de chastellenie d'Herisson situé en pais maigre à une lieue de Treignat et a sept lieues d'Herisson et contient . . . . xbij feuz.

Frontenat, parroisse située outre le Cher entre montaignes, bois et buissons pais maigre et mal fertille auquel lieu qui est a six lieues d'Herisson y a un siege forain ou les officiers d'Herisson vont tenir les assises de quinze en quinze jours et contient ladicte parroisse . . . . xxij feuz.

En ladicte parroisse de Frontenat sont les maisons seigneurialles de Malleret et de Bonnefont, et de beaux buissons taillez qui appartiennent ausdits seigneurs.

Archignac, parroisse outre Cher située sur le grand chemyn de Montlucon a Boussac et est fertille en bleds ; elle est distante d'Herisson six lieues et une lieue de Frontenat ; en icelle sont les maisons fortes et seigneurialles du Liac et de Longbost et contient . . . . lviij feuz.

Sainct Martinian, parroisse outre Cher en laquelle est le chasteau fort de Piguillon distant d'Herisson cinq lieues et demye, et de Montlucon trois lieues et contient . . . . iiij^{xx}xij feuz.

Aude, parroisse partie d'Herisson et partie d'Aynay située outre le Cher en bon païs fertille en froment, soigle et vin, distant d'Herisson trois lieues est de la justice de la Creste conciste en. l feuz.

Pereulle, petite parroisse située outre le Cher en païs fertille en froment, soigle et vin estant distante d'Herisson trois bonnes lieues et contient. . . .   xxxbj feuz.

Ourousat, parroisse outre le Cher contenant . . . .   xxxbj feuz.

Louroux Bourbonnois, bonne parroisse située en bon païs fertille en bleds et quelques vins et contient. . . . . bij^{xx}xiij feuz.

Somme totalle en feuz pour ladicte chastellenie selon l'imposition de la taille le nombre de : m.v^eiiij^{xx}bj feuz.

SEIGNEURS, VASSAUX DE LADICTE CHASTELLENNIE· AYANT JUSTICE. — CHAPITRE C.V.

Le seigneur *d'Espineul* qui a toute justice. Le baron *de Sainct Desiré.* Le baron *d'Huriel.* Le baron *de la Rocheguillebaud,* parroisse de la Chappellote. Le sieur *de la Creste,* c'est l'evesque de Metz, parroisse Chezemais. Le sieur *de Chauvyères.* Le sieur *de la Forest Mauvoisin,* parroisse Coursay. Le sieur *de Vielle Vigne,* parroisse de Sainct Saulnier. Le sieur *de Pallières.* Le sieur *d'Arcillac* et Vielle Bouche, parroisse de Treignac. Le sieur *de Nassignet.* Le sieur *de Mirebeau.* Le sieur *du Cluseau.* Le sieur *de Valligny.* Le sieur *d'Aynay le Viel,* pour la justice de Meaulne. Le sieur *de Thison,* qui soulloit estre en un siege fourain ou les officiers d'Herisson soulloient aller tenir les jours.

Autres vassaux non ayant justice. — Le sieur *de la Guerche,* parroisse Nassignet. Le sieur *de Montchenyn.* Le sieur *de la Mothe Archimbaud,* parroisse Louroux Hodeman. Le sieur *de la Roche-au-Thon.* Le sieur *du Creux,* parroisse Vallon. Le sieur *de Fougières,* en la parroisse Sainct Crapaix. Le sieur *de Beauregard.* Le sieur *de Freigne.* Le sieur *de Challoches.* Le sieur *de la Brosse Racquin,* parroisse Tourtezay. Le sieur *de Passat,* parroisse Sainct Victor. Le sieur *de Grandchamp.* Le sieur *de la Tourratte.* Le sieur *de Mauvesinières.* Le sieur *de la Leux.* Le sieur *de Sarnay.* Le sieur *du Vernay,* parroisse Coursay. Le sieur *de Beaumont,* parroisse d'Urset. Le sieur *des Forges.* Le sieur *de la Chastre.* Le sieur *du Plex Chamblet.* Le sieur *de Chesanoy.* Le sieur *du Pin.* Le sieur *de Pouzieux.* Le sieur *du Traict.* Le sieur *de Fleurier.* Le sieur *de Longbost.* Le sieur *de Cousture,* parroisse de Venax. Le sieur *de Chezelles.* Le sieur *de Laspiere.* Le sieur *de la Varenne.* Le sieur *du Lac.* Le sieur *de Malleret,* parroisse Frontenat. Le sieur *des Claynes.* Le sieur *de Beuveron,* parroisse d'Usset. Le sieur *de Peufevilloux,* parroisse Vallon. Le sieur *de Bourday,* parroisse de la Chappellotte. Le sieur *de Nerignet.* Le sieur *de Rimazières.* Le sieur *du Max* tout luy faut, parroisse de Chezemais. Le sieur *de Montgillebran.* Le sieur *de Pond.* Le sieur *de Recullet.* Le sieur *de Beaumont* et de Vaux. Le sieur *de Pierre.* Le sieur *de Pallas.* Le sieur *de Mousset.* Le sieur *de Richemon.* Le sieur *de Fourgent.* Le sieur *de Pont.* Le sieur *du Max Fauget.* Le sieur *de la Prune.* Le sieur *d'Arbœuf.* Le sieur *de Cornansay.* Le sieur *de Chamellez.* Le sieur *de Polinières.* Le sieur *de Coustières.* Le sieur *de Fontellin.* Le sieur *du Bois.* Le sieur *d'Ancenay.* Le sieur *des Molins.* Le sieur *des Forges.* Le sieur *de la Mothe Castre.* Le sieur *de Chanon.* Le sieur *de Besses,* parroisse Sainct Mors de Besses. Le sieur *de Lovere.*

FORETZ ET BUISSONS DE LADICTE CHASTELLENNIE. — CHAPITRE C.VI.

La forest de la Grand Troncaye, l'une des belles de France.

La forest de Troncay la Grand, laquelle est partie en la chastellenie d'Aynay et partie en celle d'Herisson en icelle y a dix gardes dont les neuf ont gaiges, et le dixiesme n'en a poinct. Aussy y a deux villes et huict parroisses ou villaiges qui sont usagières à mectre tout, le gros bestail pasturer dedans, tout au long de l'année et ont aussy usaige de prendre du bois de furie, c'est a dire bois tumbé par vent cadicille et oraige, sans racine et sans ce que par aide de ferremens ont les aye faict tumber ; lesdicts usagiers sont les habitans des villes d'Aynay et de Cerilly et les parroisses de Bardaye, Brouse, Isle et Sainct Bonnet du Désert, scituées en la chastellenie d'Aynay, et, en la chastellenie d'Herisson, Meaulne, Le Brethon, Victret et Urset.

Buissons de ladicte forêtz. — Le buisson de Boullay. Le buisson de la Framère. Les taillis de Blancfossé. Les taillis de la Ramenanche.

Hors ladicte forestz. — La forêst de Lespinasse avec le buisson du Loup pendu et du Rebastiou au millieu desquels est ladicte forest. Le buisson des Brosses et Venax près de la parroisse de Venax non loing de la maison seigneurialle du sieur de Coustures. Le buisson des Brosses de Maignet soubs lequel passe la rivière d'Œil.

Divers estangs de ladicte chastellennie. — L'estang des Landes qui est entre la forest de l'Espinasse et le bourg de Cosne lequel est fort beau et grand apartient à Monsieur le Duc. L'estang de la Moline auquel y a un moulin apartenant audict seigneur estant ledict estang près la seigneurie de la Chaussière. L'estang du Lys près Cosne apartenant aux heritiers Maistre Jehan Advenier lequel est joignant les Brosses et Venax. L'estang du sieur de la Mothe Archimbaud près le chastel et maison dudict sieur et y a un moulin. L'estang du Pichard situé en la parroisse du Villain sur le grand chemyn de Cosne a Cerilly lequel appartient au sieur de la Fay et y a un moulin. Soubs ledict estang y a un petit moulin apartenant aux habitans de Doure. L'estang de Tesser proche de la parroisse du Mailhet sur le grand chemyn tendant d'Herisson a Montluçon lequel est des appartenances et fondation de la grand vicairie de l'eglise collegialle dudict Herisson. En la parroisse de Bigeveulle y a un petit estang et moulin appartenant aux heritiers du sieur du Fraigne. En la parroisse de Maillet un autre estang et moulin appartenant au sieur du Lac. Il y a plusieurs autres petits estangs qui ne sont d'estime, desquelz je me tais pour eviter prolixité.

Molins sur le fleuve d'Œil. — Le molin des Thonneaux situé sur ledict fleuve ou rivière. Le molin de la Pappeterie auquel on soulloit anciennement faire du papier. Le molin de Russay. Le molin Saulunard ou y a maillerie a draps. Les molins Nadaud. Les molins Ganaud. Les molins de Tasteul lequel est aux faulxbourg de Gasteul près la ville d'Herisson appartenant aux chanoines dudict Herisson et y a mailleries à escouse pour les tanneurs.

Autres molins sur ledict fleuve d'Œil depuis Herisson jusques au fleuve de Cher ou Œil perd son nom. — Les molins de Crochepaud près le faulxbourg de la Varenne dudict Herisson. Les molins de Regnaudz. Les molins de Nicot. Les molins de la Roche. Les molins de Guillaume Auclerc. Les molins de la Ribe. Les molins du Creux apartenans au sieur du Creux. Les molins de Gaudebeg. Les molins Charles Michel. Les moulins Goussauds. Sur le fleuve de Cher, un peu au dessoubs de l'emboucheur d'OEil, y a un chastel et justicelle, vassalle d'Herisson, appellée Valligny.

DOMAINE DE LADICTE CHASTELLENNIE. — CHAPITRE C.VII.

Le domaine de la chastellenie d'Herisson et Thison tant allienné que non allienné et des aydes a esté assencé en l'an mil cinq cens soixante dix par maistre *Jehan Foulle* luy vivant conseiller du Roy et commissaire en cette partie pour six années et six despouilles a *Guillaume Advenier* pour la somme chacune année outre les charges ordinaires cy apres declairées de. . . . . ii^cc.xx L. t.

Charges ordinaires en argent. — Aux chanoines de l'eglise collegialle d'Herisson

. . . . xb L.

Aux chanoines de Bourbon l'Archimbaud . . . . xxbiij L.

A la Nonciade de Bourges. . . . . c.xiiij L. viij S. iiij D.

Au capitaine du chastel d'Herisson . . . . l L.

Au lieutenant general dudict Herisson . . . . xxx L.

Au recepveur du domaine . . . . xl L.

Au chastellain de Thison. . . . . x L.

A l'abbesse de Buxières . . . . x L.

Pour lampe du chastel . . . . xl L.

Somme en deniers : ii^ciiij^{xx}xix L. biij S. iiij D. ·

En soigle. — Au vicaire du chastel d'Herisson . . . . biij S.

A la Charité d'Herisson . . . . bj S.

Aux dames religieuses de Buxières . . . . bj q.

Somme en soigle : xiij S. bj q.

En avoyne. — Au recepveur pour ses gaiges . . . . ij m.

CHATELLENIES

D'AYNAY-LE-CHASTEL, GERMIGNY, LA BRUYÈRE L'AUBESPIN

DE LA VILLE, CHASTEL ET CHASTELLENNIE D'AYNAY LE CHASTEL. — CHAPITRE C.VIII.

Situation de la ville d'Aynay.

YNAY est une petite ville cloze de forme un peu longue située en vallée sur un grand estang qui s'estend vers le midy environ un bon quart de licue soubz la chaussée et avaloir duquel qui est sur le millieu de la ville sont plusieurs molins à bledz et à tannerie et vers le septentrion au dedans d'icelle est le chasteau duquel depend la chastellenie. Il est asses grand, de forme quarrée et bien fossoié, mais du tout en ruine, et dans la basse court y a un petit prieuré qui n'est de grand revenu. La ville est petite et asses mal plaisante, mais les faulxbourgs sont beaux et bien peuplés de bons marchans et artisans, et aussy y sont les hostelleries, et a esté ladicte ville et faulxbourgs fort affligée en l'année der-

La ville d'Aynay prinse par ceux de nouvelle religion le 20e d'aoust 1568.

nière par ceulx de la nouvelle religion qui s'en saisirent en y exercant et es environs infinis meurtres et pilleries mesmement en la ville de Cerilly qui fut par eux surprinse et saccaigée avec grand meurtre de ceux de la ville et au departir d'Aynay non sans grande violence tuèrent le lieutenant généial de la chastellenye. Ladicte ville est le siege capital de la chastellenie et y a un capitaine du chastel qui a trente livres de gaiges un lieutenant general pour le faict de la justice qui n'a que vingt livres, un procureur du Roy et de monsieur le Duc sans gaiges, un greffier, fermier, sergens et notaires, un recepveur qui a douze livres dix solz et un bovatier qui a trente solz conciste la ville et parroisse d'Aynay en . . . . ij^cxl feuz.

PARROISSES ET COLLECTES DE LADICTE CHASTELLENNIE. — CHAPITRE C.IX.

Augy sur les bois, parroisse partie de Bourbonnois et partie de Berry concistant en. . . . . xl feuz.

Sainct Martin, villaige de la collecte d'Aynay lequel conciste en . . . xvj feuz.

Becay, parroisse en laquelle sont les chasteaux et maisons nobles des Barres, du Ceray et Baron et contient le nombre de . . . . cxiij feuz.

Sainct Aygnan ou Sainct Aigny des Noiers, parroisse et justice contenant. xxvj feuz.

Braize, villaige et collecte, et commanderie de Sainct Jehan de Jerusalem estant de la parroisse de Sainct Bonnet du Desert pres lequel est la maison noble de la Placaudière, contenant ledict villaige . . . . xxxviij feuz.

Sanceaux, petite parroisse en païs de prairie laquelle contient. . . .   xv feuz.

Resmond, parroisse, visconté et toute justice, ladicte parroisse estant partie en Bourbonnois et partie en Berry et y a plusieurs belles foires, conciste en.   xxiiij feuz.

Lugny, parroisse limitrophe de Berry duquel il est en partie, contient.   xxiiij feuz.

Sainct Bening, parroisse en laquelle se treuvent plusieurs belles carrières à tirer pierre et en icelle sont les maisons seigneurialles de Vogan et de Chandon contient
. . . .   lxxiij feuz.

Neugly, parroisse et la maison seigneurialle des Heuraudz, contient.   xxxix feuz.

Sagonne, bourg, parroisse, chasteau et baronnie apartenant au sire de La Bourdesière, chevalier de l'ordre du Roy et grand maistre de l'artillerie de France, laquelle conciste en. . . . .   vj^{xx}xi feuz.

Blet, parroisse, chasteau et justice contenant . . . .   vij^{xx}x feuz.

Charly, parroisse en laquelle sont les chasteaux et maisons nobles de Molin, Pourcher, La Vauvrille et Fogerolle et contient. . . . .   iiij^{xx}ix feuz.

Barday, parroisse de la justice d'Aynay estant joignant la forest de la Grande Troncaye contenant. . . . .   xlviij feuz.

Bannegon le Barré, parroisse moictié Berry et partie Bourbonnois, chasteau fort et justice ruiné et destruict en l'année dernière mil v^e soixancte huict par le rebellion de la damoiselle de Neufvy et contient pour le Bourbonnois . . . . .   iiij^{xx} feuz.

Vernay le Grand et *Vernay le Petit*, qui n'est qu'une parroisse combien qu'elle soit mise en la taille pour deux collectes estant ladicte parroisse de la justice d'Aynay, contient. . . . .   lxxiij feuz.

Sainct Bounet du Desert, parroisse et prieuré dans Troussaye la Grand, concistant en. . . . .   lxxv feuz.

Jouy, parroisse, baronnye, ancien chasteau et justice apartenant au sire de la Bourdesière, chevallier de l'ordre et grand maistre de l'artillerie de France, contient
. . . .   xxxvj feuz.

Thaulmier, parroisse, bourg, fort chasteau et justice de la forest Thaulmier, apartenant au sieur de l'Aubespine conseiller et seccrettaire d'Estat du Roy consistant au nombre de . . . .   iiij^{xx} feuz.

Cost, parroisse et justice en laquelle sont les chasteaux et maisons seigneurialles de Creuzet et de Bonnay situé sur un hault et contient. . . . . . .   xix feuz.

Croisy, parroisse et maison noble appartenant aux sieurs de Ligondais, contenant
. . . .   xix feuz.

Cougny, parroisse partie de Nivernois et partie Bourbonnois concistant en.   xlviij feuz.

Sainct Pierre des Esteufs, parroisse en laquelle est la maison seigneurialle de Touzelles et contient . . . .   ij^cxxxviij feuz.

Charenton, petite ville, abbaye de dames et justice en laquelle soulloit anciennement avoir un beau et fort chasteau a present ruiné contient ladicte ville.   ij^clviij feuz.

Charenton, petite ville et abbaye de dames.

Asimon, parroisse qui conciste en . . . .   lxix feuz.

Ysle, parroisse dans le Grand Troncay contenant . . . . xxix feuz.

Cerilly, petite ville, parroisse et justice près la bruière L'Aubespin, laquelle ville fut surprinse saccagée et plusieurs des habitans tués en l'an dernier mil vᵉ soixante huict par ceux de la nouvelle religion qui tenoient Aynay et contient. iiijᶜxlviij feuz.

Esparnay, villaige contenant . . . . j feuz.

Challevoy les Mesles et *Challevoy les Noix* n'est qu'une parroisse en laquelle y a un prieuré le tout apartenant à l'abbaye, abbé et religieux de Sainct Sulpice de Bourges et contient . . . . iiijˣˣvij feuz.

Meillan, chasteau très magnifique.

Meillan, parroisse justice et le grand et magnifique chasteau de Meillan, et la parroisse d'Arfeville le tout apartenant au sire de Barbezieu, chevallier de l'ordre du Roy et capitaine de cinquante hommes d'armes, contiennent. . . . ijᶜxlix feuz.

Le Pont didz, parroisse et membre deppendant de la seigneurie et justice de Meillan et est un bourg auquel est la maison noble de La Court et contient. . . xxix feuz.

PARROISSES ET COLLECTES DE L'ELECTION DE S. AMAND. — CHAPITRE C.X.

S. Amand, petite ville sur la Marmande, appartenant à Monsieur et Madame les duc et duchesse de Nivernois.

Sainct Amand en Suilly, petite ville baillage chastellenie et election particulière située sur la Marmande et apartenant à Monseigneur et Madame les Duc et Duchesse de Nivernois conciste en . . . . iiijᶜxix feuz.

Saulzay le Pothier, parroisse de l'election de Sainct Amand contenant. cxii feuz.

La Cellette, parroisse de l'election de Sainct Amand, partie en Berry et partie en Bourbonnois contenant. . . . . iiijˣxj feuz.

La Perche, parroisse de ladicte election. . . . . lxxv feuz.

Aynay le Viel, parroisse et grand chastel fort près le Cher de la mesme election de Sainct Amand contenant. . . . . lxviij feuz.

Fouardines, parroisse de la mesme election contenant le nombre de. xlviij feuz.

Sainct George, parroisse sur un haut outre le Cher de la mesme election contient . . . . l feuz.

Soy l'Eglise, parroisse partie Berry et partie Bourbonnois outre le Cher et de la mesme election contient pour le Bourbonnois . . . . vj feuz.

La Groutte, villaige de la susdicte collecte outre Cher contenant. . . xxij feuz.

Bouzay, parroisse de mesme election. . . . . xxix feuz.

Arçons, parroisse outre Cher, sur haut pais de mesme election contenant. lxv feuz.

Loye, parroisse partie de Berry et partie Bourbonnois contient pour le Bourbonnois, estant de mesme election . . . . lj feuz.

Orval, ancienne seigneurie justice bourg parroisse et grand chasteau ruiné sur Cher, de mesme election apartenant a Monsieur et a Madame les Duc et Duchesse de Nivernois, et y a de fort belles foires, contenant ledict bourg et parroisse. ijᶜviij feuz.

Orcenay, parroisse merveilleusement fertile en grains de l'election de Saint Amand contenant . . . . xlv feuz.

Nozieres, parroisse à une lieue d'Orval de mesme election contenant. lxiij feuz.

Vallenoy, villaige concistant en. . . . . liij feuz.

Forges, parroisse contenant. . . . . lvj feuz.

Crezancay, parroisse partie en Berry et partie en Bourbonnois contenant.

Sainct Jullien et *Sainct Simphorien* en Bourbonnois hors Crezancay contenant
. . . . xiiij feuz.

Rousson, parroisse et beau chasteau sur Cher limitrophe du Berry apartenant au sieur de L'Aubespine contenant pour le Bourbonnois le nombre de. . . xiiij feuz.

Chavannes, villaige contenant . . . . xix feuz.

Sainct Loup, parroisse limitrophe du Berry et du Bourbonnois contenant pour le Bourbonnois le nombre de. . . . . xxvij feuz.

Le Usay, parroisse concistant en . . . . iiij^{xx}ix feuz.

Le Venon, villaige . . . . xiij feuz.

Alichamps, parroisse contient . . . . xlvij feuz.

La Celle Bruière, parroisse de l'election de Sainct Amand ainsy que les susdictes contenant . . . . iiij^{xx}x feuz.

PARROISSES ET COLLECTES DE LA TERRE DE CULLANT. — CHAPITRE C.XI.

Sainct Amand hors Suilly dict le Chastel, appartenant au sieur d'Aynay le Viel lequel est cloz de muraille et environné de grandz fossés situé sur la Marmande tout près de Sainct Amand duquel il est parroisse et y a une autre eglise et commanderie de Sainct Anthoine n'estant ledict chastel guères peuplé que de prebtres et pauvres gens, estant toutesfois le pais d'alentour fertille en quantité de fort bons vins et délicatz et grandes prairies contenant ledict chastel. . . . . ii^{c}xxx feuz.

Colombier, parroisse et chasteau fort sur haut coutaud de vignoble contenant
. . . . xlix feuz.

L'Estellon, villaige contenant . . . . xxi feuz.

Chaugy, parroisse concistant en . . . . xxxj feuz.

Meslon, parroisse et le fort chasteau de Meslon situé entre deux collines dans un estang provenant d'une fontaine d'un quart de lieue au dessus la plus belle, claire, fresche et grande qu'il est possible a voir, contenant ladicte parroisse. xxvij feuz.

Drevant, parroisse contenant . . . . xxxvij feuz.

Reulhe, villaige . . . . xxvj feuz.

Aude, parroisse qui contient . . . . l feuz.

Sainct Desiré, parroisse contenant. . . . . l feuz.

Moussay, parroisse contenant . . . . xxix feuz.

Somme pour toute ladicte chastellenie suivant les trois departent de la taille d'Aynay, Sainct Amand et Cullant : v^{m}ij^{c}iiij^{xx}vj feuz.

Sainct Amand hors Suilly sur la Marmande, petite ville appartenant au sieur d'Aynay le Viel.

JUSTICES VASSALLES DE LADICTE CHASTELLENIE D'AYNAY. — CHAPITRE C XII.

La ville, chastel, terres, seigneuries et justice d'*Orral* et de *Sainct Amand en Suilly*, apartenant a Monseigneur et Madame les duc et duchesse de Nivernois. La terre, justice et seigneurie de *Bruière* sur Cher, apartenant ausdictz Monseigneur et Madame les duc et duchesse de Nivernoys. Le chastel, terre et justice de *Poligny*. La terre, seigneurie et justice de *Sainct Amand hors Suilly*. Le chastel fort, terre et justice d'*Aynay le Viel*. L'excellent chasteau, terre et justice de *Meillan*, appartenant au sire de Barbezieu, chevallier de l'ordre du Roy et capitaine de cinquante hommes d'armes des ordonnances. La ville, abbaie et justice de *Charenton*. La terre, justice et seigneurie de *Pont Didz*. Le chastel, terre et justice de *Chandeul*. Le chastel, terre et justice de *Chaugy*. Le fort chastel, terre et justice de *la Forest Thaulmer*. Le fort chastel, terre et justice de *Bannegon*. Le chastel, terre et justice de *Blet*. Le chastel, terre, visconté et justice de *Resmond Lugny*. La terre, seigneurie et justice de *Chanceaux*. Le fort chastel, baronnye, terre et justice de *Sagonne*, appartenant au susdict sire de La Bourdezière. Le chastel, terre, seigneurie et justice de *Sainct Aignan*. La terre, seigneurie, chastel et justice de *Liennesse*. Le chastel, terre et justice de *Venoux*. Le chastel, justice et seigneurie de *Bounaud*. Le chastel, baronnye, terre et justice de *Jouy*, apartenant au susdict sieur de La Bourdezière. La terre, chastel et justice de *Neugly*. La terre, seigneurie et justice de *Bruière aux Chaptz*. La seigneurie, terre et justice de *Robert*. La terre et justice de *Pont Chairaud*. Le chastel, terre et justice de *Molins Pourchier*. La maison noble, terre et justice de *Bruière du Temple*. Le chastel, terre, seigneurie et justice de *Cost*. Le chastel, terre, seigneurie et justice de *Rumbe*.

Autres vassaux non ayant justice. — Le sieur de *Vallenay* ; le sieur d'*Esparnay* ; le sieur de *Rauve* ; le sieur de *Bruye* ; le sieur de *Charly* ; le sieur de *Vernouhe* ; le sieur de *Pontigny* ; le sieur d'*Augy* ; le sieur du *Crozet*, parroisse de Cost ; le sieur d'*Acyères* ; le sieur de *Meslon* ; le sieur de *Varennes* ; le sieur de *Bernon*, parroisse Becay ; le sieur de *La Mothe*, près Sagonne ; le sieur de *La Vauvrille*, parroisse Charly ; le sieur de *Liennesse* ; le sieur de *Colombier*, près Sainct Amand ; le sieur du *Bouchet* ; le sieur d'*Issertieux* ; le sieur de *La Pacaudière*, parroisse Sainct Bounet du Desert ; le sieur de *Fougerolles*, parroisse Charly ; le sieur de *Prades* ; le sieur de *La Chauvrie* ; le sieur de *La Faye* ; le sieur de *Chasluz* ; le sieur de *Pierroye* ; le sieur de *Barnay* ; le sieur de *Madaud* ; le sieur de *Pregiraud* ; le sieur de *Villanoy d'Aynay le Viel* et de *Bigny* ; le sieur de *Pouzeux*, parroisse Sainct George ; le sieur de *L'Estang* ; le sieur de *Sainct George* ; le sieur de *Bouzay* ; le sieur de *Rateau* et de *Lagrange* ; le sieur de *Farolles* ; le sieur de *La Leu*, parroisse Sainct Bounet du Desert ; le sieur de *Massoires* ; le sieur de *Moucy* ; le sieur de *Chamatring* ; le sieur de *la Verriere* ; le sieur de *La Vaulx* ; le sieur du *Bois Didier* ; le sieur de *la Riviere* ; le sieur de *Celles* ; le sieur de *Villaines* ; le sieur de *Chantemerle* ; le sieur de *Ceray*, parroisse Becay ; le sieur de *Vigne* et de *Vaulx*, parroisse de la Celette ; le sieur de *Bonnay*, parroisse de Cost ; le sieur de *Bauplain* ; le sieur de *Creuzet*, parroisse Cost ; le sieur de *Touzelles*, parroisse Sainct Pierre des Esteufs ; le sieur de *Trian* ; le sieur de *la Roche Dragon* ; le sieur de *la Troulière* en Aynay ; le sieur de *Lestan Rasteau* ; le sieur de *Bournay* ; le sieur des *Barres*, parroisse Becay ; le sieur de *Chavenon* ; le sieur de *Burnet* ; le sieur de *Fontellain* ; le sieur de *Chaulon*, parroisse Sainct Bening ; le sieur de *Vogan*, parroisse Sainct Bening ; madame de *Charenton*, a cause de Listeny ; le sieur de *Cellezy* ; le sieur d'*Acon* ; le sieur des *Brosses* ; le sieur de *la Croix* ; le sieur de *Malentras* et du *Couldron* ; le sieur de *Chavaigne* ; le sieur de *Rousson* ; les *venerables de la communaulté de Charenton* ; le *chapitre de Dun le Roy* ; le sieur des *Heraulx*, parroisse Neugly ; le sieur de *Font Raton* ; le sieur de *Bosses* ; le sieur de *Crisancy*.

Forest et buissons de ladicte chastellenie. — La forest de Troncaye la grand, laquelle a cinq lieues de long et deux lieues de large, et l'une des belles de France selon sa grandeur ; elle est de deux chastellenies d'Aynay et d'Hérisson, ainsy que je lay cy devant declairé et n'y a autre forestz ny buissons apartenan a Monseigneur le Duc en ladicte chastellenie d'Aynay.

Estangs et molins qui sont dans et es environs de ladicte forest de Troncaye. — Les fossés de la Bruière dont le capitaine jouist. L'estang et molin d'Aynay le Chastel. L'estang de Sainct Bounet du Desert lequel est a senestre de Sainct Bounet allant de Cerilly a Sainct Amand et est fort long et beau ayant peu moings de demie lieue de circuit. Le grand estang de Cerilly. Le petit estang dudict Cerilly. L'estang et molin de Rathin. Ces trois estangs ont esté baillés aux vénérables de Bourbon pour soixante livres de rente jusques a de ce qu'ilz soient ailleurs assignec de ladicte rente.

Il y a encores un autre estang appellé l'estang de Champline lequel a esté baillé a cens perpetuel à un maistre Pierre Berquas.

DOMAINE DE LADICTE CHASTELLENNIE. — CHAPITRE C.XIII.

Le domaine de la chastellenie d'Aynay le Chastel a esté assencé en la forme, maniere et pour le mesme temps que les autres susdites chastellenies par maistre *Jehan Foullé* lorsqu'il vivoit conseiller du Roy en sa court de Parlement à Paris et commissaire en ceste partie à *Estienne Covilhasson* pour la somme de douze cens vingt et cinq livres tournois outre les charges ordinaires cy dessoubz déclarées par ce.   xijᶜxxv Livres.

Charges ordinaires. — *En argent.* — Au capitaine d'Aynay	xxx L.
Au lieutenant general.	xx L.
Au bovatier	xxx L.
Au recepveur	xij L. x S.
Au college Saincte Marie de Bourges.	l L.
A l'abbesse de Charenton.	xx S.
Somme en argent : cxv L. tournois.	
En froment. — A l'abbesse de Charenton.	iiij septiers.

En soigle. — Au garde et concierge du chasteau . . . . vj septiers.
A l'abbesse de Charenton pour les prières . . . . iiij septiers.
Pour ladicte abbesse de Charenton . . . . ij septiers.
En aroyne. — A ladicte abbesse de Charenton . . . . ij septiers.
En la ville d'Aynay y a chambre a sel deppendant du grenier a sel de Montluçon,
lequel fournist toute ladicte chastellenie.

DECLARATION DES JUSTICES DE LA VILLE DE S. AMAND, TERRES D'ORVAL, BRUYERES ET ESPINEUL, APPARTENANT A MONSIEUR ET MADAME LES DUC ET DUCHESSE DE NIVERNOYS. — CHAPITRE C.XIV.

Orval. — La ville et faulxbourgs de Sainct Amand en laquelle y a baillage de justice ordinaire election particulière desdictes terres et autres jurisdictions de gruerie pour lesdictes terres.

Montrond, chastel fort et très magnificque situé sur un haut mont au milieu d'une plaine près le fleuve de Cher et a demy quart de lieue de Sainct Amand.

Orval, mazures d'un viel chastel et bourg situé sur le fleuve de Cher.

La Roche, villaige sur Cher.

Bouzay, bourg et parroisse.

La Grouste, villaige de la parroisse de Drevant.

Bruyères. — La ville et faulxbourgs de Bruieres ou n'y a parroisse, mais partie est de la parroisse de la Celle Bruières et l'autre partie d'Alichamp.

Au baillaige de Bruyères sont cinq justices subalternes savoir est : *Farges,* bourg. parroisse et commanderie servante.

Bigny, ou y a chastél et lieu seigneurial appartenant au sieur d'Aynay le Viel.

Vallenay, ou y a tour seigneurialle et parroisse et appartient au sieur d'Aynay.

Rousson, parroisse ou y a beau chastel appartenant au sieur de L'Aubespine.

Couderon, ou y a maison basse seigneurialle et n'y a parroisse.

Les parroisses. — *Lichampt,* parroisse en laquelle est le lieu seigneurial de Bigny.

La Celle Bruieres, prieuré en partie, l'autre partie mesmes celle ou est le temple est au Berry le tout neanlmoings de l'election de Bourbonnois.

Farges, ou est la susdicte commanderie et le lieu seigneurial de La Brosse.

Vallenay, villaige et parroisse ; *Nozières* ; *Rousson* ; *Sainct Loup* ; *Le Venon* ; *Crezancay* : *Sainct Jullien* en partie ; *Chavannes* ; *Le Buzay* ; l'abbaye de *Noirlac* de moynes piars. laquelle est située sur Cher entre les grands bois a une lieue de Sainct Amand, le Cher entre d'eux.

Espineul. — *Espineul,* gros bourg et chastel auquel y a autre baillage soubz lequel sont deux jurisdictions de mesme seigneur appellées prevosté scavoir : *La Perche* et *Beauchezal.*

Plus quatorze veryes ou jurisdictions subalternes, savoir : *Aynay le Viel,* beau et grand chastel ; les *Chappiteaux ; Pouzieux ; la Touratte ; Loys ; Orcenay ; Meaulne sur OEil ; Saulzay le Pothier ; Montrevant ; Sainct George ; Arcons ; les Coutz ; Chaudenay* et *Fouardines.*

Parroisses. — *Espineul*, bourg et parroisse ou est le fort chastel et lieu seigneurial de Cornancay d'Estivaux.

Vallon, en partie ce qui est du cousté d'Espineul dela le fleuve de Cher.

Sainct Vydou, y a un fief de Marzat et Montegu maison basse partie de la parroisse de Chezemais ou est l'abbaye de dames appellée Buxieres les Nonnains, et le chastel et lieu seigneurial de Piedboullard.

Saulzay le Pothier, ou sont les lieux seigneuriaux et chastel de Lande, Saulzay, des Mazières et des Granges.

La parroisse de *Fouardines*, ou sont les lieux seigneuriaux dudict Fouardines.

La Cellette, parroisse en laquelle est la maison seigneurialle de Vaux.

Aynay le Viel, parroisse ou est le chastel fort et lieu seigneurial dudict Aynay.

Meaulne, parroisse sur le fleuve d'OEil.

Sainct George, parroisse ou est le lieu seigneurial et chastel de Pouzieux et le lieu seigneurial de l'Estang.

Arçous, ou sont les lieux seigneuriaux de la Torratte, de Champrond et le Bouchet.

La parroisse de *Loys*.

Partie de la parroisse *Sainct Cristofle le Chandery* ou est le lieu seigneurial de la Lande Chevrier.

Soys l'Eglise, parroisse.

Orcenay, parroisse ou est le lieu seigneurial de La Grange.

Partie de la parroisse d'*Urcay*, ou est le bourg de la Perche et le lieu seigneurial de Bermerem.

Est a noter que le fleuve de Cher s'escoulle le long desdictes terres et seigneuries en longueur de dix a douze lieues, et en la terre d'Orval y a grand vignoble et quelques forestz et estangs, et s'y a un autre petit fleuve appellée Marmande qui prend sa source en la forest de Troncaye et passe a Aynay a travers le grand estang, et joignant Sainct Amand et un peu au dessoubz se jecte dans le Cher.

Terre d'Orval.

Toutes les susdictes justices combien qu'elles soient et appartiennent ausdictz duc et duchesse sy sont elles de la chastellenie d'Aynay.

DROICTS SEIGNEURIAUX JUSTICES ET LIEUX NOBLES DES TERRES D'ORVAL, BRUYERES ET ESPINEUL APPARTENANS AUSDICTS Sʳ ET DAME. — CHAPITRE C.XV.

La Mothe et lieu noble d'Espineul environné de fossés tenant eau en laquelle soûlloit avoir fort et pont levis, et a cause d'icelle Mothe y a chastellenie et capitaine, droict de guet en telle manière que tous les subjectz des parroisses dudict Espineul, Sainct Vy, Vallon et le bourg de Meaulne sont tenus faire guet en icelle, et les aucuns

Ville, chastellennie et baillaige d'Espineul.

Riereguet et porte joignant ladicte Mothe y en a une autre de bien grande estendue sur laquelle est bastie la ville dudict Espineul avec droict de porte et pont levys et y a plusieurs maisons tenues en cens dudict sieur.

Item lesdictz duc et duchesse ont en leur dite terre d'Espineul, tout droict de justice haute moienne et basse, baillif, procureur et chastellain, prevost, greffier, sergens et autres officiers pour l'exercice d'icelle justice avec droict d'assises et congnoissance desdictes causes tant criminelles que civilles et matière d'appel des prevost chastellain, maistre des eaues et forestz, sergens et autres officiers des vassaux et subjectz ayant justice subalterne soubz ledict bailliage et justice d'Espineul, ensemble droict d'espaves, aulbenaiges et confiscations, droict de chancellerie et garde des seaux des contractz qui se reçoivent desdictes terres par ledict sieur ou son chancellier.

Officiers de la terre d'Espineul.

Audict Espineul y a quatre foyres l'an ascavoir, le jour sainct Pierre et sainct Paul en juing; le jour sainct Pierre ad vincula premier jour d'aoust; la troisiesme apres la Toussainctz appellée la foire aux begasses, et la quatriesme avant caresme entrant, appellée la foire aux poulles et s'y a marché tous les samedys de l'an.

Foyres et marchez.

Lesdict sieur et dame ont droict en leur justice terre et seigneurie d'Espineul de recepvoir aveux de bourgeoisie de tous Aubins venans demeurer en icelle de quelque païs qu'ilz viennent, et s'y a esdictes terres d'Espineul, Orval et Bruyères sur Cher plusieurs hommes taillables a volonté une fois l'an, et droictz de courvées charrois et guetz, droict de bailler à ferme les abeilles de leur forest de l'Espau chacun an de la forest de Suilly qui est entre Sainct Amand et Bruyères sur Cher, le boys de Jarrie, les chaulmes de Bergères et chaulmes gardées. La forest et bois de Plex, de Farges assise entre le villaige dudict Farges et le villaige de Nozières laquelle est de grande estendue.

Droict de bourgeoisie et d'Aubins.

LIEUX NOBLES, DOMAINES ET DROICTS SEIGNEURIAUX DES SEIGNEURIES D'ORVAL, MONTROND ET SAINCT AMAND. — CHAPITRE C.XVI.

Le four bannal dudict d'Orval assix en la basse court du chastel, et sont les habitans de la parroisse contrainctz cuire audict four bannal a peine de l'esmende et confiscation des pains où ils se trouverront avoir cuict en autre part.

Droicts seigneuriaux sur les terres et seigneuries d'Orval, Montrond et S. Amand en Suilly.

Droict de molin bannal près l'estang dudict sieur audict lieu d'Orval sur iceux habitans sur les peines susdictes.

Item appartient ausdictz sieur et dame la rivière de Gros Moureau qui s'estend despuis le Riau de la fond d'Orval jusques a Vosgan en laquelle rivière lesdictz sieur et dame ont droict d'assencer sans que nully y puisse pescher que les bourgeois de la seigneurie d'Orval avec fillanches et lignes sans pezettes.

Item la rivière de Vosgon qui s'estend depuis la rivière dudict Gros Moureau en tirant contre mont jusques a l'escluse des moulins de Pouzieux et tout droict.

La ville de Sainct Amand en Suilly ensemble les faulxbourgs estans en leur justice en laquelle y a cinq portes, plus appartient ausdictz sieur et dame une maison en laquelle est l'auditoire de leur jurisdiction.

Item ont lesdictz sieur et dame a cause desdictes seigneuries de Montrond, Orval et

Sainct Amand droict de justice haute moienne et basse et y commectre bailly chastellain maistre des eaues et forestz, prevost greffier et sergens.

Item prennent esdictes seigneuries droict de verie, aunaige et mesuraige ensemble : en leur dicte ville de Sainct Amand y a marché deux jours la sepmaine, scavoir le mercredy et le samedy, et chacun an six foyres : la première le lundy après la Chandelleur ; la deuxiesme le lundy après les Brandons ; la troisiesme le second lundy d'après Pasques ; la quatriesme le lundy avant la Nativité Sainct Jehan Baptiste ; la cinquiesme le lundy d'après Nostre Dame de septembre appellée la foyre des cercles, et la sixiesme et dernière le lundy d'avant la sainct André, esquelles foyres Sainct Jehan et Sainct André lesdictz sieur et dame ont droict de leyde.

Droict de verie, aunage et mesurage.

Foires.

La foire d'Orval. — En la seigneurie d'Orval y a une foyre appellée la foire d'Orval qui se tient aux Chaulmes soubz Orval en octobre le lundy et mardy d'après la sainct Luc et y prennent lesdictz sieur et dame droict de leyde, ascavoir que toute personne vendant marchandise quelle quelle soit doibt en ladicte foire d'Orval et en l'une desdictes foires de Sainct Amand par chacun an six deniers pour la coustume seullement et quand il à paié à une desdictes foires d'Orval il n'en doibt plus tout le long de l'année et en ce, sont excepté ceux qui vendent esdictes foires et marchés œuf, fromaiges, poullailles, chevreaux et beurre qui ne doibvent point de coustume ny de layde, mais sur ceux qui vendent fromage de Cramonne et d'Auvergne prennent lesdictz sieur et dame six desniers tournois pour ladicte coustume une fois l'an comme dict est et de chacune personne vendant comme dessus, et deub un denier de leide qui se lieve a chacune desdictes foyres d'Orval et aus. y de Sainct Jehan Baptiste et Sainct André audict Sainct Amand.

Droict de leyde et sur quelle marchandise.

Droict de coustume.

Item lesdictz sieur et dame prennent sur chacun bouchier vendant chair en destail de la chair qui sera apportée une pièce ne la pire ne la meilleure, et s'ilz sont deux bouchiers ou plus vendans en commun en un seul banc ilz n'en doibvent qu'une piece mais s'ilz vendent à plusieurs bancs ilz doibvent pour chacun banc une piece et outre doyvent lesdictz six deniers tournois pour ladicte coustume une fois l'an comme dict est et n'y à nulle leyde esdicts marchés de Sainct Amand et sont tenus les fermiers desdictz sieurs et dame de fournir les crochetz desdictz bouchiers.

Droict sur les bouchiers.

Item plus lesdictz sieur et dame ont droict par leur crieur proconseur de ladicte ville de faire prendre une fois l'an sept deniers tournois de chacun boucher estrangier hors ladicte foire Sainct Amand et Orval venant vendre chair en ladicte foire d'Orval.

Item ledict crieur et proconseur à droict de prendre sur les bouchiers de la ville de Sainct Amand le samedy veille du dimanche gras de chacun, sept deniers tournois et est tenu ledict crieur et proconseur ledict jour par trois fois aller par dedans la boucherie ayant la serviette avec pain et vin, et bailler a boire au roy des bouchiers et après a tous les autres bouchiers a chacun trois fois, et est aussy tenu de faire toutes les criées en ladicte ville necessaires esdictz bouchiers sans en prendre aucun proffict, et aura et prendra icelluy crieur ledict jour de samedy son disné en la maison dudict roy des bouchiers.

Droict du crieur et proconseur sur les bouchiers.

DE LA VILLE, CHASTEL ET CHASTELLENNIE DE GERMIGNY. — CHAPITRE C.XVII.

ERMIGNY est au nombre des dix sept chastellenies de Bourbonnois, anciennement ville close accompaignée d'un beau chastel fort, le tout de fort longtemps ruiné par les guerres et aujourd'huy n'est plus qu'un bourg lequel neantmoins est mis au reng des villes clozes. En icelluy y a des belles et grandes halles pour la commodité des marchans, foires et marchés joinct que la est le siege capital de ladicte chastellenie pour l'exercice duquel y a capitaine chastellain lieutenant procureur du Roy et de monsieur le Duc. Mais du temps et regne dû roy Francois premier icelle chastellenie fut alliennée au feu tresorier Babou sieur de la Bourdesière qui est la cause que je n'ay peu scavoir au vray l'estendue et revenu d'icelle, sauf que j'ay trouvé les parroisses, villaiges et collectes ensuivantes en dependre.

Germigny alliennée par le grand roy Francois au feu sieur de la Bourdesière.

Parroisses, villaiges et collectes deppendant de ladicte chastellenie. — La ville et parroisse de *Germigny*, siege capital de la chastellenie laquelle conciste en. vij**x feuz.

Le Gravier, parroisse du diocèse et election de Berry contenant . . .

Le Croisil, villaige chasteau et justice de mesme diocèse et collecte. .

Ignon, parroisse dudict diocèse et colecte . . . .

Fontcellaud, villaige et collecte duquel ny des trois susnommées parroisses et villaiges du Gravier, Ignon et Le Croisyl n'ay peu scavoir le nombre des feuz.

Flavigny, parroisse du Bourbonnois contenant. . . . . lx feuz.

Fontenay et *Tendron*, distraicts de Neronde . . . . xxix feuz.

Neronde, bourg et parroisse sans Fontenay Tendron . . . . . . vj**xxiiij feuz.

La Chappelle Hugon, parroisse partie de Berry et partie en Bourbonnois contenant pour le Bourbonnois. . . . . xlvij feuz.

Veroulx, parroisse qui contient. . . . . xliiij feuz.

Jouy, parroisse ancien chastel et baronnie . . . . xxxvj feuz.

Somme contient ladicte chastellenie pour ce qui est seullement du Bourbonnois le nombre de : iiij^{c}iiij**xix feuz.

JUSTICES VASSALLES DE LADICTE CHASTELLENNIE. — CHAPITRE C.XVIII.

Le siège capital dudict *Germigny*. La terre, chastel, baronnie et justice de *Jouy*. La terre et justice de *la Chappelle Hugon*. Le chastel fort, terre et justice de *Groussouve*. La terre, justice et seigneurie de *Saulvage*.

Autres vassaux non aiant justice. — Le sieur de *Fontenay* ; le sieur de *Bonnebuche*, en la parroisse de Flavigny ; le sieur de *Reffadeau* ; le sieur de *Coudray* ; le sieur de *Craisy* ; le sieur du *Plex* ; le sieur de *Chezelles* en la parroisse de Chappelle Hugon ; le sieur des *Bordes* ; le sieur de *Fougerolles* ; le sieur de *Baugny* ; le sieur de la *Chardonnière* ; le sieur de la *Maison fort* ; le sieur de *Brustebaud* ; le sieur de *Salles* ; le sieur de *Chasteau Regnaud* ; le sieur de *Touzy* ; le sieur de *Villiers* ; le sieur baron de *Fontigny* ; le sieur du *Bost*.

DU CHASTEL ET CHASTELLENNIE DE LA BRUYÈRE L'AUBESPIN. —
CHAPITRE C.XIX.

L A Bruicre surnommée l'Aubespin qui est l'une des dix sept chastellenies conciste en un grand et ancien chastel a demy ruiné situé et assix en païs de soigles a un quart de lieue de la ville de Cerilly a trois lieues d'Aynay le Chastel, la forest de la grand Troncaye entre deux et a trois lieues de la ville et chastel d'Herisson ; ladicte chastellenye s'estend seullement sur quelques peu de parroisses et villaiges des collectes d'Aynay et d'Herisson : et y a capitaine et chastellain a gaiges audict chastel, lieutenant general a gaiges et procureur du Roy et de Monsieur sans gaiges, et recepveur et portier à gaiges, et quand a l'expediction de la justice les assises et officiers se tiennent dans la ville de Cerilly, mais pour les eaues et forestz le grand maistre d'icelles qui est capitaine dudict chastel tient tous les ans quand il faict son cours les assises dans icelluy, conciste ladicte ville de Cerilly en. . . . . iiij^{c}xlviii feuz.

Cerilly, petite ville.

Vassaux dudict chastel et chastellenie. — Le sieur de *la Val ny vault*, ayant justice vassalle ; le sieur de *Froidequeue* ; le sieur d'*Allière* et d'*Anguilly* ; le sieur de *Marcin* ; le sieur de *Quinsay* ; le sieur de *la Ville chevreul* ; le sieur de *Mazières*.

Domaine de ladicte chastellenie. — Le domaine de la Bruière a esté assencé ainsy que les autres par maistre Jehan Foullé luy vivant conseillier du Roy en sa court de Parlement à Paris et commissaire en ceste partie à Jehan Lebourgeois fermier, pour six années et six despouilles a commancer au jour et feste de sainct Jehan Baptiste mil v^c soixante six à la somme de quatre cens cinquante livres outre les charges cy après declairées, parce . . . . iiij^{c}l L.

Charges ordinaires. — *En argent.* — Au capitaine et chastellain de La Bruière . . . . xv L.

Au portier du chastel. . . . . lx L.

Au lieutenant général. . . . . xiij L. vj S. iiij D.

Au recepveur . . . . xij L. x S.

Au chappitre de Bourbon . . . . ij^{c}xlvj L.

Au college de Saincte Marie de Bourges. . . . . l L.

Au vicaire du chastel. . . . . xx L.

Somme en argent : iij^{c}xl L. xvj S. iiij D.

En soigle. — A l'abbesse de Sainct Menoux . . . . . . j septier iij q. iij co.

Au vicaire du chasteau de la Bruière. . . . . xj septiers.

Au portier et geollier. . . . . iij septiers iij q.

Au chappitre de Bourbon . . . . viij septiers.

Somme en soigle : xxiij septiers vj q. iij co.

Quant aux forestz, bois, buissons, eaues et estangs de ladicte chastellenie ils sont declairés es chastellenies precedentes d'Herisson et Aynay le Chastel suivant les

18

memoires et instructions que j'en ay receu par les mains du sieur de Cordebœuf maistre des eaues et forestz du païs et duché de Bourbonnois oultre les fleuves de Loyre et Alier.

✦

SAINT-PIERRE-LE-MOUSTIER, BOURBON-LANCY, MONTEGU, SAINT-POURCAIN, DESIZE

REVENU ET IMPOSITION DU DUCHÉ DE BOURBONNOIS.

DE LA VILLE, PRIEURÉ ET BAILLAIGE DE SAINCT PIERRE LE MOUSTIER. — CHAPITRE C.XX.

Sainct Pierre le Moustier, petite ville, baillaige et prieuré.

Au temps de Phelippe Auguste, en l'an 1180, ledict prieuré fut, par Archimbaud de Bourbon, doué de grand revenu et amplifié.

SAINCT PIERRE LE MOUSTIER est une petite ville et vieux chastel enceint de murailles et de fossés, ainsy nommée du nom du prieuré lequel du temps et du regne du Roy Phelippes Auguste qui fut en l'an mil cent quatre vings fut par Archimbaud de Bourbon docté et amplié de revenu et feit faire la grand' eglise et les cloistres et nomma le prieuré du nom de Sainct Pierre duquel la ville a prins le nom car auparavant y avoit une autre petite eglise derrière la grande ayant un petit cloistre qui se nommoit Sainct Bening, de laquelle on ne scait qui fut le premier fondateur. Et a ledict prieuré toute justice, laquelle s'estend hors les quatre croix de la franchise sus les parroisses et villaiges de Dary, Varie en partie, Livry en partie, La Boulle Fère, et en tous lieux ou il y a cens et bourdellaige; et vault icelluy prieuré par commune années du moings douze cens livres de revenu, outre les cures de Sainct Pierre et Sainct Babille son anexe Livry, Toury en Sciour, Traignay, Asy Langeron, Chasteaux Mornay et La Marche près la ville de la Cherité.

Estendue et limites dudict baillaige.

En ladicte ville y a bailliaige et siege presidial qui est fort beau et de grand' estendue, pour l'exercice duquel y a capitaine, bailly, lieutenant general, procureur et advocat du Roy, greffier, fermier, sergens, notaires royaux et scel aux contractz, et la justice de la ville et franchise appartient au Roy. Ledict baillaige est entierement de l'election de Nivernoys et de Chastel Chinon, et partie de celle de Berry du cousté de Xancoings et de Gien du cousté de la Cherité et Poully, estant composé de toute l'evesché de Nyvernois et limité de l'archevesché de Bourges du cousté de Leze deppendant de la prevosté et eglise collegialle Sainct Martin de Tours et des petits bailliages de Sainct Montaine et de Cinq solz deppendans du prieuré de la Cherité, distant de Sainct Pierre Le Moustier dix huict lieues, du cousté de l'evesché d'Auxerre est limite de la ville de Clamecy, Chasteaucensoy et Vezelay par la distance de vingt trois lieues, et du cousté de l'evesché d'Autun de la ville de Luzy et pais de Liernois distant vingt et quatre lieues dudict Sainct Pierre le Moustier.

NOMS DES VILLES DUDICT BAILLAIGE — CHAPITRE C.XXI.

La ville et franchise de *Sainct Pierre le Moustier*, laquelle appartient au Roy. La ville de *Xancoings*, au Roy. La ville de *Cusset* en Auvergne, enclavée dans le Bourbonnois, appartenant au Roy. La ville de *Nevers* capitalle du païs et duché de Nivernois, appartenant a Monsieur et Madame les Duc et Duchesse de Nivernois et pour les cas royaux au Roy. La ville de *la Charité*, appartenant au prieur du lieu, et au Roy en tous cas d'appel. *Clamecy*, pour les cas royaux. *Moulins lez Engilbert* est en procès entre le Roy et lesdictz duc et duchesse de Nivernois. *Desize*, pour les cas royaux. *Saint Saulge*, pour les cas royaux. *Luzy*, pour les cas royaux. *Leze*, appartenant a la prevosté de Sainct Martin de Tours et au Roy en tous cas par appel. *La Guière*, pour les cas royaux. *Premery*, appartenant au Roy et a l'evesque de Nevers. *Chastelcensoy*, au Roy. *Poully*, au Roy. *Cernon*, au Roy. *Dormecy*, au Roy par moictié. *Asron*, pour les cas royaux. *Amazy*, pour les cas royaux. *Salligny*, pour les cas royaux. *Champaigne*, pour les cas royaux. *Surionne*, pour les cas royaux. *Chastel Chinon*, a Monsieur le duc de Longueville et au Roy par appel des juges. *Lorme*, au Roy par appel. *La Maison Dieu*, pour les cas royaux. *Cecy*, pour les cas royaux. *Pierre Pertuy*, pour les cas royaux. *Chastillon en Bezois*, pour les cas royaux.

FIEFS, CHAPITRES ET COLLÉGES TENUZ ET MOUVANS DU ROY AU BAILLAIGE DE SAINCT PIERRE LE MOUSTIER A CAUSE DUDICT S. PIERRE. — CHAPITRE C.XXII.

Monsieur l'archevesque de Bourges, à cause de sa seigneurie de *Naves*. Monsieur l'evesque de Nevers, à cause de ses terres de *Premery*, *Pruzy* et *Ursy*. Les religieux, abbé et couvent de Cluny, à cause de leur seigneurie temporelle de *Sainct Loup sur Abron* et autres, leurs seigneuries des assises audict baillaige. Les religieux, abbé et couvent de Vezelay lesquelz puis quelques années ont esté faictz chanoines par dispense du Pape a cause de leur seigneurie de *Dornecy* et autres leurs terres assises audict baillaige. Les religieux, abbé et couvent de Sainct Martin d'Austun, pour leur seigneurie de *Bunas*. Les religieux, abbé et couvent de Sainct Leonard lez Corbigny. Les religieux, abbé et couvent de Sainct Sulpice de Bourges, à cause de leur seigneurie de *Challevoy* et leurs autres terres assises audict bailliage. Les religieux, abbé et couvent de Sainct Martin de Nevers. Les religieux, abbé et couvent de Sainct Martin de Cores. Les religieux, abbé et couvent de Bourras. Les religieux, abbé et couvent de Sainct Satur soubz Sancerre, à cause de leur seigneurie de *Mesve*. Les prieur, religieux et couvent de Sainct Pierre le Moustier. Les venerables prevost chapitre de Sainct Martin de Tours, à cause de leur seigneurie de *Leze*. Les religieux, prieur et couvent de la Cherité sur Loyre. Le prieur de Biches. Les religieux, prieur et couvent de Sainct Estienne de Nevers. Les religieux, prieur et couvent de Sainct Reverian. Le prieur de la Chappelaude. Les venerables chanoines et chapitre d'Orléans, à cause de leur seigneurie de *Chaullay*. Les venerables doien et chapitre d'Austun, à cause de leur seigneurie de *Marigny* et de *Saulvigny*. Les vénérables, doien, chanoines et chapitre de Premery. Les vénérables, tresorier et chapitre de Clamecy. Les vénérables, abbé et chapitre de l'eglise collegiale de Cernon. Les venerable, prevost et chapitre de l'eglise collegialle de Tannay. Les vénérables, tresorier et chapitre de l'eglise collegialle de Moulins lez Engilbert. Les vénérables, tresorier et chapitre de Fravay le Ravier. Les vénérables, prevost et chapitre de Ternaut. Les vénérables, chantre et chapitre de l'eglise collegialle de Leze. Les vénérables, abbé et chapitre de Chasteau Censoy. Les religieux, prieur et couvent de Chambon Saincte Vallière en Combraille. Le prieur de Valligny le Monial. Le prieur de Lurcy le Bourg. Le prieur d'Aubigny sur Loire. Le prieur de Commaigny. Le prieur de Mazilles. Le prieur de Collonges. Le prieur de Sainct Saulge. Le prieur de Montambert. Le prieur de Fontaines. Le prieur de Chastel Chinon. Le prieur de Varennes en Glenon. Le prieur de Sainct Honnoré. Le prieur de Menestou soubz Sancerre. Le prieur de Sainct Soul. Les religieux, prieur et couvent de Bellary. Les religieux, prieur et couvent de Basse Ville. Les religieux, prieur et couvent du Val Sainct George. Les religieux, prieur et couvent d'Appiman. Les religieuses, abbesse et couvent de Nostre Dame de Nevers. Les religieuses, abbesse et couvent de Cusset. Les religieuses, abbesse et couvent de Nostre Dame de Confort. Les religieuses, abbesse et couvent de La Ferté aux Nonnains. Les religieuses, abbesse et couvent de Nostre Dame de Bellenaves. Le prieur de Fin. Le prieur de Sainct Gildas Le prieur de Xancoings. Le prieur de Garambert. Les religieuses, prieurés et couvent de Charly.

Seigneurs et vassaux dudict baillage. — Le seigneur de *Chastel Chinon* et de *Lorme*. Les quatre barons de l'evesché de Nevers tenus en plein fief du Roy et ressort de ce bailliage. Le baron de *Druys*. Le baron de *Priseux*. Le baron de *Givry* et *Cours les Barres*. Le sieur de *La Connaille*. Le sieur de *Prinssou*. Le sieur de *Chappes*. Le sieur du *Fresgne*. Le sieur de *Rochemillay*. Le sieur de *Thurigny*. Le sieur de *Busseaux*. Le sieur des *Bordes*. Le sieur des *Chezes*. Le sieur de *Chevannes le Croz*, tenu en fief du Roy comme franc alleuf. Les seigneurs de *Vaulx Joully*. Le sieur d'*Aubigny le Chetif*. Le sieur de *Besfes*. Le sieur du *Pers* pour ses terres de . . . .; et aussy tenu de Monsieur et Madame les duc et duchesse de Nivernois et de ses terres de Cresay et de Rievée en franc alleuf du Roy, à cause de Chastel Chinon. Le sieur de *Ulmes*. La dame de *Monts*, tenu en fief de Douy. Le sieur de *Ville Lume*.

GRENIER A SEL DE S. PIERRE LE MOUSTIER ET CHAMBRE A SEL DE XANCOINGS. — CHAPITRE C.XXIII.

Les parroisses de Sainct Pierre et Saincte Babille anexes, en la ville de *Sainct Pierre le Moustier*. *Linois* et *Percy*. *Chantenay*. *Mars*. *Saincte Parise*. *Magny*. *Cours soubz Magny*. *Lutenay* à la part de Nivernois. *Uxello*. *Trynay* à la part de Nivernois. *Langeron*. *Thoury*. *Azy*. *Congny*. Les parroisses et villaiges subjectes à la chambre de Sainct Pierre le Moustier. La parroisse de *Xancoings* sauf le petit Buis qui est en Bourbonnois. *Givardon*. *Nully*, dont deppendent les villaiges de la Vallée et Touroye en ce qui est en Berry. *La Chappelle Gon* entierement. Toute la parroisse d'*Homery*. *Le Petit Neufey* en ce qui est en Nivernois. *Le Chaultry* entierement. *Veroux*. *Augy*. *Sainct Aignan*. *Lurcy*. *Pozy*. *Valigny*. *La Nage* dont deppendent les villaiges de la Connotte et de Cons. Partie de la *Chappelaude*.

DE LA VILLE, CHASTEL ET BARONNIE DE BOURBON-LANCY. — CHAPITRE C.XXIV.

OURBON-LANCY est une petite ville de forme quarrée, chasteau fort et baronnye située en païs et duché de Bourgoigne en haute assiette rudde et maigre environnée de toutes parts de montaignes et bois taillis, païs assez infertil ne produisant que soigle et quelques petits bledz, mais es coutaudz y a forces vignes de bon rapport et qui produisent d'asses bons vins. Le chasteau de Bourbon par nature et par artifice est asses fort car il est environné d'autes et fortes murailles et grandz fossés qui le separent d'avec la ville et est fortiffié de sept grosses tours, trois desquelles sont quarrées et les autres quatre rondes, dont les deux plus grosses qui sont au devant ont un pan de mur entre deux de dix huict piedz d'espoisseur en *estalvant* et la faulce *brée* de large en dedans ouvre de douze piedz qui garde de battre le chastel par le pied, ledict pan de mur est haut de plus de soixante coudées, et le fossé entre la fauce brée et la ville, à de largeur soixante dix piedz et tout a fond de l'une incisée au roch et hors d'eschelle jusques à la terre par ou on entre delaquelle jusques à la basse court y a trois batteries bien défensables. Chacune desdictes tours tant quarrées que rondes sont basties de pierre de quartier très dure a chaux et a sable et les murailles sont espoices de treize piedz et six piedz plus hautes que les treilliz et ne peult estre ledict chastel assiégé ny assailly que du cousté de la ville à la pluspart de laquelle il commande, par ce que de tous les autres endroictz il est situé en precipice. La ville comme jay dict est de forme quarrée, de petite estendue, enceinte de murailles et bons fossés et sur les deux coings d'orient et midy y a deux grosses tours pour la defence desdictz coustés, car tout le

Situation de la ville et chasteau de Bourbon Lancy

Force du chastel de Bourbon Lancy.

reste peut être battu et commandé par le chastel : hors la ville y a un faulxbourg et un bourg appellé le Bas Sainct Ligier qui est soubz la montaigne de chastel, et un autre bourg appellé Sainct Nazaire, esquelz faulxbourg et bourgs y a trois parroisses, l'une du tiltre Sainct Ligier, l'autre Sainct Nazaire et l'autre Sainct Martin servans tant pour la ville que pour lesdictz faulbourg et plat païs, et dans la ville une eglise collégialle dediée a Nostre Dame et fondée par les seigneurs et dames de La Nocle d'un prevost cinq chanoines et quatre chappellains vallant les prebendes environ trente livres par an et au faulxbour y a un petit hospital qui n'a que quinze ou seize livres de revenu, et au bourg Sainct Nazaire un prieuré de l'ordre de Cluny auquel y a un secrestain et un religieux et es jours de dimanche mardy et jeudy s'y faict aulmosne generalle de pain de soille qui se distribuent a tous venans après le son de la cloche ; le revenu duquel prieuré, toutes charges faictes a esté assencé puis peu d'années à la somme de sept cens livres tournois par an. A un quart de lieue dudict Bourbon, au lieu d'Amauzy y a un autre prieuré a simple tonsure qui n'est assencé que sept vings livres par an combien qu'il en vaille plus de deux cens ; et demy lieue de ladicte ville vers le septentrion y a un viel chastel appellé d'Arcy, les murailles duquel appartiennent a la baronnie et les anciens seigneurs d'Arcy ont fondé soubz le chastel une eglise collegialle appellée Sainct Nicolas soubz Arcy, la fondation de laquelle est d'un doyen, cinq chanoines et deux chappellains, et en appartient la colation au Roy à cause que les barons de Bourbon ont succedé a ladicte seigneurie d'Arcy.

En la ville de Bourbon qui est le chef de la baronnie y a un Bailly qui a un lieutenant de robbe longue pour l'exercice de la justice, un capitaine du chastel, un chastellain et garde du scel aux contractz de la chancellerie de ladicte baronnie, un gruyer, un grenier a scel pour lequel y a un grenetier, un conterroulleur et un greffier, et pour toutes lesdictes jurisdictions y a un procureur du Roy et les appellations du Bailly ressortissent mediatement en la court de Parlement de Bourgoigne à Dijon y a pareillement un greffier du Bailly et un du chastellain, le revenu desquelz greffes s'assencent au profit du Roy. Il y a aussy notaires et sergens royaux.

AQUISITION DE LADICTE BARONNIE PAR Mme ANNE DE FRANCE DUCHESSE DE BOURBONNOIS. — CHAPITRE C.XXV.

Ladicte baronnie fut acquise par feue de bonne memoire Madame Anne de France duchesse de Bourbonnois et d'Auvergne des seigneurs de Talmes et du Vergy, juges es chambres imperrialles de la *roue* au parlement de Bourgoigne, depuis laquelle acquisition ladicte dame de son vivant faisoit porter les deniers du revenu de ladicte baronnie par son recepveur en sa chambre des comptes à Moulins, mais après son trespas et nommement après que les duchés de Bourbonnois et d'Auvergne escheurent à la coronne de France ladicte baronnie y escheut aussy et du depuis parce quelle est du duché de Bourgoigne le revenu d'icelle appartenant au Roy est porté par le recep-

Trois parroisses en ladicte ville et faulxbourg.

Eglise collegialle fondée par les seigneurs de La Nocle.

Un prieuré du revenu de sept cens livres.

Acquisition de Bourbon Lancy par Madame Anne de France, duchesse de Bourbonnois et d'Auvergne, des seigneurs de Talmes et du Vergy.

veur dudict Bourbon à la chambre des comptes de Dijon. Ladicte baronnie a esté d'ancienneté de la maison du duché de Bourgoigne et estoit l'appanage du premier filz du duc de Bourgoigne le conte de Charrollois et Franche Conté. Le second estoit la baronnie de Bourbon Lancy et dient la derivation estre venue d'un mot corrompu appellé Bourbon Lancy pour Bourbon L'Ancien qui avoit avec ladicte baronnie les seigneuries d'Uchon et Chizelles en Bourbonnois et fondateur de l'abbaye de Sept Fondz de l'ordre de Cisteaux : les autres l'appellent Lancy du mot Lance qui estoit le nom d'un filz de Bourgoigne sieur et baron dudict Bourbon.

La baronnie de Bourbon Lancy fut anciennement l'appanaige du second filz du duc de Bourgoigne.

Limites du baillaige de Bourbon Lancy. — Ledict baillaige est limitrophe au païs de Charrollois appartenant en proprieté au Roy d'Espagne et en souvereineté au Roy de France, et se limitte au fleuve d'Arroux qui vient devers Austun et confine au païs de Bourbonnois par la separation du fleuve et rivière de Loyre et est separé du païs de Mornant par la rivière de Cersis-la-Tour. Dans ledict baillaige de Bourbon Lancy est le fleuve de Loyre du cousté de Bourbonnois devers Charrolloix Arroux, et a demye lieue de Bourbon, le fleuve de Somme qui entre dans Loyre au dessoubz du port Fourneaul. Sur ledict fleuve de Loyre pour passer en Bourbonnois sont les portz de Digoyn, La Mothe Sainct Jehan, Gilly, Diou, Sainct Aubin, La Cornière, Flory, Le Fourneul, de Lesme et Ganna ou il y a grandz batteaux. La ville de Bourbon Lancy est distante du fleuve de Loyre une lieue, de Molins en Bourbonnois sept lieues, de Desize sept lieues, de Parray en Charrollois sept lieues et de Luzy en Nivernois cinq lieues qui sont les plus prochaines villes dudict Bourbon qui est pareillement distant de la ville de Dijon ou est le Parlement de Bourgoigne du ressort duquel il est trente lieues.

Limites et confins du baillaige de Bourbon Lancy.

Loyre, fleuve.

BAINGS CHAUDX DUDICT BOURBON LANCY. — CHAPITRE C.XXVI.

Au milieu du bourg Sainct Ligier soubz la montaigne du chasteau de Bourbon y a des baings chaulx procedant de mine d'alum, de glace et de peu de soulphre sourtant tant du grand bain et bouillon qui est de forme ronde a mode d'un therme antique que de sept autres sources de fontaines qui sont au dessus et es environs dont la plus chaude est de la hauteur d'un homme faict en forme ou *pisoine* ronde estant par le dedans environné de degrés en façon de theatre auquel on entre par cinq portes faictes a l'antique de grosses pierres sans chaulx uy sable, crauponnées de fer, qui est œuvre admirable et très antique du païs des Romains ; l'eau de ces baings viens par un grand canal et se peult ladicte pisoine ou receptoire d'eaue mectre a sec par un treillis qui est soubz une maison du bourg lequel point ne s'ouvre : audict bourg Sainct Ligier y a un torrent appellé Borne qui prend son origine de l'estang et molin d'Amauzy lequel pour sa grande innondation a ruiné la maison des estuves estant audict bourg et abstrinct et bouché les canaux de la vuidange d'icelle pisoine ou receptacle des baings chaulx. Vis a vis du grand Bouillon y a un puis d'eau froidde lequel à faute que l'eaue chaude n'evade, regorge dans ledict puis froid et en rend l'eaue tiede : touteffois on y

Baings chauds naturels dudict Bourbon Lancy. Borne, torrent.

L'eau desdictz baings est salubre a boire, a mectre cuyre et a pestrir le pain.

abreuve les chevaux et y nourrist ou carpes et autres poissons. De l'eaue desdictz
baings chaux les habitans de la ville et faulxbourgs en usent soit a prestrir leur pain,
cuire leur chair et a boire, et n'a en buvant aucun mauvais goust ou fascheuse senteur
comme l'eaue des baings de Bourbon l'Archimbaud, Neris et Vichy en Bourbonnois.

Vertu desdicts baings. — Je ne m'amuseray longuement a descripre les vertus de
ces baings d'autant que j'en ay suffisamment parlé ailleurs a ceux de Bourbon l'Archimbaud, Neris et Vichy ; seullement je diray que tenant iceux plus d'alum que de
soulphre bithume ou seel nitré sa vertu estre astringente, profitant grandement a
ceux qui ont les membres percluz et aux paralitiques, et sy a l'eau desdictz baings
puissance de rompre la pierre en la vessie œuvre les porrosités des veines et purge
les parties affligées et par la force de sa challeur chasse hors les maladies incurables
comme gouttes froides, mal d'oreilles et autres ; endurcit les tetins aux femmes qui
s'y baignent après leur gesive et le ventre et resserre la nature.

PARROISSES DUDICT BAILLAIGE DE BOURBON LANCY. — CHAPITRE C.XXVII.

Les parroisses salaige et Baillaige dudict Bourbon Lancy, sont en nombre de trente
cinq parroisses, ascavoir, le port de Digoin, ce qui est hors du Charrollois, La Mothe
Sainct Jehan, Sainct Aignan, Perigny, Gilly, Fonteste, Aupont, Lesme, Victry, Crasna,
Malutat, Cresy, La Nocle, Marly, Gruly, Yssy, L'Evesque, La Chappelle, Aumans,
Husseau, Neufvy, Morillon, Curdin, Regny, Vendenesses, Mortinert, Chastineux,
Montz, Toullon, ce qui est en Bourgoigne et les trois parroisses de Bourbon.

*Forestz et buissons
de baillaige
de Bourbon Lancy.*

Aux environs de Bourbon est la forest de Germigny, les bois d'Arcy et le bois de
Marnant qui sont bois de chesne d'haute fustaie plus y a un bois de chastaignés qui
est a une lieue dudict Bourbon lequel a deux lieues de tour.

A quatre lieues dudict Bourbon est le bourg et chasteau fort de la Mothe Sainct
Jehan, le bourg situé au pied de la montaigne sur le fleuve d'Arroux lequel un peu
plus bas entre dans Loyre et le chastel qui est baronnie est situé sur le haut de la
montaigne en païs de vignoble et bois taillis et du sallaige et baillaige est le chastel
de la Nocle. A deux lieues de Bourbon et de sallaige et baillaige est la justice et seigneurie de Victry ou y a une mothe ferme sur le fleuve de Loire de grande force veue
et situation, toutesfois fut destruicte du temps des Anglois.

VASSAUX DE LADICTE BARONNIE DE BOURBON LANCY. — CHAPITRE C.XXVIII.

Le baron de *la Mothe Sainct Jehan*. Le baron de *Villardz*. Le sieur de *la Bondue*. Le
sieur de *Morillon*. Le sieur de *Chavauches*. Le sieur de *Parigny sur Loyre*. Le sieur de
Charnay. Le sieur de *Montperoulx le Vert*. Le sieur de *la Nocle*. Le sieur de *Doigt*. Le
sieur de *Cressy*. Le sieur de *Victry*. Le sieur de *Sommery*. Le sieur du *Boz*. Le sieur de

Faulin. Le sieur de *Vesure.* Le sieur de *la Pode.* Le sieur de *Sainct Fiacre,* tous au dedans dudict sallaige et baillage de Bourbon avec ledict Victry, Lesme et Maletat et la seigneurie du Breul appartenant au sieur de Chipodère.

REVENU DU DOMAINE DE LADICTE BARONNIE DE BOURBON LANCY DU TEMPS DE MADAME ANNE DE FRANCE DUCHESSE DE BOURBONNOIS ET D'AUVERGNE. — CHAPITRE C.XXIX.

J'ay trouvé en la chambre des comptes a Molins par un compte rendu du temps de feue de bonne mémoire ma susdicte dame Anne de France duchesse de Bourbonnois et d'Auvergne et dame de ladicte baronnie que le revenu du dommaine d'icelle se montoit en argent chacun an . . . . vᶜ Livres tournois.

Dont il en failloit rabattre pour les gaiges des officiers la somme de.
. . . . ᴠᵢⱼˣˣxv L. xij S. vj D.

Et par ce ne restoit en argent que. . . . . iijᶜxliiij L. vij S. vj D.

Plus valloit en grains de froment . . . . xlv *bichez* v *co.*

En soigle. . . . . c bichetz.

En avoine. . . . . xlvij bichetz iij co. D.

En vin. . . . . x pinthes.

En cire . . . . vj livres.

En chastaignes. . . . . iij bichetz.

En sel. . . . . xviij *montz* ij co.

En gelines . . . . iiijᶜxj gelines.

En *faux* . . . . iij et demy.

Mais a present ledict revenu ainsy que tous les autres vault beaucoup d'avantaige.

DE LA VILLE, CHASTEL ET BAILLAIGE DE MONTEGU LEZ COMBRAILLE.— CHAPITRE C.XXX.

ONTEGU est une petite ville contenant trois cens feuz située entre Bourbonnois et Combraille en la pente d'une fort haute et eminente montaigne sur la pointe et sommité de laquelle qui est un roch est assix un fort et ancien chastel faict en donjon fortiffié de bonnes murailles et quatre tours et environné de proffonds fossés ayant pont levis et au dessoubz est la basse court d'asses grand circuit murée et fossoiée et aisée a fortiffier, mais a present tout y est ruiné. Le donjon commande à la basse court, à la ville, aux vallées; et la basse court à la ville, laquelle combien qu'elle ne soit grande est asses riche et peuplée de bons marchans et artisans, et sur le millieu y a une place en laquelle tous les mardis se tiennent les marchés, abondans en tous grains et bestail de bœufs, vaches, jumens, poullins, moutons et brebis et y est la leide desdits grains et bestail qui la se vendent telle quelle vault par communes années d'assence de huict à neuf vings

Situation de la ville et chastel de Montegu

Prieuré et cure.

livres. En ladicte ville y a une eglise fondée de Nostre Dame qui est desservie par un prieur et vicaire perpetuel ; icelle estant à la collation de l'abbé de Menat en Auvergne, et a la nomination de l'evesque de Clermont, et vault ledict prieuré et cure du moins quatre cens livres par an. Hors ladicte ville entre le midy et l'occident y a un faulxbourg asses grand au bout duquel est le cymetière public entouré de murailles et decoré de plusieurs grandz ormes et theilz, et sy a un hostel Dieu et une petite chappelle de peu de revenu.

Officiers dudict baillaige.

En la ville de Montegu est le siège capital du baillaige lequel est composé d'un bailly de robe courte, un lieutenant general de robbe longue, d'un procureur du Roy et d'un greffier fermier, est ledict baillaige royal et congnoist de toutes causes civiles et criminelles, juge en dernier ressort de tous cas privileges et de leze Majesté sy non des cas de l'ecdict, et vont et relevent nevement en la court de Parlement a Paris, et est le siege ou s'exerce la justice dudict baillaige dans ladicte ville de Montegu, en laquelle y a un esleu particulier en l'élection et si elle est privilegée avec quatre ou cinq villaiges des environs de ne paier aucuns lotz et ventes par la vente de leurs heritaiges.

La ville et baillaige de Montegu sont du diocèse de Clermont, de l'election de la Marche, se regist par les coustumes de Bourbonnois et ressort par appel nuement au parlement à Paris.

Ladicte ville et baillaige sont diocesains de Clermont en Auvergne, se regist par les coustumes de Bourbonnois et de l'election de la Marche, ressort comme jay dict nuement au parlement a Paris si non es cas de l'ecdict et respond au siège presidial de Ryon estant frontière et limitrophe des duchés de Bourbonnois et Auvergne et conté de La Marche.

Vassaux justiciers audict baillaige. — Le sire de *la Fayette*, à cause de Crouzet. Le sieur des *Ternes*. Le sieur de *Beauvoir le Loup*. Le sieur des *Ternes* et de *la Maison Neufve*, pour leur commune justice de Buxières. Le sieur de *Sernant*. Le sieur de *Gouzolles*, à cause de sa justice de Montclou. Le sieur commandeur de *Buxières*. Le sieur de *la Maison Neufve*.

PARROISSES ET MAISONS NOBLES DEPPENDANTS DUDICT BAILLAIGE. — CHAPITRE C.XXXI.

La parroisse de *Montegu* en laquelle est la maison forte du sieur des Ternes, baillif et capitaine dudict Montegu et maistre des eaues et forestz dudict baillaige. La parroisse

Bellegue, abbaye d'hommes.

de *Virelest*, en laquelle est l'abbaie de Bellegue de l'ordre de Cisteaux. Le sieur de *Chapt*, en ladicte parroisse. *La Crouzille*, parroisse en laquelle est le fort chastel de la Maison Neufve. *Ars*, parroisse en laquelle y a une maison noble appartenant au sieur de Tercières et une autre maison noble appartenant au jeune la Maison Neufve. La parroisse *Durdat* en partie en la chastellenie de Montluçon en laquelle y a un prieuré. La parroisse de *Celle* soubz Montegu, en partie estant de la susdicte chastellenie. La parroisse de *Colombier* dudict baillaige et de Bourbonnois en partie, en laquelle y a un prieuré et maison forte. Le lieu noble de *la Couldre*, appartenant aux Celestins de Vichy. Une partie de la parroisse d'*Idz* et la maison forte de la Ronde et le sieur de

Monteilz. La parroisse de *Buxières*, commanderie de Sainct Jehan de Jerusalem et la maison noble du sieur de la Crene et Chaulx. La parroisse de *Perouze*, en laquelle est le chastel du sieur de Gouzolles et la maison du sieur de Bruges. La maison noble du sieur de *Cornassat*. La maison noble du sieur de *Virlagat*. La maison noble du sieur de *La Val* et celle du sieur de *Mainfeaux*. La parroisse de *Durmignat* en partie. Le sieur du *Perche*. La parroisse d'*Eschassières*. Le chastel fort de *Beauvoir* sur une haute montaigne. La parroisse de *Moureusle*. Le sieur de *Courtilles*. La parroisse de *Sernant*. La maison du sieur de *Saugières*. La parroisse *Sainct Heloy*. Le sieur de *Tercerées*. Le sieur de *Rouchaud*. Le sieur de *Monclou*. La parroisse *Dioux*.

Ladicte ville, chastel et baillaige de *Montegu* soulloit anciennement appartenir au conte d'Armaignac. Après luy fut à un Jacques, roy de Jerusalem. Et despuis à un viscomte de Perdriac. Et après au sieur de Nemoux, conte de la Marche. Et après fut donnée au duc Pierre de Bourbonnois à cause du mariage de luy et d'Anne de France fille du roy Loys unz'iesme ausquelz succeda Messire Charles de Montpentier duc de Bourbonnois et conestable de France a cause du mariage de luy et Suzanne de Bourbon fille audict duc Pierre et Anne de France. Et despuis a esté reuny à la coronne.

Forestz, bois et buissons dudict baillaige appartenant au Roy. — Les forestz de Pigovelle. Les bois de Bousep. Les bois de Balathic. Et y a plusieurs bois tailliz qui se vendent en vingt et deux couppes chacunes desquelles vault du moings deux cens livres tournois.

Estangs — Audict baillaige y a cinq estangs appartenant au Roy.

Le dommaine dudict baillaige peult valloir mille escuz d'or par an.

Ledict baillaige est assix du cousté de midy en païs de grandes montaignes peu fertilles et du septentrion y a une belle vallée mais fort estroicte et tirant vers Montmeraud, est païs de soille, orge et avoyne, et peu de froment et moings de vignes, mais le païs est bon pour le pasturaige.

DE LA VILLE ET PRIEURÉ DE SAINCT POURCAIN SUR SIOLLE. — CHAPITRE C.XXXII.

A ville Sainct Pourcain combien qu'elle soit du duché d'Auvergne si elle est toutesfois enclose et enclavée de toutes parts dans le païs et duché de Bourbonnois estant située en pente sur le fleuve de Siole qui ne porte batteaux, mais produit quantité grande de bons poissons. En ladicte ville y a trois portes ou portaux, l'une la porte de la Gravière qui est au bas de la ville du cousté du pont, l'autre la porte Sainct Nicolas sur le chemyn tendant à Chantelles, et le troisiesme le portal de la maison Dieu sur le chemyn pour aller à Verneul; les murailles de ladicte ville sont asses hautes et environnées de fossés. Dedans icelle y a un prieuré conventuel de l'ordre Sainct Benoist deppendant de l'abbaye de Tournuz qui est de fondation royale, le prieur duquel a toute justice haute moienne et basse dans ladicte ville et faulxbourgs et ce qui est en Auvergne

Sainct Pourcain, ville et riche prieuré d'Auvergne, enclavée dans le Bourbonnois.

Ledict prieuré de fondation royalle et a toute justice sur la ville et les faulxbourgs.

comme Montor, partie de la Feline, et autres pour l'exercice, ledict prieur a ses officiers, scavoir est, juge, lieutenant, procureur, greffier, concierge et quatre sergens, et audict monastaire y a un soubz prieur et huict religieux tous de la vraie qualité et vertus de moynes ; vault ledict prieuré trois mil livres par an, toutes chairges paiées, exepté les deximes le revenu concistant en dixmes de bledz, vins, leide de bledz et en plusieurs beaux membres qui en deppendent comme sera cy après declairé au reng des bénéfices. Il y a pareillement à la colation dudict prieuré vingt deux cures et deux chappelles dont la moindre des cures vault du moins soixante livres et telle plus de cent et cinquante. Dans ladicte ville y a deux parroisses l'une dans le prieuré appellée Saincte Croix, et l'autre de Sainct George et un hostel Dieu qui vault environ de cent à six vingtz livres de revenu aux pauvres.

Ledict prieuré a en sa collation xxij cures ij chappelles et plusieurs beaux membres et vaut de revenu annuel 3000 L.

Hors la ville de Sainct Pourcain y a deux grandz et beaulx faulxbourgs l'un au delà du pont de Siole sur le grand chemyn de Moulins en Auvergne auquel il y a porte assise et une justice appartenant au Roy appellée la prevosté de Palluet deppendant de Rion et une eglise et membre deppendant de Sainct Jehan de Jerusalem qui peult valloir de huict vins a deux cens livres par an.

L'autre faulxbourg appellé Sainct Nicolas est hors la porte tendant a Chantelles et soubz icelluy sur la Siole y a un beau couvent de cordelliers qui est au païs de Bourbonnois et près le viel pont de Siole ou de Sainct Pourcain ou soulloit anciennement passer ladicte rivière, le tout situé en bon païs, fertille en bledz et vins ou y a grande quantité de vignobles lequel produict fort bons vins clairets et blancs et tout autour de la ville sont situées plusieurs bonnes parroisses et gros villaiges.

Sainct Pourcain situé en bon païs de vignoble.

Sainct Pourcain est distant de Molins ville capitalle de Bourbonnois de sept licues, de Varennes deux licues, de Verneul une licue, de Billy trois licues et de Chantelles trois licues. En ladicte ville y a deux esleuz creez tous les ans pour le gouvernement de la politicque et s'y a deux foyres chacun an, l'une le jour sainct Jullien au mois d'aoust, et l'autre le jour sainct Nicolas d'hyver, et les marchés le mercredy et le samedy de chacune sepmaine.

DE LA VILLE, CHASTEL ET CHASTELLENNIE DE DESIZE. — CHAPITRE C.XXXIII.

Desize situé dans une isle au milieu du fleuve de Loyre.

DESIZE est une petite ville du païs et duché de Nivernois située en une isle au milieu du fleuve de Loire au plus hault de laquelle y a un rocher fort eminent et sur icelluy est basty et construict un beau et excellent chasteau, les vieux bastimens faictz tant par le duc Jehan que par la contesse Mahault, et les nouveaux ediffices ont esté ediffiés par Madame Marie d'Albret, duchesse de Nivernois. Au pied dudict chastel y a un cloz de vigne du contenu de cent a six vings hommes tout le long de Loyre ou croissent les meilleurs vins de Nivernois.

Le chasteau de Desize premierement ediffié par le duc Johan et par la contesse Mahault, et depuis rediffié par Madame Marie de Albret, duchesse de Nivernois.

La ville et chastel de Desize ne sont seullement environnés du fleuve de Loyre mais aussy par un endroict de celluy d'Arron au moyen de quoy près les portes de ladicte ville y a trois pontz deux sur Loyre et l'autre sur Arron, lesquelz parcequ'ilz ne sont que de bois sont de grand entretenement et reparation et bien souvent près que toutes les années se demolissent par les grandes innondations d'eaues en sorte que le pauvre peuple estant en un isle ne peult recouvrer du bois pour son chaufaige ny autres provisions necessaires et par ce souffrent grande indigence par le moyen que ladicte ville n'a deniers commungs suffisants pour l'entretenement desdictz pontz. *Arron, fleuve.*

Ladicte ville a autresfois esté une de clefz du duché de Bourgoigne mais depuis par un leur duc, la duché de Nivernois qui pour lors n'estoit qu'en tiltre de conté fut esclipcée et tirée de la duché de Bourgoigne : les eglises et temples de Desize sont Sainct Pierre qui est l'eglise parrochialle en laquelle y a un prieuré fondé par les contes de Nivernois ; le cloistre et monastaire de Saincte Claire où sont plusieurs religieuses de l'ordre Sainct François qui vont ordinairement piedz nudz, ne mangent jamais chair, et ne sortent aucunement de leur couvent, lequel est seullement fondé sur la besace. Quant aux traficques et commerce de ladicte ville, elles ne sont grandes sy ce n'est de bestail et de la glandée quant il advient pour la grande quantité de bois dont le païs est couvert qui cause d'autre part sterilité de terres pour la froideur et umbraiges que rendent lesdictz bois de façon que le climat des environs de Desize de trois a quatre ans ont necessité de bledz et sont contrainctz les habitans d'en achetter de leurs voisins vray est qu'ilz ont chacune sepmaine deux marchés dont le premier et le meilleur est le lundy et l'autre le vendredy.

Officiers establiz en la ville de Desize. — En ladicte ville sont establys par Monsieur et Madame les duc et duchesse de Nivernois les officiers tant de leur chastel que de la ville qui s'ensuivent, ascavoir, un juge ordinaire, un lieutenant en son absence, un procureur fiscal et un greffier, et au chastel un capitaine et concierge pour le gouvernement d'icelluy et un chastellain les appellations duquel juge en matière civille ressortissent par devant le lieutenant general de Nevers juge en perrie et en matière criminelle ressort directement en la court de Parlement à Paris. *Officiers de ladicte ville.*

PARROISSES DEPPENDANT DU CHASTEL ET CHASTELLENNIE DE DESIZE. — CHAPITRE C.XXXIV.

Près la ville de Desize du cousté de Bourbonnois qui est limitrophe de Nivernois qui est a present duché sont plusieurs parroisses, c'est ascavoir Ganay, Lamenay, Croix, Coussaye, Sainct Germain, Lurcy et Tiutes, toutes distantes de la ville de deux lieues sauf Ganay qui est distant de trois lieues, et a chacune d'icelles parroisses y a justice haute moienne et basse appartenant à plusieurs gentilzhommes qui les portent en fief de Monseigneur et Madame les duc et duchesse de Nivernois. *Parroisses de ladicte chastellenie du cousté de Bourbonnois.*

Du cousté du duché de Bourgoigne vers l'orient du fleuve de Loyre sont les parroisses suivantes : d'Aynay distant de Desize une lieue, Charrin de deux lieues, Sainct Hillaire, Tampnay, Fonteine, distant de trois lieues qui sont les limites dudict duché : Maulais *Parroisses de ladicte chastellenie du cousté de Bourgoigne.*

distant de quatre lieues et Montebert auquel y a un prieuré. De l'autre part est le bourg et parroisse d'Ercy, La Tour, tirant en Bourgoigne, et Morvant, auquel bourg lesdictz duc et duchesse ont une chastellenie, et soubz icelle sont vingt et trois justices anciennement ressortissans en ladicte chastellenie et pour le jourdhuy ressortissent par devant le lieutenant general de Nivernois a Nevers.

La première justice et seigneurie est Champlenois en laquelle y a un excellent chasteau construict par un filz naturel d'un duc de Bourbon, a present y a un prieuré appellé Collenges construict et ediffié en place forte environné d'eaue : La Givette, Le Chastellier, Montigny, Coeron, Condés, Maisons, Thaes, Mazelles, auquel y a aussi un prieuré, Tremblay et Faictz. A Ercy y a une tres antique tour de la grandeur et largeur d'un chasteau, laquel on dict avoir esté construicte par Jules Cesar, et est ledict Ercy environné de deux parts des deux fleuves ou rivières d'Arron et de Halienne et seroit aisé et commode a faire une forte place.

De l'autre part de la ville de Desize est le païs de Nivernois et la baronnye d'Ouy enclavée dans ladicte duché, et appartient ladicte baronnie à l'evesque de Nevers, et ne ressort audict duché ains au baillaige de Sainct Pierre le Moustier, et près la ville une lieue et demye y a un bois appellé les Escotz de Glenon, auquel y a une miniere de charbon de pierre lequel se transporte par tout le cours de Loyre et appartient icelle aux duc et duchesse de Nivernois. Les ponts qui sont près de la ville sur Loyre et Arron bien souvent et presque toutes les années se demolissent par les grandes innondacions des eaues en sorte que le pauvre peuple estant dans une isle ne peult recouvrer du bois pour son chauffaige ny autres provisions necessaires et souffrent grande indigence, par le moien que les deniers communs de la ville ne sont suffisans pour l'entretenement desdictz pontz et pour le gouvernement politique de la ville y a quatre eschevins, un procureur du faict commun, un recepveur et un scribe.

DE TROIS PITOYABLES DESASTRES ADVENUZ PUIS QUATRE VINGT ANS EN LA VILLE DE DESIZE. — CHAPITRE C.XXXV.

La ville de Desize puis quatre vings ans en ça par une certaine mal'heureuse destinée a souffert trois très infortunés et pitoiables desastres, deux par le feu et l'autre par pillage de guerre dont le premier advint en l'an mil quatre cens et quatre vings que la plus part des maisons de la ville ou estoit la meilleure assiette et marché près la Croix Voisin furent par cas fortuit arsées et bruslées les mazures desquelles ou bien peu d'icelles ne sont encores rediffiées.

La seconde fut en l'an mil v^e vingt cinq au mois de may que ladicte ville fut pillée et saccaigée par plusieurs bendes italiennes passant pres icelle du temps que le grand roy Francois premier du nom fut prins prisonnier devant Pavie, en sorte que le faulxbourg de la ville fut bruslé et despuis n'a esté rediffié et trois cens quarante personnes tant hommes que femmes et enfens, sans les forcemens des femmes, violemens de filles et autres execrables et abominables actes, combien que les habitans ne leur eussent donné occasion de ce faire.

La troisiesme desaventure fut en l'an mil v^c cinquante neuf un vendredy, premier jour de septembre, environ les neuf heures du soir que cinq cens maisons ou peu moins de ladicte ville furent bruslées par un desastre advenu par la malice du filz d'un *Jehan Berriat*, sergent, lequel allant querir du chanvre a leur grenier meit le feu en ladicte chanvre dont advint que tous les meubles, ustancilles, bledz et vins estans esdictes maisons furent gastés et reduictz en cendres de manière qu'a peine demeura en ladicte ville cinquante maisons entieres et pareillement y fut bruslé l'hospital de la ville ou logeaient les pauvres appellé l'hospital Sainct Jacques.

En l'an 1559, furent arses et bruslees 500 maisons ou environ de ladicte ville par la malice du filz d'un sergent.

REVENU DE TOUT LE DOMAINE DU PAIS ET DUCHÉ DE BOURBONNOIS SELON LES BAUX A FERME DE TOUTES LES CHASTELLENIES EN GENERAL — CHAPITRE C.XXXV.

E revenu annuel du domaine du païs et duché de Bourbonnois assencé particulierement par les chastellenies par feu Maistre *Jean Foullé*, luy vivant conseiller du Roy en sa court de Parlement à Paris commissaire en ceste partie ainsy que amplement nous avons declairé es descriptions des dictes chastellenies se monte à la somme de. xxxvij^miiij^{xx}xvj L. xix S. ij D. t.

Froment . . . . vj^mvj^{xx}ix septiers xij quartes qu. de boiss.

Soigle . . . . xlj^mvj^{xx}xvj septiers xlix quartes ij boiss. et demy.

Orge . . . . ix septiers iij quartes.

Avoyne . . . . xj^mliij septiers ij boiss.

Febves . . . . ij septiers.

Poix . . . . j septier.

Huille de noix . . . . ciiij^{xx} livres.

Cire . . . . cvij livres ij ecussons.

Vin. . . . . xxxix thonneaux i poinsson iij septiers.

Plus a esté receu en l'an mil v^c soixante sept par le tresorier dudit païs de Bourbonnois outre le prix des susdictes fermes tant des vielles et nouvelles ventes de boys tant ordinaires qu'extraordinaires deniers adjugées en la jurisdiction des forestz entour, les rivieres de Loyre et Alier, amendes, confiscations, deffaulx, glandées, pessons et herbaiges des forestz, tant entre lesdictes rivières que hors d'icelles, cire provenant des fermes, amendes arbitraires, tant des sièges civilz et criminelz pour le tout la somme de. . . . . vj^mcviij L. xvij S. x D. tournois.

Ventes de bois.

Sur toutes lesquelles sommes, grains, vins, huille et cire sont paiées les charges ordinaires par les fermiers dudict domaine à la descharge et acquit du susdict tresorier ainsy que par le menu nous l'avons cy devant expousé et parce ne mectrons icy que les sommes en gros ainsy que s'ensuit.

Charges ordinaires deues sur le revenu du domaine de Bourbonnois. — En tout argent la somme de. . . . . iij^mx L. xij S. ij D. tournois.

En froment . . . . xvij^m qu. de boiss.

Soigle. . . . . liij^mi quarte ij boiss. demy.

Orge . . . . ix septiers iii quartes.

Avoyne . . . . xv^mv septiers ij boiss.

Febves . . . . ij septiers.

Poix . . . . j septier.

Huille de noix . . . . ciiij^xx livres.

Cire . . . . cvij livres ij ecussons.

Vin. . . . . xxxix thonn. i poinsson et iij sept.

Autres charges oultres les susdictes payées par les mains du tresorier dudict domaine.

— *Et premierement* : Pour fiefz, aulmosnes et legats annuelz la somme de vij^ciiij^xx L. x S.

Aulmosnes a volonté . . . . v^clxx L.

Gaiges d'officiers ordinaires. . . . . ij^mij^cl L.

Gaiges a vie des officiers de la chambre des comptes. . . . . . . liij L.

Gaiges des officiers des forestz. . . . . vij^clxxiij L. x S.

Pensions. lxv L.

Gaiges des concierges des chasteaux et jardins de Molins, parc de Beauvoir et Chavaignes. . . . . xiij^cxlj L. xij S. iiij D.

Dons faictz par la Royne. . . . . ij^clx L.

Fraiz ordinaires faictz à Messieurs du siege presidial et officiers de la Chambre du domaine et autres officiers. . . . . iiij^clj L. x S.

Somme toute des charges paiées par le tresorier du domaine outre les precedentes . . . . vj^miiij^cxlv L. iij S. iiij D. tour.

NOMBRE DES VILLES CLOZES, PARROISSES ET COLLECTES DU BOURBONNOIS. — CHAPITRE C.XXXVI.

En tout le pais et duché de Bourbonnois y a trente que villes que villettes encores ne sont elles toutes closes, combien qu'elles portent le nom de ville, dont la principalle et capitale est la ville de *Molins* en laquelle est le siege presidial ; la seconde en bonté et en grandeur est *Montluçon* ; les autres sont *Souvigny, Bourbon l'Archimbaud* qui n'est qu'un bourg, *Hérisson, Cerilly, Aynay le Chastel, Sainct Amand en Suilly, Sainct Amand hors Suilly, Charenton, Xancoins* qui est du baillaige de Sainct Pierre le Moustier et de l'election de Berry, *La Villeneufve*, qui n'est qu'un bourg, *Varennes, La Palisse, Montaguet*, qui est moictié de Forestz et moictié de Bourbonnois, *Chastel de Montaigne, Vichy, Billy*, non cloz, *Sainct Germain des Fosses, Gannat, Esbreulle, Charroux, Chantelles, Verneul*, non cloz, *Montmaraud, Le Montet aux Moynes, Villefranche, Heurier, Gouzon* et *Jaligny* ; vray est qu'il y a encores trois villes d'Auvergne qui sont enclavées de tous coustés dans le Bourbonnois qui sont les villes de *Sainct Pourcain, Cusset* et *Escurolles*

et pareillement quelques parroisses dependant desdictes villes et parce le nombre desdictes villes de Bourbonnois sont en nombre de . . . . xxx villes.

Parroisses et collectes. — Il y a pareillement audict païs selon l'election et depar-
tement de la taille parroisses, villaiges et collectes le nombre de . . . v^clxxiiij.

Faisant en tout selon ladicte imposition de la taille le nombre de. xxxvij^miiij^{xx}xij feuz.

Vassaux. — Le nombre des seigneurs justiciers et autres vassaulx non ayant justice
selon le roole et registre de ceux qui sont appellés au riereban sans touteffois faire
mention de plusieurs petits fiefs de peu d'importance possedés par gens roturiers se
monte au nombre de. . . . . ix^cxij vassaulx.

TAILLE IMPOSÉE ET LEVÉE SUS LE PAIS ET DUCHÉ DE BOURBONNOIS ES ANNÉES MIL V^c LXVIII ET MIL V^c LXIX. — CHAPITRE C.XXXVII.

Pour le principal de la grande taille imposée sur ledict Bourbonnois es années mil
v^c soixante huict et soixante neuf se monte pour chacune desdictes années à la somme
de. . . . . lxviij^mv^clj L. xix S. tour.

Pour les fraiz d'icelle comprins les gaiges du nouvel esleu contrerolleur des tailles
et nouveaux esleuz particuliers de Sainct Amand, Chantelles, Aynay le Chastel,
Bourbon, Herisson, et l'augmentation de cent livres de gaiges a chacun des trois esleuz
monte la somme de . . . . ij^mvij^cxlvij L. xj S. viij D.

Exemption du visconté de Thouraine. — Pour l'exemption du visconté de Thouraine
. . . . vj^{xx}v L. iiij S. vj D.

Et pour les fraiz d'icelle. . . . . iiij L. xviij S. iiij D.

Equivallant ordinaire. — Pour l'equivallant ordinaire . . . vj^mix^cxiij L. x S.

Creue. — Pour la creue de six cens mille livres a raison de trois solz pour livre du
principal de ladicte taille . . . . x^mcxxxvj L. x S.

Et pour les fraiz d'icelle. . . . . lxij L. ij S. ix D.

Reparations de la ville de Lyon. — Pour les réparations de la ville de Lyon
. . . . vj^mvj^cvj L. xvj S.

Et pour les fraiz d'icelle la somme de . . . . viij^{xx}xj L. xv S.

Reparations du fleuve d'Alier. — Plus pour estre employé aux reparations de la
rivière d'Alier la somme de. . . . . xvj^ciiij^{xx}viij L. x S.

Et pour les fraiz . . . . xlij L.

Gaiges du vif seneschal. — Plus pour les gaiges du vif seneschal de Bourbonnois,
son lieutenant greffier et vingt et quatre archiers n'aguères estably au lieu du lieutenant criminel de longe et courte robbe, au lieu du prevost des mareschaulx cy devant
supprimés la somme de. . . . . vj^mij^c L.

Et pour les fraiz de la levée desdictz deniers la somme de. viij^{xx}iij L. vij S. viij D.

Somme pour toutes les susdictes impositions : iiij^{xx}xix^mij^cxxij L. ix S. vj D.

Et pour tous les fraiz de la levée desdicts deniers comprins les gaiges des nouveaux
esleuz la somme de : iij^mciiij^{xx}xj L. xiiij S. v D.

20

REVENU

DES ABBAYES, PRIEURÉS, EGLISES COLLÉGIALLES, CURES, VICAIRIES, HOPITAUX, CHAPELLES ET AUTRES BÉNÉFICES DU BOURBONNAIS.

Roolle des abbayes, prieurés, eglises collegialles, cures, vicairies, hospitaux, chappelles et autres benefices estans situés au païs et duché de Bourbonnois avec les noms de ceux qui les possedent, à la collation de qui ils sont et dequel diocèse suivant les declarations que nous en avons recouvertes des officiers des chastellenies et pour le plus certain ainsi que nous les avons peu apprendre sur les lieux faisant notre cours.

CHAPITRE C.XXXVIII.

UANT à la chastellenie de Molins à laquelle nous esperons commencer il ne nous sera possible mectre le revenu de tous les benefices d'icelle ny de quelques autres pour ne les avoir peu recouvert des officiers voyre quelque requisition ou instance que nous leur en ayons sceu faire suivant le pouvoir de notre commission tant peu de compte ils font du debvoir de leurs offices et moins des commissions et commandemens de leurs Majesté, nous mectrons doncq pour ceste fois (ne pouvant mieux) les noms desdictz benefices avec la vraye valleur d'aucuns ainsi que nous les avons aprinses en faisant nostre cours et visite sur les lieux.

Et quand aux declarations qui nous ont esté delivrées par les officiers des chastellenies de Bourbon, Hérisson, Montluçon, Murat, Verneul, Chantelles, Ussel, Gannat, Vichy et Billy, encores qu'il nous les ayent signées et que ce soient les mesmes qu'ils ont envoyé ces années precedantes à leurs Majestés, foy ny doibt estre que bien peu adjouxtée d'autant qu'elles ne sont fidellement faictes ny selon la verité ains totallement à la faveur des beneficiers comme se pourra veoir par les vrayes valluations de plusieurs benefices que nous avons songneusement recherchées sur les lieux, et escript en marge desdictes declarations sans celler la valleur des dixmes qui est le principal revenu desdictz benefices ainsy qu'ont faict Messieurs les officiers.

Chastellenie de Moulins. — En la chastellenie de Molins sont les abbayes, prieurés, cures et autres benefices cy après declarés et premierement :

Au diocèse d'Autun. — L'abbaye de Sept fontz de l'ordre de Cisteaux située sur Besbre est possedée par M. *Charles Alleboux,* chanoyne d'Autun, ou il reside.

En ladicte abbaye y a cinq religieux et les membres suivant : le Grand Moutet, près la Palisse ; la Vesure qui a justice avec le Roy ; Montoise, et la chappelle de Toussaints a Bourbon l'Archimbaud, vaut ladicte abbaye de revenu annuel du moins.   m. livres.

Iseure. — Le prieuré des dames d'Iseure de l'ordre Sainct Benoist à la colation de l'abbesse de Sainct Menoux.

La cure d'Iseure à la nomination de la susdicte abbesse et vault . . . . iij⁣ᶜ L.

Sainct Bonnet. — La cure de Sainct Bonnet.

Averne. — La cure d'Averne.

Trevol. — La cure de Trevol.

Genestines. — La cure de Genestines.

Lucena en Avallet. — La cure de Lucena en Avallet.

Chagy. — La cure de Chagy.

Lesigny. — La cure de Lezigny.

Chevaignes. — La cure de Chevaignes vault . . . . vjᵘ L.

Sainct Pourcain de Mallechere. — La cure de Sainct Pourcain Mallechere.

Montbeugny. — La cure de Montbeugny.

Thiel. — La cure de Thiel.

Sainct Pourcain sur Besbre. — La cure de Sainct Pourcain sur Besbre.

Baulon. — La cure de Baulon moictié Bourbonnois et moictié Nyvernois.

Dompierre. — La cure de Dompierre partie de Bourbonnois et partie Charollois, vault. . . . .

Garna. — La cure de Garna partie Bourgoigne et partie Bourbonnois vaut.

Sainct Martin des Laiz. — La cure de Sainct Martin des Laiz.

Paray le Frairy. — La cure de Paray le Frairy.

Gannat. — La cure de Gannat partie en Bourbonnois et partie en Nivernois, au diocèse d'Autun.

Victry. — La cure de Victry oultre Loyre partie de Bourgoigne et peu de Bourbonnois.

Lesme. — La cure de Lesme oultre Loyre la plus part de Bourgoigne.

Trizy. — La cure de Trizy qui est de la colecte de Nivernoys.

Neully. — La cure de Neully vers le Donjon.

Malleray. — La cure de Malleray.

Sainct Didier. — La cure de Sainct Didier.

Sainct Ligier des Bruyères. — La cure de Sainct Ligier des Bruières.

Molinet. — La cure de Molinet.

Collanges. — La cure de Collanges en Molins et Chaveroche.

Pierrefícte. — La cure de Pierrefícte appartenant a Monsieur *des Places*, chanoyne d'Autun non resident, estant à la collation du prieur de Sainct Laurent en la parroisse Saincte Anne en Bourgoigne et à la nomination de l'evesque d'Autun, est assencée a Messire *Guillaume Riollet* vicaire fermier resident à la somme de. . . . vjˣˣ livres.

Gilly. — La cure de Gilly.

Diou. — La cure de Diou sur Loyre possedée par le prevost de Nostre Dame de Bourbon Lancy non resident ; elle est à la collation du chantre d'Autun et nomination de l'evesque dudict Autun et vault de ferme par an. . . . . lxx L.

Digoins. — La cure de Digoins en partie ce qui est deca Loyre.

Salligny. — La cure de Salligny.

Monestay. — La cure de Monestay.

PARROISSES ET PRIEURÉS DE LADICTE CHASTELLENNIE ESTANS SITUÉES AU DIOCÈSE DE NEVERS. — CHAPITRE C.XXXIX.

Imphis. — Imphis cure de la Loyre, partie de Bourbonnois et partie en Nivernois.

Sermoise. — La cure de Sermoise près Nevers partie Bourbonnois et partie en Nivernois.

Fleury. — La cure de Fleury sur Loyre.

Lothenay. — La cure de Lothenay partie de laquelle est de Nivernois.

Lurcy sur Abron. — La cure de Lurcy sur Abron.

Prieuré de Lurcy. — Le prieuré dudict Lurcy possedé par Maistre *Mathieu Vergier,* non résidant, vault . . . .   iij^clx **L.**

Thoury sur Abron. — La cure de Thoury sur Abron laquelle est partie en Bourbonnois et l'autre partie en Nivernois.

Sainct Germain en Viry. — La cure de Sainct Germain en Viry en partie.

Cossa. — La cure de Cossa qui est aussy partie en Nivernois.

La Chappelle aux Chatz. — La cure de la Chappelle au Chaptz.

Le prieuré de la Chappelle aux Chaptz   lxx

Le prieuré de la Chappelle aux Chaptz vaut de ferme   lxxv

Sainct Ennemond. — La cure de Sainct Ennemond.

Le prieuré de Sainct Symphorien possedé par messire *Estienne Platil,* prestre, vault . . . .

Vaucolmain. — La cure de Vaucolmain.

Montempuis Prieuré. — Le prieuré de Montempuis en la parroisse de Neufville qui est en Nivernoys et ledict prieuré en Bourbonnois vaut . . . . . .   iiij^{cl} **L.**

PRIEURÉS ET CURES DE LADICTE CHASTELLENNIE ESTANS AU DIOCÈSE DE CLERMONT. — CHAPITRE C.XL.

Neufvy. — La cure de Neufvy près Molins à la nomination de l'abbesse de Sainct Menoux.

Collandon. — La cure de Collandon à la nomination de la susdicte abbesse de Sainct Menoux.

Bressolles. — La cure de Bressolles à la collation et presentation du prieur de Souvigny.

Chemilly. — La cure de Chemilly à la collation et presentation dudict prieur de Souvigny, vaut . . . .   iij^c **L.**

Souppese. — La cure de Souppeses à la collation et nomination du susdit prieur, vaut . . . . lx L.

Toulon. — La cure de Thoulon.

Sauvaigny le Thion. — La cure de Sauvaigny le Thion à la collation et nomination du mesme prieur de Souvigny.

Longeprée. — La cure de Longeprée à la collation et nomination du prieur de Souvigny.

Sainct Voir. — La cure de Sainct Voir.

Treteaux. — La cure de Treteaux.

Jaligny. — La cure de Jaligny.

Marseigne. — La cure de Marseigne. •

Thionne. — La cure de Thionne.

Chastel Perron. — La cure de Chastel Perron.

Sainct Lians. — La cure de Sainct Lians.

Le Puis Sainct Ambreul. — Le prieuré du Puis Sainct Ambreul en ladicte parroisse, vaut . . . . ij^cl L.

Montperoux. — La cure de Montperoux.

Huvers. — La cure d'Huvers qui est de la justice de Molins et de la colecte de Chaveroche.

Linerolles. — La cure de Lignerolles près le Donjon.

Vosma. — La cure de Vosma sur Besbre à la collation et nomination du prieur de Souvigny.

Sainct Reverian. — La cure de Sainct Reverian.

Marcy. — La cure de Marcy.

Chappeaux. — La cure de Chappeaux.

Matefray. — La cure de Mathefray.

Goise. — La cure de Goise à la collation et nomination du prieur de Souvigny.

PRIEURÉS, CURES ET AUTRES BÉNÉFICES ESTANS DANS LA CHASTELLENNIE DE SOUVIGNY. — CHAPITRE C.XLI.

Le prieuré conventuel de Souvigny. — Le prieuré conventuel de Souvigny deppendant de l'abbaye de Cluny et à la collation de l'abbé dudict Cluny fut par cy devant possedé par Monseigneur le reverendissime cardinal *de Tournon* et de son temps valloit d'assence trois mil trois cens livres, et après son decez a esté possedé par *Anthoine de Castelane* lequel au mois de decembre mil v^e soixante cinq l'assenca particulierement par les membres deppendant d'icelluy, le tout pour le pris de quatre mil trois cens sept livres en la manière que s'ensuit :

La Greneterie. — La Greneterie dudict Souvigny chef et membre capital dudict prieuré fut par ledict Castellane, pour lors prieur dudict Souvigny, assencé a maistre

Philippes Aujonnet pour six années et six despouilles, à la somme de deux cens vingt livres tournois es chargent qui s'ensuivent, par ce . . . . ij^cxx L.

Charges de ladicte Greneterie. — Ascavoir en argent tant pour les gaiges des officiers du prieuré que pour les pentions deuhes à Cluny et au college de Paris, et a la charge de faire deux disners l'an à Monsieur le prieur, ses religieux et officiers, l'un le jeudy absolu, l'autre la veille de Noel, bailler aux novices quand ils vont aux ordres pour chacune fois vingt solz montant le tout à la somme de. . . . . iij^cxvij L. ij S.

Plus doibt ledict fermier fournir les religieux dudict couvent qui sont en nombre de vingt et cinq de pain de froment tant qu'il leur en sera besoing pour leur norriture tout le long de l'année.

Plus froment pour les gaiges des officiers et pour l'aumosne ordinaire qui se faict audict prieuré. . . . . xxxvj septiers ii q. iij coppées.

Soigle tant pour les gaiges des officiers que pour les aumosnes du jeudy absolu . . . . viij quartes iij cop.

Avoyne pour les gaiges des officiers la quantité de . . . . vj muietz. Le muietz contenant. . . . . xij septiers.

Foing pour les gaiges du soubz prieur et officiers dudict couvent. . viij chartées.

Plus est chargé et tenu ledict grenetier fermier de fournir et administrer lesdictz religieux dudict couvent de vin qui leur sera necessaire pour leur norriture pour eux vingt cinq tout le long de l'année, et chacun an le mectre dans leur cellier.

Plus est chargé pour les gaiges des officiers de fournir du vin la quantité de . . . . viij thonn. et un poisson.

Et outre lesdictes charges ledict grenetier fermier doibt nourrir les chevaux de Monsieur le prieur de foing, paille et avoyne quand il luy plaira d'y venir, au prix de deux sols six deniers pour cheval chacun jour.

La terre et seigneurie de la Ferté-sus-Haute-rive *alias* **aux Moynes.** — La terre et seigneurie de la Ferté sur Hauterive alias aux Moynes, située sur le fleuve d'Alier et conciste en un prieuré et un beau chasteau fort laquelle fut assencée par ledict seigneur *de Castellane* au jour et an que dessus outre les charges antiennes à la somme de. . . . . m.v^e Livres.

Courtilles. — La terre, chastel fort et seigneurie de Courtilles située au millieu d'un bois a une lieue de Sovigny et a trois bonnes lieues de la ville de Molins fut assencée comme dessus a *Nicolas de Nicolay*, sieur d'Arpheville, varlet de chambre et geographe ordinaire de Sa Majesté, autheur du present œuvre, à la somme de . . . . iij^ciiij^{xx} L.

Becay le Monial. — Becay le Monial autre membre dudict prieuré assencé comme dessus dict a maistre *Phelippes Aujonnet* et *Jacques Doujan* à la somme, outre les charges anciennes, de . . . . vij^cxl L.

Boucheron. — Boucheron a esté assencé par ledict Castellane a maistre Gilbert Vacherie, outre les charges antiennes, à la somme de . . . . iij^cxl L.

Bresnay. — Bresnay a esté assencé par ledict sieur le mesme jour et pour mesme six années à maistre *Anthoine Feraud*, outre les charges antiennes, à la somme de. . . . . iij^cxij L.

Longve. — Longve a esté assencé par ledict sieur au mesme jour a maistre *Jehan Desbordes* pour le pris, outre les charges antiennes, de. . . . . . . xij^{xx}v L.

Sintrac. — Sintrac assencé comme dessus a *Claude Meschin* habitant de Sainct Pourcain, aux charges antiennes, a la somme de. . . . . vj^{xx}x L.

Callais. — Callais a esté assencé par ledict sieur comme dessus, aux charges accoustumées, à *Anthoine Philippard* au pris de . . . . vj^{xx} L.

Montegu le Blain. — Montegu le Blain assencé par ledict sieur *de Castellane* l'an et jour que dessus, aux charges antiennes, à Charles Peraton habitant de Cervilly la Palisse pour . . . . iij^cxx L.

Somme toute pour tous lesdietz membres : iiij^miij^cvij L. tournoiz.

Ledict prieuré de Sovigny conciste en beaux revenus justices et autres droietz de cens, taille, marciages, domaines, prez, dixmes, estangs, boys d'haute fustaye et tailliz et audict prieuré y a des officiers reguliers, ascavoir, en fermier, chambrier, aulmosnier, chantre, secrestain et hostellier, et d'icelluy prieuré est a present titullaire frère Philibert de Mallain, religieux de l'ordre de Sainct Benoist. Ledict prieur de Sovigny comme j'ay dict en la description de Sovigny a en sa collation unze prieurés, cinquante six cures, cinq vicairies, trois chappelles et deux prebendes, l'une en l'eglise collegialle de Molins et l'autre en l'eglise collegialle de Verneul et encores doibt le clochier Nostre Dame de Molins la somme de cent solz chacun audict prieur et les chanoynes et doien d'icelle eglise le recongnoissent pour supérieur et luy font entrée, et en outre a ledict prieur sur la recepte du domaine de la chastellenie de Sovigny chacun an par fondation cinquante livres et pour boys pour son chauffaige vingt livres et sur la recepte de Becay la somme de trois livres chacun an.

Advertissement. Or il est à noter que les susdietz benefices n'ont esté visités par lesdietz prieurs dudict Sovigny à qui en appartient la congnoissance, il y a plus de cinquante ans, mesmement lesdicts prieurés dont la ruine d'iceux n'est tant seullement aux bastiments qui est par trop grande mais aussy au service divin qui en est delaissé et diminue tous les jours, et les antiennes aulmosnes qui se soulloient donner par temps et jours ordonnés, du tout perdues et abolies, le tout par la negligence et avarice desmesurée des prieurs qui mectent tout a leur proffict et ou y a bois d'haute fustaye en font un degast admirable.

Notez de la negligence des prieurs et ruyne des benefices.

DU PRIEURÉ CONVENTUEL DE SAINCT POURCAIN. — CHAPITRE C.XLII.

Or combien que ledict prieuré de Saint Pourcain qui est de l'ordre de Sainct Benoist et deppendant de l'abbaye de Tournuz ne soit comprins au nombre des benefices du pais et duché de Bourbonnois ains est du pais d'Auvergne enclavé neantmoins dans ledict Bourbonnois si ne l'aurray je de l'escripre en ce lieu après celuy de Sovigny parce que de long temps ces deux prieurés ont esté conjoinctz ensemble possedés et regis par un mesme prieur comme ilz sont encores pour le jourdhuy.

Ledict prieuré conventuel de Sainct Pourcain est de fondation royale, et a le prieur toute justice, haute, moienne et basse dans la ville et faulxbourgs dudict Sainct Pourcain, et ce qui est en Auvergne comme Montor, partie de la Feline, et autres, et pour l'exercice d'icelle justice a ledict prieur ses officiers, scavoir est, juge, lieutenant, procureur, greffier, concierge et quatre sergens, et dans le prieuré y a un soubz prieur et huict religieux et fut assencé le revenu d'icelluy en l'an mil v⁵ soixante cinq par M. *Anthoine de Castellane*, lors prieur desdicts prieurés à la somme de trois mille livres toutes charges païées et moynes nourris, excepté les déximes parce vault le revenu annuel d'icelluy. iij^m L.

Autres benefices de ladicte chastellenie de Souvigny.

Messarges. — Dans la forest de Messarges y a un prieuré sans moynes a demy ruiné duquel est titulaire Me *Jacques de Maillé* et s'assence chacun an . . . . ij^cxl L.

Moladier. — Dans la forest de Moladier y a un autre beau prieuré deppendant de l'abbaye Sainct Gilbert possedé par l'abbé des Piaces et s'assence . . . cxl L.

Sainct Patrocle. — Le prieuré Sainct Patrocle lez Sovigny vaut par commune années . . . . xxxv L.

Souvigny. — La cure de Sovigny possedée par Me *Gaspard de Bigue*, prothonotaire apostolique et chanoine de l'eglise collegialle Sainct Marceau lez Paris ou il reside, vaut par communes années. . . . . cx L.

Le communal des prebstres de Sovigny vaut par an . . . . xlvj L.

La cure d'Autric . . . .

Sainct Morise. — Le prieuré Sainct Morise en la parroisse d'Autric deppendant de l'enfermerie du prieuré de Sovigny vaut chacun an. . . . . vij^v⁻ L.

Noyen. — La cure Sainct Martin de Noyen au diocèse de Bourges et à la collation du prieur du Sovigny vaut par communes années . . . . l L.

Besson. — La cure de Besson au diocèse de Bourges vaut . . . . . lx L.

LA CHASTELLENNIE DE BELLE PERCHE EN LAQUELLE SONT LES BENEFICES CY APRÈS DECLAREZ. — CHAPITRE C.XLIII.

Aubigny. — La cure d'Aubigny.

Villeneufve. — La cure de Villeneufve.

Lucenay. — La cure de Lucenay.

Montillis. — La cure de Montillis qui est membre deppendant de l'abbaye de Sainct Menoux.

Ourouer. — La cure d'Ourouer.

Dorne. — La cure de Dorne laquelle est de la collecte de Nivernoys.

Thoury en Séjour. — La cure de Thoury en Séjour.

Chantenay. — La cure de Chantenay, la parroisse de laquelle est partie en Bourbonnois et partie en Nivernois et vaut par commune année . . . . .

Azy. — La cure d'Azy qui est partie en Bourbonnois et partie en Nivernois.

EN LA CHASTELLENNIE DE CHAVEROCHE. — CHAPITRE C.XLIV.

Chaveroche. — La cure de Chaveroche.

Montcombroux. — La cure de Montcombroux.

Barrois. — La cure de Barrois.

Barrois prieuré. — Le prieuré dudict Barrois vaut par communes années.   iiij^{xx} L.

Beert. — La cure de Beert.

Tresail. — La cure de Tressail.

Flore. — La cure de Flore à l'institucion de l'evesque de Clermont et collation du prieur dudict Flore vaut. . . . .

Le prieuré dudict Flore a la nomination de l'evesque de Clermont vaut.   vj^{xx} L.

Varenne sur Tesche. — La cure de Varenne sur Tesche.

Cindre. — La cure de Cindre.

Lynerolles. — La cure de Lynerolles.

Sorbies. — La cure de Sorbies.

Bousse. — La cure de Bousse.

Heuvers. — La cure d'Heuvers qui est membre deppendant de la commanderie de la Racherie lequel est en Molins et Chaveroche.

Sainct Didier. — La cure de Sainct Didier en Chaveroche.

Montagnet. — La communauté des chanoynes de l'eglise collegialle de Montagnet, non comprinses les vignes et les oblations, vaut par communes années.   viij^{xx} L.

Le doienné qui a deux prébendes vaut . . . .   lx L.

Les huict prebendes à xxx L. chacune . . . .   xij^{xx} L.

Lodde. — La cure de Lodde, a la collation du prieur de Masigny les Nonnains et presentation de l'evesque de Clermont, vaut . . . .

Chastel Perron. — La cure de Chastel Perron.

Montperoux. — La cure de Montperoux.

Treteaux. — La cure de Treteaux.

EN LA CHASTELLENNIE DE BILLY. — CHAPITRE C.XLV.

Sainct Gilbert. — L'abbaye de Sainct Gilbert de l'ordre de Premonstré, possedée par frère Blaise l'Appellain, abbé de ladicte abbaie, laquelle vaut de revenu chacun au environ . . . .   m. L.

La Tessonnière. — Le prieuré de La Tessonnière en la parroisse de Servillis, lequel est de l'ordre Sainct Benoist, ruiné et sans moynes, et vaut chacun an. .   xxv L.

Varennes sur Alier. — Le prieuré Saincte Croix de Varennes deppendant du prieuré Saincte Croix de Paris, duquel est titulaire frère Thomas Le Breton et vaut par an. . . . . vj^{xx} L.

Billy. — La cure de la ville et lieu de Billy à la colation du prieur du Montet et presentation de l'evesque de Clermont, possedée par Me Claude Valeton prebtre residant vaut. . . . . l L.

Langy. — La cure de Langy à la collation de l'abbé de Cluny et presentation de l'evesque de Clermont, possedée par maistre Jehan de Lyon prebtre vaut.   xxvj L.

Creschy. — La cure de Creschy deppendant du patronnaige du doienné de Langy diocèse de Clermont, possedée par maistre Denis Boisselet prebtre non residant, et vaut par communes années. . . . . xxxvj L.

Doyenné de Langy. — Le doienné de Langy à la donnation de l'abbé de Cluny et presentation de l'evesque de Clermont vaut par communes années. . . .   vl L.

Sainct Phelix. — La cure de Sainct Phelix deppendant du patronnaige du prieuré Sainct Alire lez Clermont audict diocèse, de laquelle se dict titulaire Jesmes Berquenes clerc tonsuré residant, et vaut par communes années. . . . .   xx L.

Maignet. — La cure de Maignet du patronnage du doienné de Langy dioceze de Clermont posseddée par maistre Pierre Devisier non residant vaut. . . ˙   c. L.

Sainct Allire. — La cure Sainct Allire de Vallanche a la collation du prieur Sainct Alierc lez Clermont de mesme diocèse de laquelle est pocesseur Me Guillaume Charles, chanoyne de Cusset ou il reside vaut. . . . . xj L. x S.

Sainct Geran le Puis. — La cure de Sainct Gerans le Puis du patronnaige du doienné de Langy diocèse de Clermont, de laquelle est proveu Messire Pierre de Vaulx. lx L.

Redan. — Redan est un membre dependant de la commanderie de la Racherie estant près Sainct Gerans le Puis et vaut de ferme . . . .   ij^c L.

Saussat. — La cure de Sanssat dependant de l'eglise collegialle de Cusset diocèse de Clermont, le curé M. Gilbert de la Chaise, archiprebtre dudict Cusset ou il reside et vaut . . . .   l L.

Sainct Didier. — La cure Sainct Didier deppendant de l'abbaye de Sainct Gilbert au diocèse de Clermont, de laquelle est proveu M. Gabriel Forestier prebstre, et vaut par communes années. . . . .   xl L.

Villaines. — La cure de Villaines a la collation du prieur de Sainct Pourcain au diocèse de Clermont, possedée par maistre Didier Lestat prebtre non residant.   xxx L.

Sainct Estienne du Bas. — Sainct Estienne du Bas, cure du patronnage du doienné de Langy et diocèse de Clermont, possedée par messire Francois de Gobertz, prebstre residant a Langy, vaut par communes années. . . . .   xj L. x S.

Lonzat. — La cure du Lonzat à la presentation du prieur de Vezelay et au diocèse de Clermont, de laquelle est pourveu M. Gilbert Essan prebstre residant, vaut ladicte cure communement . . . .   xij L.

Vouroux les Varennes. — La cure de Vouroux lez Varennes, du patronnage du prieur de Sainct Pourcain du diocèse de Clermont, possedée par M° Jehan Morel prebstre, vaut par communes années . . . . xxx L.

Saint Jehan de Varennes. — La cure de Sainct Jehan de Varennes, du patronnage du prieur de Sainct Pourcain, diocèse de Clermont, de laquelle est curé M° Jehan Rouvet, prebstre residant, vaut. . . . . xl L.

Bouce. — La cure de Bouce de laquelle est possesseur M° Pierre Blain demourant a Vichy, ladicte cure au diocèse de Clermont et vaut . . . . iiij^{xx} L. xv S.

Billezois. — La cure de Billezois du patronnage de Marsigny les Nonnains est au diocèse de Clermont, appartient a maistre Francois Falcon, prestre residant et vaut . . . . vj^{xx} L.

Vid. — La cure de Vid au diocèse de Clermont, possedée par maistre Pierre Falchou, chanoine de Cusset ou il reside, et vaut chacun an . . . . xl L.

Bost. — La cure de Bost à la collation de l'evesque de Clermont, possedée par maistre Estienne Gost prebstre et vaut . . . . l L.

Vandat. — La cure de Vandat au diocèse de Clermont et patronnage du prieur de Vezelay, possedée par messire Pierre d'Espicou, prebstre, et vaut. . . xij L.

Servillis. — La cure de Servillis, diocèse de Clermont et patronnage du prieuré de Flore, possedée par M. Anthoine de Bussy, prebstre, et vaut. . . . . xx L.

Sainct Priet. — La cure de Sainct Priet, diocèse de Clermont, possedée par maistre Noel Arnosfot . . . . xlv L.

Perigny. — La cure de Perigny, diocèse de Clermont, appartenant à M° Gilbert Dinct, chanoyne de Molins, et vaut par an. . . . . xxv L.

Ande. — La cure d'Ande a la collation du prieur de Sainct Martin d'Esbreuille, diocèse de Clermont, possedée par M° Claude de Four, prebstre residant. xxv L.

Ferrières. — La cure de Ferrières en la montaigne à la collation du prieur de Riz, diocèse de Clermont, de laquelle est proveu M° Ypolite Blaterie, prestre residant, et vaut par an. . . . . iiij^{xx} L.

Chevalrigon. — La cure de Chevalrigon en la montaigne à la collation de l'evesque de Clermont, possedée par M° Pierre Surdel de Rovergue . . . . . . lx L.

Chastel le Don. — La cure de Chastel le Don à la collation du prieur de Riz, diocèse de Clermont, le curé M° Claude de Sainct Marcel, prebstre residant. . . xxviij L.

Ciernat. — La cure de Ciernat à la collation du prieur du Moustier les Jaligny, diocèse de Clermont, de laquelle est curé Messire Claude du Four, prestre, et vaut. xv L.

Rongières. — La cure de Rongières à la collation de l'abbé de Sainct Sommege, diocèse de Clermont, vaut. . . . . l L.

L'hospital de Rongières. — L'hospital de Rongières près Varennes, membre dependant de la commanderie de la Racherie, vaut de ferme tous les ans . . . . iiij^c L.

Montegu le Blain. — La cure de Montegu le Blain à la collation du prieur de Sovigny au diocèse de Clermont, portée par M° Jehan Bouvet, prestre residant, et vaut par communes années . . . . xxxv L.

EN LA CHASTELLENNIE DE VICHY. — CHAPITRE C.XLVI.

Célestins de Vichy. — Les Célestins de Vichy fondation des ducs de Bourbonnois par frère Dangest procureur cindict et frère Denis Privé, religieux de la Saincte Trinité desdictz Selestins de Vichy ayant charge de leur prieur et couvent ont dict.

Le revenu de leur dict couvent conciste en domaines, dixmes, cens et rentes, et vault chacun an la somme de . . . . vj^c L.

Chargé ledict couvent de vingt religieux et serviteurs deximes deuhes au Roy chacun an les quatre, de quatre vingts cinq livres un solz huict deniers tournois.

Droicturier. — Le prieuré de Droicturier au diocèse de Clermont et à la collation de l'abbé de Mousat en Auvergne, possédé par frère Anthoine de Prunsat, religieux et chambrier de la susdicte abbaie, ledict prieuré anexé à ladicte chambrerie et vault par communes années. . . . . ij^c L.

Ledict prieuré concistant en une vielle tour quarrée et l'eglise parrochialle qui est vicairie perpetuelle et le revenu en cens, rentes et dixmes, et un pré contenant environ huict chartées de foing et si a ledict prieuré justice par moictié avec le baron de Poncenat.

Vichy, prieuré. — Le prieuré de Vichy membre deppendant et a la collation de l'abbaye de Sainct Alire en Auvergne, possedé par frère *Corentin*, religieux profex non residant de la susdicte abbaye Sainct Alire et vault le revenu ordinaire charge de dix sept livres deux solz six deniers de deximes, la somme toutes les années de six vingts livres par ce . . . . vj^{xx} L.

Sainct Germain des Fossez. — Le prieuré Sainct Germain des Fossez possedé par Me Anthoine Mareschal, residant audict lieu, ledict prieuré estant a la collation de l'abbé de Moussat, au diocèse de Clermont, et vault le revenu ordinaire la somme de . . . . v^c L.

Charge comme s'ensuit a scavoir :

Deximes	vj^{xx}xvij L. xj S.
Au vicaire dudict Sainct Germain en argent	xij L.
Froment mesure Cusset	v septiers.
Soigle	i septier.
Febves	i quarton.
Gellines	x.
Vins blancs	iiij poinssons.
Au secrestain dudict lieu telle et semblable pention que dessus.	
Aulmosnes pour estre distribuées le jeudy sainct. Soigle	vij septiers.
Pour la pention du Domadier, argent.	vj L.
Froment	iiij quartons.
Pour les gaiges du chastellain, froment	iij septiers.
Avoyne	viij septiers.
Pour le procureur dudict lieu, froment	ij septiers.

Creuzet le Neuf. — La cure de Creuzet le Neuf à la présentation de l'abbé de Moussat, institution et collation de l'evesque de Clermont, possedée par Mᵉ Pierre de la Chaise, chanoyne de Cusset, vaut par communes années chargée pour les quatre deximes de quinze livres, sept solz, sept deniers et pour le patronnage au prieur de Saint Germain des Fossez d'un septier avoyne, cire une livre, et cinq solz d'argent la somme de . . . . xl L.

Ysserpens. — La cure d'Ysserpens à la présentation de la prieuse de Lavoyne, et collation de l'evesque de Clermont, de laquelle est curé Messire François Barde, habitant de l'eglise collegialle de Cusset, vaut . . . . xxv L.

Chargée pour les quatre deximes de quatorze livres, et a ladicte prieuse de Lavoyne douze quartes soigle, deux livres poivre et deux cens œufs.

Abret. — La cure d'Abret du patronnage et présentation de l'abbesse de Cusset, institution et collation de l'evesque de Clermont, est possedée par Messire Gilbert Cruier, prebstre chanoyne de Cusset, chargée de deximes, vaut chacune année. I L.

Vernet. — La cure de Vernet a la présentation du prieur du Moustier lez Jaligny et collation de l'evesque de Clermont, possedée par Maistre Jehan Segaud, habitant de l'eglise collegialle de Cusset et dict le revenu d'icelle concister seullement aux honneurs et oblations et par ce n'a sceu declarer le revenu.

Chastel de Montaigne. — La vicairie perpetuelle de Chastel de Montaigne du patronnage et presentation de la prieuse de Laveyne institution et collation de l'evesque de Clermont, possedée par Maistre Sebastien de Riberières, prebstre, lequel a dict le revenu de ladicte vicairie ne concister qu'en la simple devotion du peuple et par ce n'a sceu declarer le revenu.

Le prieuré et secresteinerie de Chastel de Montaigne lequel conciste en dixmes et rentes, vaut par communes années . . . . lx L.

Charmais. — La cure de Charmais possedée par Messire Gerard Vulnet, demeurant a Doiglat en Auvergne, dict que ladicte cure ne valloit que la somme de. xxvj L.

Sainct Nicolas de Biez. — La cure de Sainct Nicolas de Biez, possedée par Messire Nicolas de Huves, prestre residant, estant à la collation de l'evesque de Clermont et à la presentation du prieur de Marsigny lez Nonnains, et a dict ledict curé ne valloir la cure que seize boisseaux soigle, parce soigle. . . . . xvi boisseaux.

Aronne. — La vicairie perpetuelle d'Aronne possedée par Messire François Covignet, prebstre deppendant icelle de l'abbaye de Cluny et a la collation de l'evesque de Clermont et vaut par an . . . . x L.

Chargée de douze livres de deximes.

Sainct Christoffle. — La cure de Sainct Christoffle à la presentation de la prieuse de Lavoyne et institution de l'evesque de Clermont, de laquelle est possesseur Messire Pierre Mallet, prebstre residant, chargée de quinze livres de dexismes vaut par communes années . . . . xxx L.

Sainct Clement. — La cure Sainct Clement en montaignes à la presentation de la prieuse de Lavoine et collation de l'evesque de Clermont, possedée par Messire Benois, faict prebstre, vaut chargée de deximes . . . . c S.

Chastelluz. — La cure de Chastelluz à la presentation du prieur de Sainct Germain des Fosses et collation de l'evesque de Clermont, possedée par Messire Simon Rouand, prebstre, et vaut chargée de dix livres, six deniers de deximes. . . . xv L.

Droicturier, vicairie. — La vicairie perpetuelle de Droicturier à la presentation du chambrier de Moussat pres Rion et institution de l'evesque de Clermont, de laquelle est vicaire Messire Denis Chassonnerie, prebstre residant, et vaut par an, charges de huict livres, douze solz, six deniers. . . . . iij L.

Arpheville. — La cure d'Arpheville à la presentation de la prieuse de Lavoyne et institution de l'evesque de Clermont, possedée par Mᵉ Jehan de Gaignes, prebstre non residant, vaut, chargée de vingt trois livres dix solz de deximes. . . . l L.

Creuzet le Viel. — La cure de Creuziet le Viel portée par Mᵉ Anthoine de Longchambon, ne scait on sa qualité ny sa demeure, vaut ladicte cure, chargée de vingt livres dix solz pour les quatre deximes. . . . . iiijˣˣ L.

Buxolles. — La cure de Buxolles à la collation du doien de Vezellay a cause du prieuré de Vaudat, diocèse de Clermont, possedée par Mᵉ Jacques de Doyat, prebstre non residant, et vaut, chargée de douze livres douze solz six deniers de deximes, par communes années. . . . . , ... xxiiij L.

Nizerolles. — La cure de Nizerolles a Maistre Pierre Ceber, chanoyne de Cusset ou il reside, vaut, chargée de deximes chacune année . . . . l L.

Mayet. — La cure de Maict en montaigne à la presentation de la prieuse de Lavoyne et institution de l'evesque de Clermont, possedée par Mᵉ Jehan Bouveaut, chanoyne de Cusset ou il reside, et vaut ladicte cure chargée de vingt et trois livres de deximes chacune année. . . . . xl L.

Sainct Pierre de Laval. — La cure de Sainct Pierre de Laval en la presentation de l'abbé de Sainct Regnaud et institution de l'evesque de Clermont, est possesseur d'icelle Mᵉ Aymé du Pré, chanoyne de Cusset ou il reside, et vault ladicte cure chargée de xiiij L. vij S. vj D. tournois de deximes la somme de . . . . . . xij L.

Sainct Ramay. — La cure Sainct Ramay ou Sainct Remy à la collation de Messieurs du chapitre de Clermont portée par Mᵉ Anthoyne Heraud, prebstre non residant, et vaut, à la charge de paier quatorze livres de deximes par an. . . . . xxviij L.

Vesse. — La cure de Vesse possedée par Mᵉ Pierre Rasseau, prebstre non residant, vaut, chargée de vingt et trois livres trois solz un denier de deximes tous les ans la somme de . . . . i L.

Vichy. — La cure de Vichy a la collation du prieur dudict Vichy, possedée par Mᵉ Claude Russeau, prebstre residant, vaut, chargée de dix huict livres douze solz six deniers de deximes . . . . xl L.

Molles. — La cure de Molles possedée par Mᵉ Gilbert Bouchamp, prebstre chanoyne de Cusset ou il reside, estant à la presentation du prieur de Riz et collation de l'evesque de Clermont, vaut, chargée de treize livres de deximes la somme de . .   xxx L.

Burglas. — La cure de Burglas possedée par les venerables chantres et chappitre de l'eglise cathedralle de Clermont, vaut, chargée de soixante livres de deximes par communes années. . . . .   c L.

Sainct Ramay, prieuré. — Le prieuré de Sainct Ramay le revenu duquel conciste en cens et dixmes vaut, chargée de deximes . . . .   l L.

EN LA CHASTELLENNIE DE GANNAT. — CHAPITRE C.XLVII.

Gannat. — Le prieuré Sainct Estienne de Gannat duquel est prieur Mᵉ Guillaume de Deceries, prothonotaire du sainct siege appostolicque, à la collation de l'abbé d'Issoire et institution de l'evesque de Clermont et vaut . . . .   vᵉ L.

Sainct James de Gannat. — Le prieuré de Sainct James de Gannat possedé par Mᵉ Symon Ucay, prebtre, est a la collation dudict abbé d'Issoire et institution de l'evesque de Clermont, et vaut . . . .   xij L.

Pontratier. — Le prieuré des religieuses de Pontrattier deppendant de Fontenaux, est au diocèse de Clermont.

Sauzet. — Le prieuré de Sauzet possedé par Maistre Loys Bilhet, à la presentation et institution du prieur de la Ray, et vaut de revenu . . . .   xxx L.

Bezilhat. — Le prieuré de Bezilhat tenu par Mᵉ Pierre Martinor, à la collation du prieur de La Ray, et vaut . . . .   xxx L.

La Chappelle d'Andelot. — Le prieuré de La Chappelle d'Andelot possedé par Maistre Nicolas Coiffier, à la collation de l'abbé de la Chaise-Dieu, vaut. . . .   xl L.

Ensuivent les cures de ladicte chastellennie. — *Gannat.* — La cure de Sainct Croix de Gannat de laquelle est pocesseur Mᵉ Anthoine Barruier, est à la collation de l'abbé d'Issoire et institution de l'evesque de Clermont, et vault par communes années la somme de . . . .   xx L.

Sainct Estienne de Gannat. — La cure Sainct Estienne de Gannat tenue par Messire Anthoine Bassoure, à la collation de l'abbé d'Issoire et institution de l'evesque de Clermont, vaut.   xx L.

Mazeriet. — La cure de Mazeriet de laquelle est pourveu Mᵉ Jehan Chassain, à la collation de l'abbé d'Issoyre et institution de l'evesque de Clermont, vaut.   xl L.

Montignet. — La cure de Montignet, possedée par Maistre *Jehan Gendre*, à la collation et presentation de l'abbé Sainct Gilbert en Billy et institution de l'evesque de Clermont, et vaut de revenu . . . .   xlv L.

Sainct Priest. — La cure de Sainct Priest par Mᵉ *Jacques Gendre*, à la collation de l'abbé d'Esbreulhe et institution de l'evesqne de Clermont, et vaut de revenu.   xx L,

La Chappelle d'Andellot. — La cure de la Chappelle d'Andelot, tenue par Maistre *Gilbert Arnauld*, à la collation du prieur dudict lieu et institution de l'evesque de Clermont, vaut.   x L.

Sainct Agollin. — La cure Sainct Agollin, M⁰ *Anthoine Thiat* possesseur, est ladicte cure à la presentation du chappitre d'Artonne et institution de l'evesque de Clermont, et vaut . . . . x L.

Sainct Hillaire. — La cure Sainct Hillaire, possedée par frère *Gabriel Papereul*, religieux de la Ray, à la presentation du prieur de la Ray et institution de l'evesque de Clermont, et vaut par an . . . . v L.

Joseram. — La cure de Joseram par M⁰ *Anthoine d'Asmer*, prebtre, à la presentation et institution de l'evesque de Clermont, vaut. . . . . x L.

Sainct Pardoux. — La cure de Sainct Pardoux par Messire *Gaspard Couchon*, à la collation du prieur de la Ray et institution de l'evesque de Clermont, vaut. xxv L.

Champs et Vaux. — La cure de Champs et Vaux, de laquelle est curé M⁰ *Anthoine Gaillard*, à la presentation et institution du prieur de la Ray et vaut par an. xx L.

Poisat. — La cure de Poisat par M⁰ *Anthoine de l'Asbre*, à la collation et presentation de l'evesque de Clermont, et vaut . . . . xl L.

Le chasteau de Gannat. — La vicairie du chasteau de Gannat, tenue par Messire *Phelippes Garsonnet*, à la collation de Monseigneur le duc de Bourbonnois, frère du Roy, et vaut par an, argent, treize livres dix solz; huille, douze livres; cire, six livres.

EN LA CHASTELLENNIE D'USSEL. — CHAPITRE C.XLVIII.

Le prieuré et cure d'*Ussel* deppendant du prieuré conventuel de Chantelles au diocèse de Clermont, possedé par frère *Pierre Joly*, vaut d'assence tous les ans. iijᶜxl L.

Sainct Germain des Salles. — Le prieuré de Sainct Germain des Salles, le prieur duquel a justice par moictié avec le Roy, vaut d'assence tous les ans. . vijᶜ L.

Forilles. — Le prieuré cure de Forilles avec lequel le Roy à la moictié de la justice à cause de la chastellennie de Chantelles, vaut led. prieuré . . . . . iiijˣˣ L.

Salles. — La cure de Salles deppendant de la commanderie de la Marche, diocèse de Clermont, possedée par M⁰ *Charles Mouchin*, vaut . . . . l L.

EN LA CHASTELLENNIE DE CHANTELLES. — CHAPITRE C.XLIX.

Quand à la declaration du revenu des benefices de ladicte chastellenie je les ay cy incerées suivant les coppies que m'en ont baillé les officiers du tout faictes en faveur des beneficiers et le plus esloigné qu'ilz ont peu de la verité, et encores n'y font mention aucune du prieuré dudict Chantelles de crainte de deplaire comme je croy à ceux qui le possedent, et par ce m'estant soigneusement enquis sur le lieu de la valleur d'icelluy et des autres prieurés qui en deppendent l'ay trouvé en la manière qui s'ensuit :

Chantelles. — Le prieuré conventuel de Chantelles de l'ordre Sainct Augustin deppendant de la prevosté d'Esvo estant au diocèse de Clermont, possedé par le S.D.B.N., vaut de revenu par communes années . . . . vijᶜ L.

Concistant ledict revenu en beaux, cens, dixmes et debvoirs de grains, vin, argent, poulles et foings.

Audict prieuré y antienne fondation de huict moynes prebstres, deux novices, un prebtre ou clair laiz, a present que six religieux l'archiprebtre vicaire general dudict Chantelles et un prebtre qui a demy pention.

Lesdictz religieux ont chacun an pour leur norriture et entretennement chacun six septiers froment, un septier soille mesure Charroux qui est petite, quatre poinssons de vin et en argent douze livres.

Est ledict prieuré chargé tous les ans des aumosnes suivantes lesquelles sont fort mal entretenues, ainsy qu'es autres benefices ascavoir le jeudy gras un *lard* et un septier soille; le vendredy sainct un septier soille et sept septiers febves, le tout mesure Charroux.

Dudict prieuré de Chantelles deppendent les prieurés qui s'ensuivent :

Le prieuré d'Ussel ; le prieuré de Bellenave ; le prieuré de Chazelles ; le prieuré de Fleuriet ; le prieuré de Target ; le prieuré de Voulsat ; le prieuré de Vernusses ; le prieuré de Deneulhe, près Chantelles.

Declaration des benefices suivans et de leur valleur a nous baillée par les officiers dudict Chantelles.

Charroux. — La cure de Sainct Jehan de Charroux pourtant de l'ordre de la commanderie de la Marche, de laquelle elle deppend, possedée par frère *Barthelemy Vergerat*, au diocèse de Clermont, vaut chacun an . . . .

La commanderie de la Marche. — La commanderie de la Marche hors Charroux, laquelle fut ruinée par les troupes du viscomte Bornicquet et Mouvans en l'an 1567, vaut . . . .

La cure de Charroux. — La cure de Charroux deppendant de Sainct Germain des Salles, possedée par Me *Francois Dovet*, estant ladicte cure au diocèse de Bourges, et vaut par communes années. . . . .

Fleuriet. — Le prieuré, cure de Fleuriet au diocèse de Bourges, vaut par an. iiijᶜ L.

Voulsat. — Le prieuré, cure de Voulsat au diocèse de Bourges, possedée par frère *Jacques Vuel*, vaut. . . . .

Monestier. — Le prieuré, cure de Monestier au diocèse de Bourges, duquel est provcu Me *Prian Barbier*, vaut . . . . vjˣˣ L.

Chizelles. — Le prieuré, cure de Chizelles au diocèse de Bourges, possedé par Me *Loys Bourgoing*, vaut . . . . lx L.

Deneuilhe. — Le prieuré, cure de Denailhe diocèse de Bourges, près Chantelles, Messire *Jacques Guillouet*, possesseur, et vaut. . . . . lx L.

Brout. — Le prieuré de Brout au diocèse de Clermont, vaut . . . . iiij L.

Bellenave. — Le prieuré Sainct Martin de Bellenave, possedé par Me *Anthoine de Champaigne*, prebtre custodinos, estant du revenu . . . . iiijᶜ L.

La cure de Bellenave. — La cure de Bellenave, au diocèse de Clermont, deppendant dudict prieuré, titullaire M⁰ *Claude Bouchet*, et vaut. . . . . xx L.

Veaulce. — Le prieuré de Veaulce, au diocèse de Clermont, deppendant ledict prieuré de l'abbaie d'Esbreulle, possedé par M⁰ *du Monestay*, prothonotaire apostolicque, vaut de revenu par an. . . . . iiij^{xx} L.

La cure dudict lieu vaut . . . .

Sussat. — Le prieuré de Sussat deppendant de l'abbaye de Menat, estant au diocèse de Clermont, vaut de revenu . . . . lx L.

Chirat-l'Eglise. — Le prieuré de Chirat-l'Eglise, diocèse de Bourges, deppendant du prieuré de Sovigny a cause de la chambrerie, vaut . . . . lv L.

La cure dudict lieu vaut. . . . . xv L.

Louroux de Bouble. — La cure de Louroux de Bouble, au diocèse de Bourges, possedée par M⁰ *Jehan Bouchet*, et deppend icelle du prieuré de Bellenave, vaut. xl L.

Mayet d'Escolle. — La commanderie de Mayet d'Escolle avec la Marche, près Charroux, qui en deppend, vaut . . . . xv⁰ L.

Lizolle. — La cure de Lizolle, au diocèse de Clermont, possedée par Messire *Blaise Frine*, vaut par an. . . . . xv L.

Naddes. — La cure de Naddes, diocèse de Bourges, vaut . . . . . xv L.

Chovignet. — La cure de Chovignet, diocèse de Clermont, vaut par an. xv L.

Charay. — La cure de Charay, possedée par M⁰ *Prian Barbier*, estant au diocèse de Clermont, vaut . . . . lx L.

Cesset. — La cure de Cesset, diocèse de Clermont, deppendant du prieuré de Sainct Pourcain, portée par le prieur de Chevillac . . . . xl L.

Cintrat. — La cure de Cintrat, au diocèse de Clermont, possedée par M⁰ *Nicolas Guedon*, et vaut. . . . . xv L.

Sainct Bonnet de Bellenave. — La cure de Sainct Bonnet de Bellenave, au diocèse de Bourges, deppendant de l'abbaie d'Esbreulle, possedée par M⁰ *Anthoine Bouchet*, vaut. l L.

Tizon. — La cure de Tizon, deppendant du prieuré de Bellenave, au diocèse de Bourges, par Messire *Gervais l'Escuier*, et vaut par communes années. . l L.

Senat. — Le prieuré de Senat, deppendant de l'abbaye de Menat, diocèse de Bourges, titulaire Messire *Francois Doiet*, vaut . . . . lx L.

Stroussat. — La cure de Stroussat, au diocèse de Clermont, titulaire M⁰ *Pierre Martin*, vaut. . . . . l L.

Sainct Siprian. — La cure de Sainct Siprian, au diocèse de Clermont, possedée par Messire *Vincent Fausque*, vaut . . . . xxv L.

Vid. — La cure de Vid, deppendant de l'abbaye d'Esbreulle, diocèse de Clermont, vaut . . . . l L.

Valignac. — La cure de Valignac, deppendant de l'abbaye d'Esbreulle, diocèse de Clermont, par M⁰ *Nicolas Stenet*, curé, vaut par an . . . . xx L.

Target. — Le prieuré, cure de Target, deppendant du prieuré conventuel de Chantelles, diocèse de Bourges, possedé par Messire *Jehan Bouchet*, vaut. . .   lx L.

Vernusses. — Le prieuré et cure de Vernusses, deppondant du prieuré de Chantelles, diocèse de Bourges, possedé par Me . . . . . *Chomat,* vaut . . . . .   lx L.

Bannassat. — La vicairie de Bannassat, au diocèse de Bourges, deppendant du prieuré de Chantelles, possedée par Me *Claude du Buisson*, et vaut . . .   xx L.

Charroux. — La cure de Tassat soubz Charroux, deppendant du prieuré de Sainct Germain des Salles, possedée par Me *Jehan Mignon*, vaut . . . . . .   xxx L.

Sainct Germain des Salles. — Le prieuré de Sainct Germain des Salles, deppendant de l'abbaye de Vedelay, vaut . . . .   ve L.

Vernet. — La vicairie]du Vernay et le prieuré, deppendant du prieuré de Chantelles, vallent . . . .   lx L.

EN LA CHASTELLENNIE DE VERNEUL. — CHAPITRE C.L.

L'église collégialle de Verneul. — L'eglise collegialle de Nostre Dame de Verneul en laquelle y a douze chanoynes et un doyen fondation des ducs de Bourbonnois, vaut chacune prebende quarante livres et celle du doyen qui la prend double quatre vingtz livres vallent toutes lesdictes prebendes comprinses le doyen chacune année.   vᶜlx L.

Vicairie de Verneul. — La vicairie perpetuelle de Verneul qui est appelée cure, est à la collation du chappitre dudict Verneul, estant possedée par Messire *Martin Blondeau*, prebtre, et vaut . . . .   xv L.

Saulset. — La cure de Saulcet, possedée par Me *Jehans Auboys*, prebtre residant, et a la collation du prieur Sainct Pourcain et nommination de l'evesque de Clermont, vaut . . . .   xv L.

Branssat. — La cure de Branssat, par frère *Claude Chomat*, religieux de Sainct Pourcain ou il reside, est a la collation du prieur de Sainct Pourcain et nommination de l'evesque de Clermont, et vaut . . . .   v L.

Lochy. — La cure de Louchy, à la collation du prieur de Sainct Pourcain et nommination de l'evesque de Clermont, possedée par Mo *Claude Regnier*, prebtre residant.   xxv L.

Sointes. — La cure de Soiutes, de laquelle est possesseur Me *Pierre Bertaud*, prebtre residant, est à la collation du prieur de Sainct Pourcain et nommination de l'evesque de Clermont, vaut par an . . . .   xxiij L. xvij S. vj D.

Paray soubz Brialle. — La cure de Paray soubz Briaille, à la collation du prieur de Sainct Pourcain et nommination de l'evesque de Clermont, et possedée par Me *Odilles Addin*, prebtre residant, vaut . . . .   xx L.

Sainct Germain de Vaux. — La cure de Sainct Germain de Vaux est à la collation du prieur de Sovigny et nommination de l'evesque de Clermont, possedée par Me *Gabriel d'Arleboz*, prebtre residant, et vaut . . . .   xl L.

Contigny. — La cure de Contigny, possedée par Me *Symon Biguelin*, prebtre residant.

est à la collation du prieur de Sainct Pourcain et nomination de l'evesque de Clermont, et vaut . . . . lxx L.

Monestay. — La cure de Monestay sur Alier, de laquelle est curé Mᵉ *Claude Moreau*, dict *Trirou*, prebtre residant, est à la collation du prieur de Sovigny et nomination de l'evesque de Clermont, et vaut . . . . l L.

Chastel de Neure. — La cure de Chastel de Neure, possedée par Mᵉ *Estienne de Vaux*, prebtre custodinos, est à la collation du prieur de Sovigny et nomination de l'evesque de Clermont, et vaut. xxxv L.

Sainct Marc de Vaux. — Le prieuré de Sainct Marc de Baulx en la parroisse de Chastel de Neure, lequel est sans moynes et tout ruyné, estant à l'institution de l'evesque de Clermont, possedé par le Sʳ *des Forges* . . . .

Meillards. — La cure de Meillardz, à la collation du prieur de Sovigny et nommina-tion de l'evesque de Clermont, possedée par Mᵉ *Gilbert L'Asne*, prebtre residant, vaut . . . . l L.

Bresnay. — La cure de Bresnay, possedée par Mᵉ *Claude Guy*, chanoyne de Verneul ou il reside, estant icelle à la collation du prieur de Sovigny et nomination de l'evesque de Clermont, vaut. . . . . xxx L.

Cressanges. — La cure de Cressanges, de laquelle est proveu Mᵉ *Michel Peant*, prebtre maistre de l'hospital Sainct Jullien de Molins où il reside, icelle à la collation du prieur de Sovigny et nomination de l'evesque de Clermont, vaut. . . . . . lv L.

Chastillon. — La cure de Chastillon, possedée par Mᵒ *Claude Quilloye*, prebtre curé custodinos, est à la collation du prieur de Sovigny et nomination de l'evesque de Clermont, vaut. . . . . lv L.

Tronget. — La cure de Tronget, par Messire *Gilbert Ysseure*, prebtre residant, et à la collation du prieur du Montet, et vaut . . . . xxxv L.

Comps. — La cure de Comps, de laquelle est detempteur Messire *Jehan Joyon*, prebtre residant, est à la collation du prieur de Sovigny et nomination de l'evesque de Cler-mont, et vaut . . . . l L.

Trebant. — La cure de Trebant, Mᵉ *Jehan Chabtz*, prebtre curé custodinos, est à la collation du prieur de Sovigny et nomination de l'evesque de Clermont, et vaut par communes années. . . . . l L.

La Feline. — La cure de la Feline, à la collation du prieur de Sovigny et nomination de l'evesque de Clermont, possedée par Mᵉ *Didier Ribere*, non residant. .

Ruigny. — Le prieuré de Ruigny, en la parroisse de la Feline dans les bois, vaut par communes années. . . . . ixˣˣ L.

Le Theil. — La cure du Theil, possedée par Mᵉ *Jehan Reignaud*, prebtre residant, à la collation du prieur du Montet et nomination de l'evesque de Clermont, vaut. c L.

Prieuré du Theil. — Le prieuré du Theil, possedé par frère *Anthoine Esgrain*, vaut chacun an . . . . lxx L.

Montphan. — La cure de Montphan, de laquelle est proveu Mᵒ *Regnaud Giraudet*, prebtre residant, estant à la collation du prieur de Sainct Pourcain et nomination de l'evesque de Clermont, vaut . . . . xx L.

Sainct Loup. — La cure de Sainct Loup, par Mᵉ *Gilbert Taillier,* prebtre residant, à la collation du prieur de Sainct Pourcain et nomination de l'evesque de Clermont, vaut . . . . xxxv L.

La Ferté sur Haute Rive. — La cure de la Ferté sur Hauterive, à la collation du prieur de Sovigny et nomination de l'evesque de Clermont, possedée par Mᵒ *Jehan Moisson,* prebtre, vaut . . . . xv L.

Tant s'en fault que les susdictes déclarations soient faictes selon la vraye valleur desdictz benefices ainsy que par Votre Majesté a esté commandé à ses officiers mais plustoust en mespris de ses commandemens et du tout à la faveur des beneficiers comme se peult veoir en la marge de la pluspart desdictz benefices où les valleurs sont escriptes au vray.

EN LA CHASTELLENIE DE MURAT. — CHAPITRE C.LI.

Montcenoux. — Le prieuré de l'eglise collegialle de Montcenoux, duquel est titulaire Mᵉ *Jehan de Gamache,* escollier estudiant à Bourges, estant le dict prieuré au patronnage et collation des venerables chanoynes prieur et chappitre de l'eglise Sainct Ursin de Bourges, et vaut de revenu. . . . . lx L.

La cure de Montcenoux. — La cure dudict Montcenoux, par Mᵒ *Anthoyne d'Azay,* prebtre resilant à la collation du prieur dudit chappitre, et vaut . . . xxx L.

Ville Franche. — La cure du lieu de Villefranche, possedée par Mᵉ *Jehan Cluzet,* bachelier en decret, resilant sur le lieu est au patronage du chappitre dudict Montcenoux, et vaut par communes années . . . . xl L.

Murat. — Le prieuré de Murat, possedé par frère *Claude,* religieux du prieuré Sainct Pourcain, est à la collation du prieur du Montet, et vaut . . . . . xxvj L.

La cure dudict Murat, par Mᵉ *Nicolas Auberger,* prebtre chanoyne de l'eglise collegialle de Montcenoux ou il reside, est icelle du patronnage dudict chappitre, et vaut . . . . xl L.

Chappes. — Le prieuré de Chappes, par Mᵉ *Claude Perat,* prebtre residant, est à la collation du prieur de Sovigny, et vaut . . . . ijᶜ L.

La cure dudict Chappes, par Mᵉ *Claude Perot,* prebtre en la susdicte collation, et vaut . . . . xxv L.

Chavenon. — La cure de Chavenon, possedée par Messire *Daulphin Guyat,* prebtre residant, estant à la collation du prieur du Montet, et vaut . . . . . xxx L.

Sainct Priet. — La cure de Sainct Priet, Rongières et Chomont, possedée par Mᵉ *Phelippes d'Esclovy,* est à la collation de Monsieur l'archevesque de Bourges, et vaut chacune année. . . . . xl L.

Jonzay. — La cure de Jonzay, à la collation de Sainct Ursin de Bourges, est possedée par Messire *Anthoyne Guillovyn,* prebtre residant, vaut . . . . xxx L.

Deneulhe. — La cure de Deneulhe, à la collation de l'archevesque de Bourges, de laquelle est pourveu M⁰ *Claude Guillovel*, vaut. . . . . lxx L.

Rongières. — Le prieuré de Rongières, duquel est titulaire scientifique personne . . . . . *de Chesnay*, doien de l'eglise collegialle Notre Dame de Moulins ou il reside est ledict prieuré à la collation de l'archevesque de Bourges, et vaut. .

Murat. — En la parroisse de Murat y a un hospital ruiné a la collation de Monsieur le Duc ou bien du grand aulmosnier de France, duquelle joissent les habitans du lieu ne s'introduisant autre en la pocession d'icelluy d'autant que le revenu ne vaut que . . . . v L.

Le Montet, prieuré. — Le prieuré du Montet aux Moynes, à la collation de l'abbé Sainct Michel de l'Escluse, longtemps possedé par scientifique et reverente personne M⁰ *Bernardin Bouchetal*, evesque de Reynnes, conseiller du Roy en son conseil privé et son ambassadeur vers la Majesté Imperialle, et puis n'aguieres par M⁰ *Jehan Dany*, residant a Paris en la maison du conte de Tonnerre, et vaut de ferme. . viijᶜ L.

La cure du Montet. — La cure du Montet, par M⁰ *Loys Auvergnatz*, prebtre M⁰ es ars residant, estant ladicte cure à la collation du prieur dudict Montet, vaut. xxx L.

Rocles. — La cure de Rocles, titullaire M⁰ *Hugues de Favergne*, demeurant a Cluny, ladicte cure à la collation du prieur du Montet, et vaut . . . . . . xl L.

Le prieuré dudict Rocles possedé par *Hector de Sainct Hillaire*, escollier estudiant à Paris, est ledict prieuré à la collation dudict prieur du Montet, et vaut. l L.

Sainct Sornyn. — La cure de Sainct Sornyn, curé M⁰ *Jehan Regnaud*, prebtre demou-rant au Theil, duquel lieu il est semblablement curé, ladicte cure à la collation du prieur du Montet, vaut . . . . iiijˣˣ L.

Deux Chaises. — La cure de Deux Chaises, portée par M⁰ *Laurent David*, prebtre bachellier en decret, chanoyne de l'eglise cathedralle Sainct Estienne de Bourges ou il reside, icelle cure à la collation et patronnage du prieuré du Montet, vaut par an. . . . . lxx L.

Près la ville du Montet y a un hospital ruyné duquel le prieur dudict Montet pretend estre collecteur et s'en dict estre pourveu M⁰ *Joseph Botholle*, chanoyne d'Herisson, et autres s'en disent estre pourveuz par Monsieur le grand aulmosnier de France et ce pendant sont frustrés les pauvres d'y estre receuz et logés, et vaut le revenu chacun an pour le moins environ . . . . xx L.

Montmaraud. — La cure de la ville de Montmaraud, à la collation du reverendixime archevesque de Bourges, possedée par frère *Jehan de Burges*, de l'ordre Sainct Augustin, et vaut ladicte cure chacune année . . . . xxv L.

Boucheron. — Le prieuré de Boucheron, deppendant du prieuré conventuel de Sovigny, vaut . . . . iijᶜxl L.

Sazeret. — La cure de Sazeret, de laquelle est pourveu M⁰ . . . . *Dinet*, chanoyne de l'eglise collegialle de Molins où il reside, estant ladicte cure à la collation de l'archevesque de Bourges, vaut . . . . xl L.

Sainct Bonnet de Fours. — La cure de Sainct Bounet de Fours, à la collation de l'archevesque de Bourges, de laquelle est titulaire M° *Jehan du Bric*, escollier estudiant a Paris, et vaut par année . . . . xl L.

Sainct Marcel. — La cure Sainct Marcel, par M° *Pierre d'Eschiers*, prebtre residant au Montet, ladicte cure à la collation de l'archevesque de Bourges, et vaut par communes années . . . . xxx L.

Blosmard. — La cure de Blosmard, possedée par M° *Anthoine de Bassenay*, chanoyne d'Esbreulle ou il reside, est ladicte cure à la collation de l'archevesque de Bourges, et vaut . . . . xxx L.

Beaune. — Le prieuré et cure de Beaune tenu en commande de la prevoste d'Esvo, est possedé par M° *Gilbert le Bel de Belle Chasseigne*, doyen de l'eglise collegialle de Sainct Nicolas de Montluçon, et vaut. . . . . vij^xx L.

Louroux soubz Beaune. — La cure de Louroux soubz Beaune, de laquelle est titulaire M° *Anthoine l'Esseline*, prestre, bachellier en decret resitant, estant ladicte cure à la collation du prieur de Rongières, et vaut . . . . xxx L.

Malicorne. — La cure de Malicorne à la collation du reverendixime archevesque de Bourges, possedée par M° *Anthoine Saulvage*, demourant à Beaulne, vaut.   xxxv L.

Idz. — La cure d'Idz, à la collation de l'archevesque de Bourges, de laquelle est pocesseur M° *Jehan Carton*, vaut . . . . lx L.

Doyet. — La cure de Doyet, à la présentation de Messieurs les venerables de Sainct Ursin de Bourges, possedée par M° *Jacques de Fonteines*, et vaut . . . .   xl L.

Chamblet. — La cure de Chamblet, à la collation du prieur Notre Dame de Montluçon, possedée par M° *Gilbert le Bel de Belle Chasseigne*, doien de l'eglise collegialle Sainct Nicolas de Montluçon, et vaut. . . . . xxx L.

Sainct Angelle. — La cure Sainct Angelle, de laquelle est pocesseur M° *Pierre Desrues*, est à la collation du prieur Notre Dame de Montluçon, et vaut . . . .   l L.

Montvic. — Le prieuré et cure de Montvic, à la collation de l'archevesque de Bourges, possedée par M° *Gerffray Chardonnier*, chanoyne d'Hérisson ou il reside, et vaut ledit prieuré . . . . iiij^xx L.

EN LA CHASTELLENNIE DE MONTLUÇON. — CHAPITRE C.LII.

Montluçon. — Le prieuré conventuel Nostre Dame de Montluçon de l'ordre Sainct Benoist, deppendant de l'abbaye de Menat en Auvergne, a depuis longues années esté contentieux et litigieux entre Messieurs *de Ligondais* le feu curé de Desertines et autres comm'il est encores pour le jourdhuy sans scavoir qui en est le vray prieur ; vray est qu'il y a asses de preneurs, car chacun d'eux, quand il est le plus fort, y prend sa lippée de manière qu'ayant esté ledict prieuré si longtemps es mains de divers preneurs et de nul prieur tel qu'il y debvroit avoir, est tumbé en ruine et desertion tant de l'eglise, cloistre, pressouer et maison seigneuralle qui estoit fort belle et bien logeable, mais a present est toute deserte. Il y a audict prieuré quatre religieux, autant ignorans et dissoluz que celuy qui lors que j'en feiz visite s'en disoit titullaire, lequel se faict nommer frère *Pierre des Molins*, bastard comme l'on dict de ceux de Ligondais, auquelz il prestoit le nom, et n'est icelluy ny en scavoir, habit ny contenance, clerc, prebtre ny moyne, mais en habit mondain estoit asses mal en ordre. Lesdictz religieux ont pour leur entretennement nourriture tous les ans chacun six septiers froment, six septiers soigle, cinq thonneaux de vin, et en argent quinze livres, combien qu'au dict prieuré ne sy face que bien peu de service et moins d'aulmosnes et par ce pour le plus expediant, pour oster tous ses preneurs hors de court et de procès seroit besoing que ledict prieuré fut mis en la main du Roy affin de donner ordre qu'il fut reparé et servy selon le vouloir et intention de ses fondateurs : Messiers les officiers dudict Montluçon ne l'extiment qu'a douze cens livres de revenu mais j'ay sceu pour certain qu'il vaut du moings deux mil livres par ce.　ij^m L.

Sainct Pierre de Montluçon. — Le prieuré Sainct Pierre de Montluçon de l'ordre Sainct Augustin, deppendant de la prevosté Sainct Pierre d'Esvo en Combraille, vaut.　vije L.

Sainct Nicolas de Montluçon. — Le collège et chappitre Sainct Nicolas de Montluçon qui sont chanoynes et vicaires seculliers, estant lesdictes prebandes quand elles vacquent à la donnation et collation de Monseigneur le Duc de Bourbonnois frère du Roy et vallent lesdictes prebendes environ. . . . .　lx L.

Les Cordelliers. — Le couvent des Cordelliers de Sainct Francois hors les murs de la ville, le revenu duquel est fondé sur la besace.

La cure Nostre Dame. — La cure Nostre Dame de Montluçon qui deppend du prieuré, tous deux servis sub eodem tecto, vaut. . . . .　xxx L.

La cure Sainct Pierre. — La cure Sainct Pierre de Montluçon qui est monacalle à la collation du prieur dudict Sainct Pierre sub eodem tecto. vaut . . . .　xxx L.

Desertines. — La cure de Desertines à la collation du prieur Notre Dame dudict Montluçon, vaut . . . .　ije L.

Chastelvieux. — La cure de Chastelvieux à la collation du prieur Nostre Dame de Montluçon, vaut . . . .　xxxv L.

Blanzat. — La cure de Sainct Quentin de Blanzat, anexée à la cure Sainct Pierre de Montluçon, vaut . . . .　xv L.

Val Saincte Anne. — La cure de la Vaulx Saincte Anne à la collation de l'abbé de Menat, vaut. . . . .　xxx L.

Sainct Jehan d'entre les Vignes. — La commanderie de Sainct Jehan d'entre les Vignes, membre deppendant de la commanderie de la Vaulx Franche de l'ordre Sainct Jehan de Jerusalem au païs de Berry, vaut. . . . .　ije L.

Oulches. — La cure d'Oulches deppendant du prieuré d'Urier, vaut. .　xx L.

Linerolles. — Le prieuré et cure de Linerolles à la collation du prevost d'Esvo au païs de Combraille, vaut par année . . . .　ve L.

Premilhac. — La cure de Premilhac vaut. . . . .　xl L.

Saux. — Le prieuré et cure de Saulx despendant de la prevosté d'Esvo, vaut.　c L.

Villebret. — La cure de Villebret à la collation de l'archevesque de Bourges.   xx L.

Pollieres. — La cure de Pollieres vaut. . . . .   lx L.

Sainct Genest. — La cure Sainct Genest vaut. . . . .   c L.

Saincte Therence. — La cure de Saincte Therence . . . .   ij^c L.

Arpheville. — La cure d'Arpheville à la collation du prieur Nostre Dame de Montluçon, vaut. . . . .   c L.

Maziret. — La cure de Mazirat. . . . .   c L.

Ronnet. — La cure de Ronnet à la collation du prieur de Notre Dame de Montluçon. . . . .   c L.

Sainct Priest. — La cure Sainct Priest. . . . .   lx L.

La Celle soubz Montegu. — La cure de la Celle soubz Montegu . . . .   ij^c L.

Nerys. — Le prieuré conventuel de Nerys de l'ordre Sainct Augustin à la collation
du prevost d'Esvo en Combraille, et vaut de revenu. . . . .   m L.

La cure de Nerys. — La cure de Neris sub eodem tecto à la collation du prieur dudict
lieu . . . .   l L.

Durdat. — Le prieuré et cure de Durdat, possedé par Me *Gilbert Baylot,* prebtre
residant à la collation du prevost d'Esvo, vaut . . . .   iiij^c L.

Domerat. — Le prieuré conventuel et cure de Domerat de l'ordre Sainct-Augustin
deppendant de la prevosté d'Esvo, vaut . . . .   vij^c L.

Argentie. — Le prieuré et cure d'Argentie deppendant de la susdicte prevosté d'Esvo,
vaut . . . .   vj^xx L.

Theillet. — Le prieuré cure de Theillet dependant de l'abbaye de Chambon païs de
Combraille . . . .   ij^c L.

La Marche. — La cure de La Marche . . . .   xl L.

Sainct Pardoux. — La cure Sainct Pardoux. . . . .   xx L.

Sainct Marcel. — Le prieuré et cure de Sainct Marcel vaut. . . . .   cxl L.

Sainct Forjol. — La cure de Sainct Forjol . . . .   xl L.

EN LA CHASTELLENNIE DE BOURBON-L'ARCHIMBAUD. — CHAPITRE C.LIII.

Bourbon. — Les tresorier, chanoynes et demy chanoynes de Bourbon l'Archimbaud
qui sont en nombre de unze prebendes et six demy prebendes, un tresorier, la
collation desquelles prebandes appartiennent a Monseigneur le duc de Bourbonnois,
frère du Roy.

Maistre *Claude Thain* tresorier chanoyne de ladicte saincte chappelle residant audict
lieu qui a la valleur de deux prebandes, par ce . . . .   vii^xx L.

Chanoines. — M^o *Pierre du Rustin,* chantre et chanoyne residant, pour sa prebande
et office de chantre a tous les ans. . . . .   iiij^xxxv L.

Me *Loys Raffier,* prebtre chanoine . . . .   lxx L.

Me *Jehan Bergerat,* chanoyne prebtre . . . .   lxx L.

Mᵉ *Jehan de Trappières*, prebtre chanoyne . . . . lxx L.

Mᵉ *Toussainctz de Varennes*, prebtre chanoyne . . . . lxx L.

Mᵉ *Vincent Rouget*, prebtre chanoyne . . . . lxx L.

Mᵉ *Anthoine Lange*, prebtre chanoyne . . . . lxx L.

Mᵉ *Georges Tallon*, prebtre chanoyne . . . . lxx L.

Mᵉ *Gerffray Bachellier*, prebtre chanoyne . . . . lxx L.

Mᵉ *Jehan Seigneuret*, prebtre chanoyne . . . . lxx L.

Mᵉ *Jehan Gimbœuf*, prebtre chanoyne . . . . lxx L.

Semi-Chanoines. — Mᵉ *Loys Batissier*, prebtre residant . . . . . . xxxv L.

Mᵉ *Pierre Marquis*, prebtre . . . . xxxv L.

Mᵉ *Guillaume Gincay*, prebtre . . . . xxxv L.

Mᵉ *Claude Durand*, prebtre . . . . xxxv L.

Mᵉ *Anthoine Petignot*, clerc tonsuré . . . . xxxv L.

Mᵉ *Jehan Bonnerat*, clerc, enfant de cuœur . . . . xxxv L.

Toutes lesquelles prebandes et semy prebandes veullent estre servies sur le lieu autrement ne vallent tant.

Sainct George de Bourbon. — La cure Sainct George de Bourbon, possedée par Mᵉ *Toussainctz de Varennes*, prebtre bachellier en droit canon, residant, ladite cure estant à la presentation de l'abbesse Sainct Menoux et a la collation de Monsieur l'archevesque de Bourges et vaut. . . . . iiijˣˣ L.

Meilliers. — La cure de Meilliers à la presentation de l'abbesse de Sainct Menoux et collation de l'archevesque de Bourges, possedée par Mᵉ *Bounet Sincouveau*, prebtre resdant, et vaut . . . . xx L.

Gipcy. — La cure de Gipcy à la presentation de la susdicte abbesse et collation de l'archevesque de Bourges, possedée par Mᵉ *Gilbert Grandjean*, prebtre resident, et vaut . . . . xl L.

Sainct Hillaire. — La cure de Sainct Hillaire, tenue par Mᵉ *Gabriel Maignoux*, prebtre resident, est à la presentation du prieur de Sovigny et collation de l'archevesque de Bourges, et vaut . . . . xl L.

Sainct Aubin. — La cure Sainct Aubin à la presentation du prieur de Sovigny et collation de l'archevesque de Bourges, tenue par Mᵉ *Charles Au Comble*, prebtre residant, et vaut . . . . xx L.

Ygrande. — La cure d'Ygrande, possedée par Mᵉ *Jehan du Theilly*, prebtre resident, laquelle est a la presentation dudict prieur de Sovigny et collation dudict archevesque de Bourges, et vaut . . . . c L.

Coulleuvre. — La cure de Couleuvre à la collation de l'abbé de Plampier, diocèse de Bourges, tenue par Mᵉ *Ligier de Ville*, prebtre resident, vaut . . . . . iiijˣˣ L.

Lurcy. — Le prieuré et cure de Lurcy, possedée par Mᵉ *Pierre Jouneau*, prebtre non resident, à la collation de l'abbé de Plainpied, au diocèse de Bourges, vaut. iijᶜ L.

Neurre. — La cure de Neurre à la presentation du prieur de Sovigny et collation de l'archevesque de Bourges, possedée par M⁰ *Jehan Grisaud*, prebtre residant à Sovigny, vaut . . . . xx L.

Messangy. — La cure de Messangy, tenue par M⁰ *Anthoine Paris*, prebtre residant, estant à la presentation du prieur de Sovigny et collation de l'archevesque de Bourges. et vaut . . . . xij L.

Veurdre. — La cure de Veurdre, à la presentation du prieur de Sovigny et collation de l'archevesque de Bourges, est possedée par M⁰ *Lucas Voyrat*, prebtre residant, et vaut . . . . lx L.

La communauté des prebtres de Sainct Ypolit d'Aveurdre vaut par communes années, sans aucune charge . . . . xlv L.

Soille . . . . xxv boiss.

Mornay. — La cure de Mornay, tenue par M⁰ *Potentiau Chandeau*, prebtre non residant, estant à la collation de l'evesque d'Autun, vaut . . . . xlv L.

Limoyse. — La cure de Lymoyse, possedée par M⁰ *Jehan Litaud*, prebtre residant, estant à la presentation du prieur de Sovigny et collation de l'archevesque de Bourges, et vaut . . . . xlv L.

Agonges. — La cure d'Agonges, à la presentation de l'abbesse de Sainct Menoux et collation de l'archevesque de Bourges, icelle tenue par M⁰ *André Droindeau*, prebtre, et vaut . . . . lv L.

Chasteaux. — La cure de Chasteau sur Alier, à la collation de l'archevesque de Nevers, possedée par frère *Phelippe Alisson*, religieux de l'ordre Sainct Benoist, et vaut par année . . . . xlv L.

Neufvis. — La cure de Neufvis sur Alier, tenue par M⁰ *Gilbert Cassiat*, prebtre residant, estant ladicte cure à la collation de l'evesque d'Autun, et vaut. . vij˟ L.

Le Breul Sainct Rapheau. — La cure du Breulh Sainct Rapheau, titullayre M⁰ *Gerffray Bachellier*, prebtre residant, est à la presentation de l'abbesse Sainct Menoux et collation de l'archevesque de Bourges, et vaut. . . . . xviij L.

Buxières. — La cure de Buxières, à la presentation du prieur de Sovigny et collation de l'archevesque de Bourges, possedée par frère *Pierre de Sainct Aubin*, religieux residant, et vault . . . . iiij˟ L.

Sainct Plaisir. — La cure Sainct Plesir, à la presentation du prieur de Sovigny et collation de l'archevesque de Bourges, possedée par M⁰ *Regné de la Trollière*, prebtre non residant, et nont voulu les vicaires dire la valleur.

Pousy. — La cure de Pousy, à la presentation du prieur de Sovigny et collation et patronnage de l'archevesque de Bourges, tenue par M⁰ *Symon Admonyn*, et vaut. lx L.

Couzon. — La cure de Couzon, par M⁰ *Didier Bressenot*, prebtre residant, est à la collation de l'abbé Sainct Sulpice de Bourges, et vaut . . . . xl L.

Sainct Leopardin. — La cure Sainct Leopardin, possedée par M⁰ *Bastien Ligier*, prebtre recteur es escolles à Molins est à la collation de l'abbé Sainct Sulpice de Bourges, et vaut . . . . xx L.

Marigny. — La cure de Marigny, tenue par Mᵉ *Pierre de Villeray*, prebtre residant, est à la presentation de l'abbesse Sainct Menoux et collation de l'archevesque de Bourges, et vaut . . . . l L.

Aultrie. — La cure d'Aultrie, portée par Mᵉ *Guillaume de L'Aglant*, prebtre residant, estant à la collation du prieur du Montet et institution de l'archevesque de Bourges, vaut . . . . xx L.

Theneulle. — La cure de Theneulle, tenue par Mᵉ *Jehan Crozet*, prebtre residant a Herisson ou il est chanoyne, est à la presentation du prieur de Sovigny et collation de l'archevesque de Bourges, et vaut . . . . iiijˣˣx L.

Francesches. — La cure de Francesches de laquelle est pourveu Mᵉ *Jehan de Mel*, prebtre residant, est à la collation du prieur de Sovigny et collation de l'archevesque de Bourges, et vaut . . . . xl L.

Augy. — La cure d'Augy, tenue par Mᵉ *Blaise de la Lande*, prebtre residant, est à la collation de l'abbé Sainct Sulpice de Bourges, et vaut . . . . lxx L.

Sainct Menoux. — La cure Sainct Menoux, possedée par Mᵉ *Gilbert des Girards*, prebtre residant, est à la presentation de l'abbesse dudict Sainct Menoux et collation de l'archevesque de Bourges, et vaut. . . . . xxxv L.

Becay le Monial. — La cure de Becay le Monial, à la presentation du prieur de Sovigny et collation de l'archevesque de Bourges, possedée par Mᵉ *Claude Dureau*, prebtre residant, et vaut . . . . x L.

Abbayes et prieurés de ladicte chastellennie. — *Sainct Menoux.* — L'abbaye Sainct Menoux de l'ordre Sainct Benoist, estant à la presentation du Roy et du Pappe, estant ces années passées possedée par dame *Anne de Baufremont* et a present par dame *Catherine de Beaufremont* sa sœur, qui en a faict un eschange, et par la declaration que les bons et fidelles officiers du Roy et de Monsieur le Duc à Bourbon en ont faicte et signée ; ladicte abbaye ne vaut de revenu tous les ans que quinze cens livres, sur quoy faut norrir vingt neuf religieuses, paier les deximes et toutes autres charges, de sorte que par la dicte declaration totallement favorable à ladicte abbesse ne luy scauroit rester plus de cent livres chacun an et par ce vaut ladicte abbaye de revenu tous les ans à l'abbesse . . . . c L.

Mais par deux comptes sollennellement renduz des revenus d'icelle et bien signés des officiers, je treuve que ladicte abbaye vaut par communes années l'une portant l'autre sans comprendre les lotz et ventes, estangs, bois et autres parties casuelles environ la somme de. . . . . vjᵐ L.

Sur quoy il faut nourrir lesdictes religieuses, paier les gaiges des officiers, serviteurs et chambrières et autres charges, paier les deximes, toutes fois reste a ladicte abbesse toutes les susdictes choses paiées, du moins . . . . iiijᵐ L.

Le prieuré de Bourbon. — Le prieuré de Bourbon contentieux de long temps entre sœur *Jehanne de Langest*, alias *de Janlis* qui le possede et y reside, et sa sœur *Marguerite de Beausson*, residante a l'abbaye de Saint Jehan le Grand d'Autun, ledict prieuré est à la collation de l'abbesse Sainct Menoux et quasy tout ruiné combien qu'il vaille du moins . . . . ij^c L.

Gipcy. — Le prieuré de Gipcy duquel est aussi prieuse ladicte sœur *Jehanne de Langest,* estant ledict prieuré à la collation de ladicte abbesse de Sainct Menoux, et vaut . . . . xxx L.

Meilliers. — Le prieuré de Meillers, duquel est prieuse sœur *Charlotte de Charron,* residante en icelluy, estant comme dessus à la collation de ladicte abbesse de Sainct Menoux, et vaut . . . . l L.

Vernoillet. — Le prieuré de Nostre Dame de Vernoilhet lez Bourbon, duquel est prieur titullaire Me *Aymé de Bigue,* chanoyne de l'eglise collegialle de Sainct Marceau lez Paris où il reside, est ledict prieuré à la collation du prieur de Sovigny, et vaut . . . . xl L.

Sainct Leopardin. — Le prieuré Sainct Leopardin, membre deppendant de l'abbaye Sainct Sulpice de Bourges, possedée par frère *Jehan Foucherre,* religieux de ladicte abbaye, et vaut . . . . iiij^{xx} L.

Aveurdre. — Le prieuré d'Aveurdre duquel est titulaire Me *Claude Sener,* non residant, vaut . . . . viij^{xx}v L.

Chasteaux. — Le prieuré de Chasteaux sur Alier, autrement de Sainct Augustin, duquel est possesseur dom *Melchior Septier,* non residant, et vaut . . . cx L.

Gros Boys. — Le prieuré de Gros Boys, membre deppendant du prieuré de Chavenon de l'ordre de Gramont, duquel a esté de nouveau pourveu dom *Jacques de Murat,* soubz prieur du prieuré conventuel de Sovigny, estant ledict prieuré de Gros Boys fort ruiné et vaut. . . . . clx L.

Sainct Morise et Fublene. — Les prieurés de Sainct Morise et Fublenes, deppendant du prieuré conventuel de Sovigny à cause de l'enfermerie, icelluy possedé par domp *Jacques Pallijot,* religieux et enfermier dudict Sovigny, et vallent les deux. ij^c L.

Vicairies de ladicte chastellennie. — *Bourbon.* — La vicairie de Sainct Germain de Bourbon, possedée par Me *Loys Batissier,* prebtre residant, laquelle peult valloir à l'archevesque de Bourges par années . . . . xij L.

Sainct Michel de Bourbon. — La vicairie de Sainct Michel de Bourbon fondée en l'eglise parrochialle laquelle est à la collation de Monsieur le Duc, frère du Roy, et d'icelle est pourveu Me *Aymé de Bigue,* chanoyne de Sainct Marcel à Paris ou il reside, et vaut . . . . xij L.

Sainct Marc de Bourbon. — La vicairie de Sainct Marc de Bourbon fondée en ladicte eglise parrochialle, possedée par Me *Guyrin de Mezan,* prebtre chappellain de la Royne, non residant, et est ladicte vicairie à la collation de Monseigneur le Duc frère du Roy, et vaut chacune année xxvi S. iij D. et six septiers soille.

Sainct Menoux. — La vicairie Nostre Dame fondée en l'eglise parrochialle de Sainct Menoux, possedée par Me *Jehan Bauldon,* prebtre residant, estant icelle à la collation de l'abbesse dudict Sainct Menoux, et vaut . . . . xviij L.

Vicairie des Trespassez. — La vicairie des Trespassez fondée en la susdicte eglise, possedée par Mᵉ *Guillaume Thene*, prebtre residant, ladicte vicairie à la collation de ladicte abbesse et vaut . . . . xviij L.

EN LA CHASTELLENNIE D'HERISSON. — CHAPITRE C.LIV.

Hérisson. — L'eglise collegialle Sainct Saulveur d'Herisson ou sont vingt et trois prebandes ou chanoynes et vingt et deux vicairies dont deux desdictes prebandes sont au doyen et deux autres affectées au Mᵉ des enfans de cueur pour l'entretennement de luy et de cinq petis enfans de cueur, icelles prebandes estant à la collation de Monseigneur le Duc de Bourbonnoys et le doyenné à l'election des chanoynes, lesdictes prebandes fondées par feu d'heureuse memoyre Archimbaud sieur et baron de Bourbon : quand aux vicairies les collecteurs d'icelles sont lesdictz chanoynes par données fors de quatre moys qui sont reservés aux gradués et simples gradués quand elles eschéent es moys d'iceux gradués.

Noms des chanoynes résidans et valleur de leurs prébendes.

Mᵉ *Estienne des Chappettes*, doyen residant, lequel prend deux prebandes, par ce la somme de . . . . vjˣˣ L.
Mᵉ *Geoffray de Chazauvert*, chanoyne . . . . lx L.
Mᵉ *Blaise de Beauregard* . . . . lx L.
Mᵉ *Gilbert d'Enay* . . . . lx L.
Mᵉ *Gilbert de Favieres* . . . . lx L.
Mᵉ *Noël Resmonyn* . . . . lx L.
Mᵉ *Jehan de Bobiers*, archiprebtre . . . . lx L.
Mᵉ *Jehan de Bobiers*, son nepveu . . . . lx L.
Mᵉ *Jehan Hugues*. . . . . lx L.
Mᵉ *Joseph Boullotte* . . . . lx L.
Mᵉ *Jehan Guillemyn*. . . . . lx L.
Mᵉ *Gilbert Grandjehan* . . . . lx L.
Mᵉ *Estienne l'Adverty* . . . . lx L.
Mᵉ *Denys Maignard*. . . . . lx L.
Mᵉ *Charles Michel* . . . . lx L.
Mᵉ *Phelippes Manceau* . . . . , ... lx L.
Le precepteur qui prend une prebande . . . . lx L.
Le maistre des enfans deux prebandes . . . . vjˣˣ L.
Frère *Jacques de Mauvoysin*, prieur de Sainct Heloy en la parroisse de Chastelloy. lx L.
Mᵉ . . . . lx L.
Mᵉ . . . . lx L.

Tous les susdicts chanoynes sont residans excepté les deux derniers desquelz nous n'avons peu scavoir les noms.

Lesdictes prebandes ne sont prisées qu'a soixante livres de revenu annuel qui est pour la moindre année car les bledz et les vins sont chers, elles vallent plus de deux fois autant, d'autant que le revenu d'icelles conciste en bledz et en vins mais il fault que les chanoynes resident autrement ils ne prennent aucune chose de leur prebande.

Noms des vicaires et revenus de leurs vicairies.

Vicairie d'Hérisson. — Le revenu certain desdictes vicairies ne se peult scavoir au vray parce qu'il y en a aucune des dons particuliers donnés par les fondateurs d'icelles mais du revenu en commun ; ils prennent le tiers des distributions et gaignent de ladicte eglise qui peut valloir par communes années a chacun vicaire la somme de vingt livres tournois.

Mᵉ *Gilbert Cante,* vicaire residant	xx L.
Mᵉ *Jacques Au Maistre.*	xx L.
Mᵉ *Jehan Gouzard*	xx L.
Mᵉ *Pierre Chappuis*	xx L.
Mᵉ *Pierre de Venax*	xx L.
Mᵉ *Jehan Lulier*	xx L.
Mᵉ *Jehan Chambon*	xx L.
Mᵉ *Claude Pellerin*	xx L.
Mᵉ *Jehan Poucher*	xx L.
Mᵉ *Pierre Grand Jehan.*	xx L.
Mᵉ *Denis Bernard.*	xx L.
Mᵉ *Jehan Saulgiere*	xx L.
Mᵉ *Jehan Giraud.*	xx L.
Mᵉ *Jehan Labouret*	xx L.
Mᵉ *Denis Michellat*	xx L.
Mᵉ	xx L.
Mᵉ	xx L.
Mᵉ	xx L.
Mᵉ	xx L.
Mᵉ	xx L.

Chastelloy. — Le prieuré de Sainct Pierre de Chastelloy, près la ville d'Herisson un quart de lieue, possedé par frère *Jacques de Mauvoysin* y residant, ledict prieuré estant à la collation de l'abbé Sainct Ciran en Brenne, et vaut par communes années comprenant un prebendé qui luy est affecté la somme de. . . . . . ij^c L.

La cure dudict Chastelloy à la collation de ladicte abbaye de Sainct Cibran en Brenne et institution de l'archevesque de Bourges, possedée par Mᵉ *Estienne de Chappette,* doyen d'Hérisson ou il reside, et vaut . . . . c L.

Meaulne. — Le prieuré Sainct Simphorien de Meaulne de l'ordre sainct Benoist, à la collation de l'abbé de Chaise-Dieu et institution de l'archevesque de Bourges, possedé par frère *Gilbert de Clugny* demourant à l'abbaye de Cluny, vaut. . . . lx L.

La cure dudict Meaulne à la presentation du susdict prieur et collation de l'archevesque de Bourges, possedée par M° *Regné de Bourdelles* non residant, et vaut.   iiij^{xx} L.

Vitrect. — Le prieuré de Vitrect, possedé par le susdit dom *Gilbert de Clugny*, est à
la collation de l'abbé Sainct Cibran de Brenne et institution de l'archevesque de
Bourges et vaut . . . .   lx L.

La cure de Vitrect du tiltre de Sainct Heloy, à la presentation du prieur dudict
Vitrect et à la collation de l'archevesqúe de Bourges et d'icelle est pocesseur M° *Jehan
l'Allier*, prebtre resident. et vaut. . . . .   lx L.

Espineul. — Le prieuré d'Espineul, à la presentation de l'abbé du Bourg de Deolz et
collrtion de l'archevesque de Bourges, ledict pricuré possedé par frère *Jehan Chabenard*,
de l'ordre sainct Bernard, residant à l'abbaye de Varennes en Berry, et vault le revenu
annuel . . . .   iiij^{xx} L.

La cure dudict Espineul à la presentation de l'abbé du Bour de Deolz et collation de
l'archevesque de Bourges, est possedée par M° *Jehan Maleis*, residant, et vaut icelle
. . . .   iiij^{xx} L.

La Bouteille. — Le prieuré de la Bouteille dans la forest de Troncaye, porté par
l'evesque de Metz ou par autre pour luy a son nom, vaut . . . . . .   iiij^{xx} L.

Estivarilles. — La cure d'Estivarilles, à la presentation du prieur de la Chappellaude
et collation de l'archevesque de Bourges, possedée par M° *François Saphiret*, residant
en icelle, et vaut le revenu. . . . .   lxx L.

Aulde. — La cure d'Aulde, à la presentation du prieur de la Chappellaude et collation de l'archevesque de Bourges, possedée par M° *Pierre de Vaulx*, chanoyne de Vaten
en Berry ou il reside, et vaut . . . .   iiij^{xx} L.

Saulat. — La cure de Sauljat, à la presentation du bourg de Deolz et collation de
l'archevesque de Bourges, est possedée par M° *Jehan Chermartin*, prebtre resident en
la ville d'Esvo (Evaux) en Combraille, et vaut . . . .   iiij^{xx} L.

Sainct Victor. — La cure Sainct Victor, à la presentation de l'abbé du Bourg de Deolz
et collation de l'archevesque de Bourges, de laquelle est curé M° *Pierre de l'Aune*, non
residant, et vaut le revenu. . . . .   ij^c L.

Vallon. — Le prieuré de Vallon, à la presentation du prieur de Sovigny et collation
de l'archevesque de Bourges, possedée par frère *Guillaume Quesnas*, religieux et chambrier dudict Souvigny ou il reside, et vaut le revenu dudict prieuré. .   lx L.

La cure de Vallon, à la presentation du prieur de Sovigny et collation de l'archevesque de Bourges, possedée par M° . . . . *Barbarin*, residant, et vaut.   c L.

Mesple. — La cure de Mesple, à la presentation de l'abbé du Bourg de Deolz et collation de l'archevesque de Bourges, est possedée par M° *Thomas Jacques*, et vaut.   xl L.

Rugnet. — La cure de Rugnet, à la présentation de l'abbé de Sainct Ciran de Brenne
et collation de l'archevesque de Bourges , possedée par M° *Pierre Gruet*, residant, et
vaut icelle . . . .   lx L.

Pareulle. — La cure de Pareulle, à la presentation du prieur de la Chappellaude et collation de l'archevesque de Bourges, de laquelle est pourveu M° *Germain Boisselle*, prebtre residant, et vaut . . . . xxx L.

Givrettes. — La cure de Givrettes fondée de Sainct Pardoux, est à la presentation du prieur de la Chappellaude et collation de l'archevesque de Bourges, possedée par frère *Jehan de Rocheffort*, y residant, et vaut de revenu. . . . . lx L.

Prieuré de Ruignet. — Le prieuré de Rugnet, à la presentation de l'abbé Sainct Ciran et collation de l'archevesque de Bourges, est possedée par frère *Jacques de Mauvoisin*, et vaut chacun an. vij**x L.

Le Villain. — La cure Sainct Martin du Villain, à la collation et presentation de l'archevesque de Bourges, est possedée par M° *Pierre Banclat*, et vaut. . iiij** L.

Savaignet le Contal. — La cure de Sauvaignet le Contal, à la collation et presentation de l'archevesque de Bourges, de laquelle est pourveu M° *Jehan Gurejol*, prebtre non residant, et vaut . . . . xx L.

Tortezay. — La cure Sainct Romain de Tortezay, à la collation des venerables doien, chanoynes de Sainct Ursin de Bourges, possedée par M° *Jehan de la Garde*, et vaut icelle. . . . . l L.

Venax. — La cure de Venax, à la presentation du prieur de Sovigny et collation de l'archevesque de Bourges, possedée par M° *Anthoine de la Lovere* demourant à Cosne dont il est pareillement curé qui est à une lieue dudict Venax, et vaut la cure. l L.

Cosne. — La cure de Cosne, possedée par le susdict M° *Anthoine de la Lovere*, est à la presentation de l'archevesque de Bourges, et vaut de revenu annuel . . lx L.

Coursaget. — La cure de Coursaget, de laquelle est pocesseur M° *Charles Guillemyn*, prebtre, est à la collation et patronnage de l'abbaye du Bourg de Deolz, diocèse de Bourges, et vaut . . . . l L.

La Chappellote. — La cure de la Chappellotte, à la collation et patronnage dudict Bourg de Deolz, dioceze de Bourges, possedée par M° *Anthoine Chabannes*, residant, et vaut icelle cure . . . . xxx L.

Giverlay. — La cure de Giverlay, fondée de Sainct Genest, est au patronnage de Sainct Ciran en Brenne, diocèse de Bourges, qui est possedée par M° *Jehan Glomot*, residant, et vaut . . . . iiij** L.

Huriel. — L'eglise collegialle Sainct Martin d'Huriel, en ladicte chastellenie d'Herisson, en laquelle par les feuz seigneurs de Brosses sont fondés unze chanoynes et un doyen d'esquelz chanoynes n'y en a que sept residant, les autres sont absent ; et sont les prebandes à la collation et donnation du sieur baron d'Huriel, et vallent chacune du moins quarante livres tournois et le doien qui prend pour deux, quatre vings livres et parce se montent lesdictes unze prebandes et les deux du doien en tout par an la somme de . . . . v°xx L.

La cure d'Huriel. — La cure d'Huriel, possedée par M° *Martin Cheroux*, y residant. tenue en patronnage du prieuré d'Huriel, à la collation de l'abbé du Bourg de Deolz, et vaut de revenu annuel . . . . iiij** L.

Le prieuré d'Huriel. — Le prieuré Nostre Dame d'Huriel, presque tout ruiné est tenu en patronnage de l'abbé du Bourg de Deolz, est possedé par M° *Michel de May*, custodinos, et vaut . . . . m L.

Vicairie Sainct Martin d'Huriel. — La vicairie Sainct Martin d'Huriel, fondée en ladicte eglise par les seigneurs de Bommet, tenue en patronnage de luy et à la collation desdictz venerables doyen et chanoynes, possedée par M° *Francois Morichon*, et vaut le revenu d'icelle toutes charges deduictes par communes années . . . vj˟˟ L.

Archignac. — La cure d'Archignac, possedée par M° *Jehan de la Croix*, tenue en patronnage du prieur d'Huriel et a la collation de l'archevesque de Bourges, et vaut . . . . xl L.

Sainct Cristofle. — La cure Sainct Christofle, possedée par Messire *Gregoire de Peiges*, residant, icelle tenue en patronnage de l'abbaye de Deolz, diocèse de Bourges, et vaut de revenu annuel. . . . . lx L.

Neufglise. — La cure de Neufglise, de laquelle est pocesseur M° *Jehan de Villardz*, prebtre non residant, est tenue en patronnage du Bourg de Deolz et à la collation de l'archevesque de Bourges, et vaut . . . . iiij˟˟ L.

Noc. — La cure de Noct, tenue en patronnaige du prieur de la Chappelaude et à la collation de l'archevesque de Bourges, possedée par M° *Jacques Marindet*, prebtre y residant, et vaut . . . . lxx L.

Chamberat. — Le prieuré de Sainct Jehan de Chamberat, possedé par M° *Estienne du Pouthier*, residant à Paris, escollier à la collation et presentation du Pappe, et vaut de revenu . . . . l L.

Argentières. — La cure d'Argentières, possedée par M° *Gilbert Glomontet*, prebtre residant, est tenue en patronnage du prieur de la Chappelaude et à la collation de l'archevesque de Bourges, et vaut de revenu . . . . lx L.

Verneix. — La cure de Verneix, possedée par M° *Pierre Esteines*, residant, icelle tenue en patronnage du prieur de Sovigny et à la collation de l'archevesque de Bourges, et vaut chacune année . . . . lx L.

Bigeneulle. — La cure de Bigeneulle au patronnage et collation de l'archevesque de Bourges, est possedée par M° *Jehan Perrot*, prebstre residant, et vaut de revenu annuel la somme de . . . . vj˟˟ L.

Sainct Crapaix. — La cure de Sainct Crapaix ou Sainct Chevrais, possedée par M° *Gilbert Bellat*, prebtre residant, est tenue en patronnage de l'abbaye Sainct Ciran en Brenne et à la collation de l'archevesque de Bourges, vaut . . . lx L.

Chezemais. — La cure de Chezemais, tenue en patronnage et à la collation de l'archevesque de Bourges, possedée par M° *Phelippes Baraton*, residant, et vaut. l L.

Nassignet. — La cure de Nassignet, possedée par M° *Charles Blanchotz*, prebtre residant, est icelle cure tenue en patronnage du prieur de la Chappelaude et à la collation de l'archevesque de Bourges, et vaut de revenu annuel . . . . . lxx L.

Sainct Vid le Flory. — Le prieuré de Sainct Vid le Flory, tenue en patronnage de l'abbaye du Bourg de Deolz et à la collation de l'archevesque de Bourges, est possedée par Me *Jehan des Champs*, et vaut . . . . xxv L.

Le Berthon. — La cure et prieuré de Berthon, à la presentation de l'abbé de Plampied et collation de l'archevesque de Bourges, est possedée par Me *Blaise de Beauregard*, et vaut de revenu. . . . . iiijn L.

Maillet. — La cure de Maillet, à la presentation du prieur de la Chappellaude et collation de l'archevesque de Bourges, est possedée par le susdict Me *Blaise de Beauregard*, chanoyne d'Hérisson ou il reside, et vaut . . . . lx L.

Urset. — La cure d'Urset, portée par Me *Jehan Phelippons*, residant, laquelle est à la presentation et collation de l'archevesque de Bourges, et vaut de revenu. vjn L.

Louroux-Hodeman. — La cure de Louroux-Hodeman à la presentation du prieur de la Cherité et collation de l'archevesque de Bourges, est possedée par Me . . . . . ., et vaut . . . . lx L.

Prieuré dudict Louroux. — Le prieuré dudict Louroux deppendant du prieuré de la Cherité, vaut de revenu. . . . . l L.

Chappelle du chasteau d'Hérisson. — La chappelle du chasteau d'Herisson fondée par les ducs de Bourbonnois du nom de Sainct Ligier, estant à la collation de Monseigneur le Duc, et vaut de revenu paié par le recepveur du domaine : soigle. vj septiers. Argent pour le luminaire . . . . iiij L.

Je n'ay receu declaration des valleurs des benefices par les officiers des chastellenies de Bourbonnois qui plus approche de la verité que la susdicie chastellenie d'Hérisson.

EN LA CHASTELLENNIE D'AYNAY LE CHASTEL. — CHAPITRE C.LV.

Aynay-le-Chastel. — Quant à la declaration de la valleur des benefices de ladicte chastellenie d'Aynay le Chastel il ne m'a esté possible de la recouvrer tant a cause de la prinse de ladicte ville par ceux de la nouvelle religion que par le meurdre qu'ils firent du lieutenant general dudict lieu et parce n'ay escript que les noms desdictz benefices et la valeur d'aucuns ainsy que je l'ay peu scavoir d'ailleurs.

La cure d'Aynay. — La cure d'Aynay le Chastel.

Le prieuré d'Aynay le Chastel estant dans l'encloz du chastel, vaut. . c L.

Augy sur les Bois. — La cure d'Augy sur les Boys.

Becay. — La cure de Becay.

Sainct Aigny des Noyers. — La cure Sainct Aignan ou Sainct Aigny des Noiers.

Le prieuré dudict Sainct Aignan ou Sainct Aigny des Noiers vaut. . . lxx L.

Sanceaux. — La cure de Sanceaux.

Resmond. — La cure de Resmond.

Lugny. — La cure de Lugny.

Sainct Bening. — La cure Sainct Bening.

Neugly. — La cure de Neugly les Noix.

Prieuré de Neugly. — Le prieuré de Neugly les Noix . . . . c L.

Sagonne. — La cure de Sagonne.

Le prieuré de Sagonne . . . .   cxxx L.

Blet. — La cure de Blet.

Prieuré de Blet. — Le prieuré de Blet. . . . .   vj^{xx} L.

Charly. — La cure de Charly.

Barday. — La cure de Barday.

Banegon. — La cure de Banegon.

Vernay. — La cure de Vernay.

Sainct Bonnet du Desert. — La cure Sainct Bonnet du Désert . . . .   xxxv L.

Jouy. — La cure de Jouy.

Thaulmier. — La cure de Taulmier.

Cost. — La cure de Cost.

Croisy. — La cure de Croisy.

Cougny. — La cure de Cougny, partie en Bourbonnois partie en Nivernois.

Sainct Pierre des Estœufs. — La cure Sainct Pierre des Estœufs.

Charenton. — L'abbaye des dames de Charenton, de l'ordre de. . . . . ., vaut de revenu à l'abbesse du nom. . . . .   iij^m L.

La cure de la ville dudict Charenton.

Asimon. — La cure d'Asimon.

Isle. — La cure d'Isle.

Cérilly. — La cure de la ville de Cérilly.

Challevoy. — La cure de Challevoy à la presentation de l'abbé de Sainct Sulpice de Bourges et à la collation de l'archevesque dudict Bourges.

Le prieuré dudict Challevoy à la presentation dudict abbé Sainct Sulpice de Bourges et collation de l'archevesque dudict Bourges.

Meillan et Arpheville. — La cure de Meillan et Arpheville . . . . .   lx L.

Le prieuré de Meillan. . . . .   vj^{xx} L.

Noirlac. — L'abbaye de Noirlac, de l'ordre de. . . . . ., possedée par le chevallier *Trieulée,* italien, vaut de revenu tous les ans, selon l'extraict que j'ay veu en terrier d'icelle, du moins. . . . .   ij^m L.

EN L'ÉLECTION DE SAINCT AMAND EN SUILLY. — CHAPITRE C.LVI.

Sainct Amand. — La cure de la ville de Sainct Amand en Suilly.

Le prieuré Sainct Amand l'Allier . . . .   ij^{cl} L.

Saulzay le Pothier. — La cure de Saulzay le Pothier.

La Celette. — La cure de la Cellette, qui est partie en Bourbonnois et partie en Berry.

La Perche. — La cure de la Perche.

Aynay le Viel. — La cure d'Aynay le Viel.

Favardines. — La cure de Fouardines.

Sainct George. — La cure de Sainct George.

Soye l'Eglise. — La cure de Soye l'Eglise, partie en Berry, partie en Bourbonnois.

Bouzay. — La cure de Bouzay.

Arçon. — La cure d'Arçons.

Le prieuré d'Arçons.

Loye. — La cure de Loye, partie Berry et partie Bourbonnois.

Orval. — La cure d'Orval.

Orcenay. — La cure d'Orcenay.

Nozieres. — La cure de Nozières.

Farges. — La cure de Farges.

Cresancay. — La cure de Cresancay.

Rousson. — La cure de Rousson.

Sainct Loup. — La cure de Sainct Loup, Berry et Bourbonnois.

Usay. — La cure d'Usay.

Alichamp. — La cure d'Alichamp.

La Celle Bruyère. — La cure de la Celle Bruière.

EN LA TERRE DE CUSSANT. — CHAPITRE C.LVII.

Colombier. — La cure de Colombier.

Le prieuré de Colombier. . . . . vj^{u} L.

Changy. — La cure de Changy.

Meslon. — La cure de Meslon.

Drevant. — La cure de Drevant.

Sainct Desiré. — La cure de Sainct Desiré.

Ande. — La cure d'Ande.

Moussay. — La cure de Moussay.

EN LA CHASTELLENNIE DE GERMIGNY. — CHAPITRE C.LVIII.

Germigny. — La cure de Germigny.

Le Gravier. — La cure du Gravier, au diocèse et élection de Berry.

Ignou. — La cure d'Ignou, diocèse et collecte de Berry.

Flavigny. — La cure de Flavigny.

Neronde. — La cure de Neronde.

La Chappelle Hugon. — La cure de la Chappelle Hugon.

Veroux. — La cure de Veroux.

Jouy. — La cure de Jouy.

TABLE DES CHAPITRES

—••◦◌⟩❋⟨◌◦•—

Table des Chapitres du present Volume du païs et duché de Bourbonnois.

Fin

CARTE DU BOURBONNAIS

DRESSÉE PAR NICOLAS DE NICOLAY EN 1569

La Carte manuscrite du Bourbonnais dont nous donnons la reproduction à la fin de cette publication, complète très-heureusement, l'œuvre de Nicolay. Dressée, en 1569, par le célèbre géographe, l'année même de la Description du Bourbonnais, *elle se trouve aujourd'hui, à la bibliothèque de Clermont-Ferrand, cotée n° 207ᵃ du Catalogue général. Le velin sur lequel elle est tracée se ressent des trois siècles qu'il a traversés ; en plusieurs endroits, il est dans un état très-mauvais, ce qui rend notre reproduction d'autant plus utile. Les cours d'eau y sont peints en bleu ; les bois, en vert ; les villes, bourgs, fiefs, monastères, etc., en rouge, comme à notre reproduction. Les noms des lieux y sont illisibles pour la plupart ; un grand nombre, même, y sont effacés. Notre savant ami,* M. Ambroise Tardieu, *qui est paléographe, a pu les rétablir, après bien du travail. Notre carte est donc le résultat d'une étude sérieuse que nous revendiquons. En conséquence, nous déclarons que ceux qui croiraient devoir la reproduire, sans notre autorisation, seront poursuivis conformément aux lois.*

BIOGRAPHIE DE NICOLAS DE NICOLAY

(NOUVEAUX DÉTAILS)

VOICI de nouveaux détails sur *NICOLAS DE NICOLAY*, qui, bien que venus tardivement, n'en sont pas moins intéressants. Il suivit, d'abord, la carrière militaire et assista, en 1542, au siège de *Perpignan. Ayant passé*, ensuite, au service de diverses puissances, il y demeura seize années et parcourut, pendant ce laps de temps, l'*Allemagne*, le *Danemark*, la *Suède*, la *Prusse*, l'*Autriche*, etc. *De retour en France, le roi Henri II l'attacha à sa personne* en qualité de son valet de chambre ordinaire. En mai 1551, il suivit Gabriel d'Aramon dans son ambassade à Constantinople. Sur la fin de sa vie, il remplit les fonctions de commissaire d'artillerie et s'occupait d'une Description générale de la France *lorsqu'il mourut à Paris, du mal de la* gravelle, le vendredi, 25 juin 1583, âgé de 67 ans. Il fut enseveli en l'église de Saint-Sulpice, au côté gauche du grand autel. *Nicolay parlait presque toutes les langues de l'Europe et dessinait très-* bien. Il a fourni lui-même les dessins, cartes et plans qui ornent ses livres et manuscrits, ce qui les rend curieux au double point de l'art et de la geographie. On voit dans les preuves généalogiques de la *Maison d'Harcourt*, par de la *Roque*, qu'il a écrit une Description du Lyonnais (*dans le genre* de celle du *Bourbonnais*), *manuscrit dont on ignore aujourd'hui le possesseur. Le catalogue de la* bibliothèque de Colbert mentionne également, sous le n° 981, un autre manuscrit : Description du Berry. *La Croix du Maine, dans sa* Bibliothèque française *.(tome II, pages 174, 175), parle de* *Nicolay au nom patronymique de* Nicolas *qui était seulement son prénom. On trouve encore* quelques lignes, sur ce savant géographe, dans l'ouvrage suivant : T. Osborne, Viage, *Londres, 1745,* in-folio ; — Purchas, His. Pelgrims, etc., 1627, in-8° ; — Nouvelle Biographie générale, *publiée* par Firmin Didot, *Paris, 1872, in-8°, T. 37.*

MOULINS. — IMPRIMERIE DE G. DESROSIERS.

Carte du BOURBONNAIS dréffée par Nicolas de NICOLAY en 1569.